Pas sans lui

Pas sans lui

Jeanne Yliss

ROMAN

Correction : Sophie Ruaud
Couverture : Lydie Wallon
Bulles SMS : Laure Pascal

Numéro de CopyrightDepot.com 00065856-1
ISBN papier 978-2-9567470-0-0
Dépôt légal : avril 2020
Édition Indépendante

Jeanne YLISS-12450 AUBENAS

DU MÊME AUTEUR

COLLECTION HISTOIRES VRAIES
Romans librement inspirés d'histoires vraies :

Dis-lui au revoir
Pas sans lui
La dernière berceuse

COLLECTION GRISE
Romans du genre suspense psychologique, thriller psychologique, thriller domestique :

Le mensonge des mères
Les cocottes bleues
L'ombre du doute

COLLECTION BLANCHE
Romans du genre littérature blanche, tranches de vie :

Et je suis devenue le vent
Au creux de nos bras
Le silence du violoncelle

Retrouvez tous mes romans en scannant le QR code ci-dessous

Retrouvez-moi sur mon site internet www.jeanneyliss.fr
Suivez mon actualité sur Instagram et Facebook @jeanneyliss

Marie, Éric et Julien existent. Toutefois, ce roman reste essentiellement une fiction inspirée d'un fait réel. Aussi, afin qu'aucun amalgame ne soit possible, les prénoms des protagonistes, les lieux, professions, liens de parenté entre Éric et Julien ont été modifiés.

Par conséquent, toute ressemblance avec votre voisin, votre cousin, ou vous-même ne pourrait être que pure coïncidence et ne saurait engager la responsabilité de l'auteure.

Je vous souhaite une bonne lecture, nous nous retrouvons à la fin !

CHAPITRE 1

Bègles, région bordelaise, avril 2007

— N'est-ce pas Marie ? insiste Cathy.

— Hein ? Quoi ? Désolée, j'étais ailleurs !

Marie monologue activement, ses états d'âme la tenant à distance des pépiements du déjeuner familial. Elle observe son époux à la dérobée, absorbée par ses interrogations. Il engloutit son repas avec gourmandise, ignorant la traque visuelle dont il est l'objet. Puis elle détourne le regard vers Julien, son neveu, tout aussi serein qu'Éric. Pourtant, elle en est sûre, ces deux-là dissimulent quelque chose. Leur demander des explications ? Pas ici. Pas chez sa sœur. Ni ailleurs. Même si elle en crève de ne pas savoir, d'être exclue d'une part de sa vie. C'est comme ça. Elle est comme ça. Elle aime Éric plus que de raison, quels que soient ses agissements, ses silences, ses absences, ses secrets. La jeune femme accepte tout ce qu'il lui refuse et s'apaise avec le peu qu'il lui donne. Parce que pas beaucoup, c'est bien davantage que rien. Et que rien, c'est ce qui hante sa mémoire. N'être rien pour personne. Ne rien recevoir de personne. Aussi elle veut exister aux yeux de son époux. Juste appartenir à son quotidien. Même par transparence, avec discrétion et soumission. Et tant pis s'il l'écorche, parfois d'une légère éraflure, parfois d'une profonde morsure.

Les compliments adressés à Cathy pour ses prouesses culinaires, le cliquetis des fourchettes dans les assiettes, la mastication des mâchoires ne sont qu'un ronron qui résonne contre les murs de la vaste salle à manger. Sa sœur aînée revient à la charge.

— Tu m'écoutes Marie ?

— Oui, pardon. Que disais-tu ?

— J'expliquais que c'était vraiment chouette de passer plus de temps ensemble depuis que vous êtes revenus dans la région. Ça fait du bien d'avoir sa famille près de soi.

— C'est vrai. Ma grande sœur m'a beaucoup manqué, répond Marie.

— Et ton beau-frère, il pue ? la taquine Stéphane en riant.

— Mais non, tu es le meilleur du monde. N'est-ce pas Éric ? Toi aussi tu es content qu'on vienne souvent ici. Comme ça tu peux profiter de ton neveu que tu adores.

— Euh… oui, confirme Éric, interloqué.

Qu'est-ce qu'il lui prend ? Son épouse soupçonnerait-elle quelque chose ?

— C'est vrai, notre Juju a bien de la chance, il a un oncle et une tante en or, renchérit Stéphane.

— Sûrement, acquiesce sèchement Marie.

Personne ne relève le malaise qui plane sur le couple. Cathy suggère de déguster le dessert et le café dans le jardin. Le soleil rayonne timidement sur ce dimanche. Lilas et Manon entraînent leur cousin dans une partie de cache-cache pour vaincre la douce fraîcheur. L'adolescent se prête volontiers au jeu. Marie les observe en silence tout en grignotant sans entrain un bout de gâteau au chocolat, rongée par les doutes. Puis elle admire la silhouette d'Éric qui se détache du gazon où quelques pâquerettes commencent à poindre. Il s'est retiré pour s'allonger, bras croisés sous la tête comme il aime à le faire, désinvolte. Les sucreries sont incompatibles avec son régime sportif. Elle frissonne. Si elle osait, elle irait se blottir contre lui pour qu'il l'enveloppe de sa chaleur. Mais ce serait risquer de se voir rabrouée. À défaut, elle enroule ses mains autour de la tasse fumante. Cathy lui propose alors de rentrer débarrasser et nettoyer pour se réchauffer.

En cuisine, Cathy sonde sa cadette.

— Alors ma puce, qu'est-ce qui te tracasse ?

— Rien, rien.

— Arrête, je te connais par cœur. On me la fait pas à moi, sourit-elle en envoyant un coup de coude amical à Marie.

— C'est gentil de t'inquiéter pour moi mais je t'assure que ça va.

— Mouais, je te crois pas mais je vais faire comme si.

Marie esquisse un sourire contrit avant de reprendre.

— Vous n'en avez pas marre qu'on vienne chez vous tous les week-ends ?

— Tu plaisantes ! Tu es ma seule famille. Je suis tellement contente de t'avoir à nouveau près de moi.

Devant l'absence de réaction de Marie, Cathy la rassure.

— Tu es ma sœur, comment pourrais-tu me déranger ? Je te rappelle que dès que je me suis mariée, j'ai exigé que tu viennes habiter chez nous. Je ne t'ai pas laissée croupir dans un foyer. Est-ce qu'une seule fois Stéphane ou moi on t'a donné l'impression d'être de trop ?

— C'est vrai, c'est idiot. Pardon. Moi aussi je suis heureuse de pouvoir profiter de vous à nouveau.

Après un moment de silence pendant lequel les deux sœurs s'emploient à nettoyer et essuyer les marmites, Marie reprend.

— Est-ce qu'il t'arrive de penser à notre mère parfois ?

Cathy, qui lave une casserole, interrompt son geste.

— J'ai mieux à faire que de perdre mon temps avec ça.

— Elle ne te manque pas ? Tu ne te demandes jamais quelle aurait été notre vie si elle ne nous avait pas abandonnées ? Quelle grand-mère elle aurait été pour tes fils et mes filles ?

— Non. Ma vie, elle est avec Stéphane, Cédric et Julien. Je l'ai radiée de mon histoire le jour où elle nous a déposées comme des merdes à l'Assistance publique sans laisser la moindre info sur elle. Elle aurait fait une grand-mère pitoyable, c'est certain.

— J'aimerais tellement être aussi détachée que toi. Je ne sais pas comment tu fais pour rayer les gens de ton cœur aussi facilement.

— Avec tout ce qu'on a galéré tu n'as pas encore compris ? Il n'y a que deux clans dans la vie : ceux qui sont avec toi et ceux qui sont contre toi.

— Tu n'envisages pas qu'elle avait peut-être des raisons qui justifiaient sa décision ? Je trouve tellement douloureux de penser qu'elle nous a jetées simplement parce qu'elle ne voulait pas de nous. Je préfère imaginer qu'elle n'avait pas d'autre choix.

— Elle nous a abandonnées, Marie. Tu avais un an et moi sept ans. Quelle mère digne de ce nom peut faire ça ? Il y a toujours des solutions quand on veut. Et nous, on ne peut pas vivre dans le regret de ce qui n'a pas été ou de ce qui aurait dû être à cause d'elle et de nos pères inconnus. Parce que je te rappelle qu'elle se faisait sauter par le premier passant et que grâce à ça, on ne sait pas qui sont nos merveilleux géniteurs ! C'est notre histoire. On n'a ni père ni mère, on doit avancer avec ce boulet. Hors de question que je laisse ce début de parcours minable me pourrir l'existence. N'es-tu pas satisfaite de ta vie ?

— Si. Mais ne pas savoir qui elle est me manque. Ignorer qui est mon père me manque. C'est comme s'il manquait un bout de moi pour faire un être complet, tu comprends ?

— Bien sûr que je comprends, mais si tu es malheureuse ma puce, ça se soigne tu sais. À dix-huit ans, quand tu habitais encore avec nous et que tu as fait ta dépression…

— Je ne suis pas malheureuse, l'interrompt Marie, je vais bien, tout ça est derrière moi. Simplement je me pose des questions et je trouve difficile de savoir que ces questions resteront sans réponse. Et comme on n'a pas eu de modèle, je me demande si je suis une bonne mère, une bonne épouse. Je ne sais pas si je réussis à combler ma famille. Les perdre serait terrible.

— Pourquoi parles-tu de les perdre ? Quelque chose ne va pas avec Éric ?

— Si, tout va bien. Mais on ne sait jamais. Il pourrait se lasser de moi, trouver une femme qui le rendrait plus heureux. Les filles, en grandissant, pourraient se dire que je suis une bien piètre maman.

— Arrête Marie ! Ton manque de confiance gâche tout. Ce n'est pas parce que nos parents nous ont abandonnées que tout le monde en fera autant.

— J'aimerais avoir tes certitudes. Tu ne doutes jamais au sujet de Stéphane ?

— Non. Jamais. Et puis même si on se séparait, je construirais autre chose, ce sont les cycles de la vie.

— Si Éric me quittait, je m'effondrerais !

— Pourquoi te quitterait-il ? Tu te plies en quatre pour lui et les filles. D'ailleurs tu devrais reprendre le travail, ça te permettrait de vivre un peu pour toi.

— Non, je n'en ai pas envie pour le moment. Je préfère me consacrer à ma famille. C'est important pour moi de construire ce que je n'ai pas eu, de donner à mes filles toute l'attention qu'elles méritent, de satisfaire Éric. La famille que j'ai construite avec eux, c'est ma priorité, un peu comme une revanche sur la vie.

— Je ne sais pas si t'oublier est la meilleure solution, mais si ça te convient…

— Je n'ai pas ton tempérament de feu, ma grande sœur chérie, plaisante Marie, déposant un baiser sur la joue de son aînée.

Cette dernière, toujours prompte à s'affirmer et à défendre les intérêts des siens, peut réagir avec virulence si elle le juge nécessaire. Marie admire autant qu'elle craint ce trait de personnalité chez sa sœur.

— Ah ça, je sais bien ma petite sœur chérie, se moque Cathy. Tu as tellement peur du conflit que tu t'écrases trop. Et ça ne s'arrange pas en vieillissant on dirait.

Chacune avait réagi à sa façon pour se protéger du statut d'orphelines. Elles plaisantent souvent sur ces différences de caractère qui les opposent.

— Je suis comme ça ! Je me suis reposée sur toi pendant des années, maintenant sur Éric et les filles, j'ai besoin de savoir que vous m'aimez, que je vous rends heureux. Je ne m'oublie pas puisque c'est ainsi que je me sens bien.

— Mais je t'aime ma puce, ne t'inquiète pas pour ça ! La preuve, on vous invite tous les week-ends pour profiter au maximum de vous.

— C'est vrai et c'est vraiment très gentil de votre part. D'ailleurs, ça ne te dérange pas qu'Éric passe autant de temps avec Julien ?

— Non, pourquoi ?

— Je ne sais pas. Tu pourrais être gênée qu'il l'emmène avec lui pour des sorties d'adultes.

— Au contraire, il veille sur lui. Je préfère le savoir avec son oncle plutôt que seul avec ses copains. À leur âge, on est tellement irresponsable. Savoir qu'un adulte chaperonne tout ça me rassure. Vaisselle finie ! On retourne dehors ?

Marie acquiesce, elle ne souhaite pas s'étendre sur le sujet avec sa sœur. Elle reste avec ses interrogations et ses angoisses. Ce soir, quand elle rentrera chez elle, elle téléphonera à Paola, son amie. Peut-être qu'elle résoudra l'énigme qui la préoccupe depuis son réveil : pourquoi a-t-elle découvert son époux et son neveu endormis dans le même lit ?

CHAPITRE 2

Marie n'en démord pas, Éric lui cache quelque chose. Les picotements qui pillent son ventre quand cette perspective l'assaille l'informent qu'elle vise juste. Cette pensée tourne en boucle depuis plusieurs semaines et a empiré depuis qu'elle s'est réveillée sans son époux à ses côtés, ce matin, chez sa sœur. Il ne lui ment pas puisqu'il ne lui parle pas. Mais il omet de lui dire ce qu'il devrait. Les traits de son visage lissés par le profond sommeil qui l'a emporté n'offrent pourtant rien à suspecter. Marie le scrute de plus près. Les volets en bois jointent mal, laissant passer l'éclairage nocturne des lampadaires. Suffisamment pour qu'elle le voie. Insuffisamment pour qu'elle remarque un détail qui l'informerait d'une potentielle supercherie. Elle se penche sur lui et sonde son souffle régulier. Il respire la sérénité. Les picotements s'accroissent à chaque paisible expiration d'Éric. Elle en déduit que cette sérénité de surface est un leurre. Elle voudrait qu'il se réveille, qu'il lui sourie, qu'il la rassure, qu'il la câline, qu'il lui fasse l'amour. Avec douceur. Avec passion. Mais il ne lui parle plus depuis de longs mois déjà… Alors l'embrasser, la caresser, l'emporter dans une danse sensuelle équivaut à une chimère.

La jeune femme voudrait s'assurer qu'elle le possède, qu'il lui appartient, qu'il ne lui échappera pas. Son cœur se serre, asséché, rabougri à l'idée qu'il puisse la quitter. La vie de Marie dépend avant tout de celle de son époux. Se savoir aimée, du moins avoir l'illusion d'être aimée, est tout ce qui lui importe. Se frotter une fois de plus à l'abandon est impensable pour elle. Il n'a jamais été très démonstratif et depuis quelques temps, son indifférence accroît ses tourments d'épouse dévouée. Car elle le sent accaparé par tout autre chose. Ou par quelqu'un d'autre.

Elle voudrait dessiner son visage du bout de ses doigts, avec minutie et lenteur. Mais elle n'ose pas. S'il se réveillait, il rejetterait cette délicatesse incongrue. Alors elle continue de l'observer, sans bruit, sans bouger, les paupières alourdies par la fatigue accumulée au cours de ces nuits blanches. Cette absence de communication entre elle et son époux tourmente Marie. Et son esprit torturé élabore une multitude de raisons rocambolesques à l'origine du silence de son conjoint.

Elle voudrait plonger elle aussi dans un repos apaisé. Elle n'en fera rien. Quand les premières lueurs de l'aube filtreront à travers les volets, elle n'aura pas dormi. Dans quelques heures, elle pourra déverser toutes ses angoisses et ses incertitudes auprès de Paola qu'elle a invitée pour le goûter. Cette optique la rassure quelque peu.

****

Marie saisit la bouteille de jus de pomme pour servir sa complice de toujours.

— Zut, je suis désolée, bafouille-t-elle alors que le liquide se répand à côté du verre. Je suis trop nulle.

Elle se lève, se dirige vers l'évier et prend une éponge pour nettoyer la table de la cuisine où elles sont installées.

— Totalement nullissime ! Tu mérites vingt coups de fouet pour punir ta maladresse, rétorque Paola la bouche remplie de madeleine à la cannelle.

Marie essuie la table avec des gestes lents, lui adressant un pâle sourire. Elle revient s'asseoir en soufflant. Paola lui tend l'assiette de pâtisseries.

18

— Détends-toi ! Goûte les douceurs que tu as cuisinées. Tu n'as mangé aucun de ces délices.

Marie les repousse.

— Je suis trop contrariée pour apprécier quoi que ce soit.

— Peut-être que tu t'inquiètes pour rien.

— Paola, il partage si peu avec ses filles et il dort avec son neveu. Ce n'est pas rien, là.

— Julien appartient à votre famille, il le considère comme un fils, un frère. Cette complicité t'obsède, tu en as parlé avec lui ?

— Parler ? Avec Éric ? Autant discuter avec un poisson rouge…

— Je te rappelle que c'est son côté mystérieux qui t'a envoûtée !

— Certes, mais s'il voulait bien cultiver un peu moins le mystère et davantage la discussion, j'apprécierais.

— Tu connais la rengaine : on quitte sa moitié précisément pour les raisons qui nous ont attirés chez elle.

— Je n'envisage pas de quitter Éric ! Je l'aime. Je souhaite juste comprendre pourquoi il préfère donner du temps à son neveu plutôt qu'à sa vraie famille.

— Et ta sœur, que pense-t-elle de cette amitié, disons… prononcée ?

— J'ai survolé le sujet. Elle est contente qu'Éric et Julien s'entendent bien mais je n'ai pas osé creuser la question.

— Pourquoi ? Vous êtes suffisamment proches pour en discuter.

— Oui, mais j'appréhende toujours de confier à Cathy ce que je ressens quand ça pourrait l'affecter. Je crains qu'elle ne m'imagine jalouse ou médisante.

— Tu interprètes, rien ne prouve qu'elle se vexera, rétorque Paola qui regarde avec gourmandise les gâteaux disposés devant elle.

Elle jette son dévolu sur un financier qu'elle picore du bout des doigts, puis elle reprend sur le ton de la taquinerie.

— Peut-être qu'Éric est le père de Julien.

— N'importe quoi ! Qu'est-ce que tu racontes, là ?

— Il peut avoir des enfants cachés. Secret comme il est, tu ignores sûrement des pans de sa vie.

— Petit détail, la mère de cet enfant, c'est ma sœur. Tu imagines Cathy tromper Stéphane il y a dix-sept ans ? Et quand je rencontre Éric, ils se comportent en parfaits inconnus ?

— Marie ? Je plaisantais !

— Désolée Paola. Je suis à cran, se justifie Marie, en pianotant sur la table. Je souffre de leur complicité alors qu'il ne joue pas avec ses filles. La seule chose qu'il ait partagée avec elles depuis leur naissance, c'est son patrimoine génétique.

— Puisque tu rejettes toutes mes suggestions, j'envisage une dernière solution.

— Laquelle ?

Paola marque un temps d'arrêt et fixe son amie.

— Ils sont homos.

Marie interrompt le cadencement de ses doigts. Elle se rembrunit fugacement, puis explose de rire, secouant la tête. Quand elle reprend son sérieux, elle essuie ses yeux embués.

— Merci, Paola, pour cette franche rigolade. Ça ne m'était pas arrivé depuis longtemps.

— Tant mieux. Même si tu trouves mon idée absurde, je t'ai divertie. C'est déjà pas mal.

D'un geste sec du doigt, Paola repousse les miettes de financier vers le centre de la table. Puis elle plonge son regard dans celui de son amie avant de reprendre sans sourciller.

— À mon avis ma belle, tu peux envisager seulement deux possibilités. Soit ils entretiennent une relation malsaine, ce qui te paraît impossible, soit ils ont tissé un lien identique à celui de père à fils, ce qui t'irrite. Dans le premier cas, tu es mal barrée. Dans le deuxième cas, fais le deuil du papa gâteau.

— C'est forcément la solution numéro deux. Ils ne peuvent pas être homos. Donc que pourrait-il y avoir de malsain entre eux ?

— Je ne sais pas. À toi de m'expliquer puisque tu les côtoies et que tu les observes.

— Je crois plutôt qu'Éric considère Julien comme le fils qu'il aurait aimé avoir. Ma jalousie mal placée me rend stupide. J'adorerais que nos filles partagent avec lui ce que je n'ai pas eu. Leur père habite avec nous. Il est aussi absent que celui que je n'ai jamais connu. Le voir donner son affection à un autre est intolérable.

— Je comprends ton point de vue. Mais Éric est désinvesti de son rôle paternel. Tant que tu n'accepteras pas ça, tu poursuivras une illusion et cette situation te rendra malheureuse.

— Hum, murmure Marie en se frottant le front.

Le silence s'installe quelques minutes. Tout cela la tourmente trop. Alors que Paola pointe de son index chaque gâteau, se demandant lequel choisir, Marie fait tournoyer son verre vide sur la table. Absorbée par les spirales que celui-ci dessine, ses pensées s'échappent vingt-quatre heures plus tôt.

Lorsque Marie avait constaté qu'Éric, sorti la veille avec Julien, n'avait pas dormi auprès d'elle, elle s'était rendue dans la chambre de l'adolescent pour vérifier si celui-ci était rentré. Elle avait frappé doucement à la porte. En l'absence de réponse, elle l'avait entrouverte et avait découvert Julien et Éric allongés sur les draps, presque dévêtus, comme après une soirée de beuverie. Dans la demi-pénombre, elle les avait observés. Éric reposait sur le dos, les bras et les jambes écartés, le visage serein. Julien était assoupi sur le côté, tourné vers son oncle, une main sur le buste de ce dernier. Ils respiraient paisiblement, emportés par un sommeil profond.

Cette image l'avait déchirée. Jamais Éric n'avait pris une de ses filles dans son lit. Et il partageait sa nuit avec son neveu par alliance.

Marie avait fermé discrètement la porte et regagné la chambre, pleine d'incompréhension. Pourquoi Éric développait-il une complicité avec Julien et non avec la chair de sa chair ? Qu'avait-il de plus ?

Marie revient au moment présent, interpellée par son amie qui balaie ses mains devant elle.

— Marie ? Tu es avec moi ?

— Pardon. Je repensais à tout ça.

— J'avais pas remarqué, ironise Paola qui se lève pour attraper une bouteille d'eau minérale, dans un pack entreposé à côté du réfrigérateur. Mon taux de glucose doit redescendre urgemment. Comme toutes les fois où tu fais chauffer les fourneaux !

— Tu voulais boire autre chose ? Pardon, je ne t'ai pas proposé.

— Te tracasse pas ! la rassure Paola en se rasseyant.

— Je suis désolée. Je suis focalisée sur Éric, j'en oublie tout. En plus de ces histoires avec Julien, il passe beaucoup de temps sur l'ordinateur.

— Rien de nouveau !

— La nouveauté, c'est le portable acheté en début d'année. Il n'utilise plus l'ordinateur familial. Il s'installe dans un coin pour pianoter, ainsi l'écran est caché. Il y a un mot de passe, impossible de le démarrer.

— Parce que tu as essayé ?

— Oui, murmure Marie.

— Bravo, c'est du joli ! Et tu penses à quoi ?

— Aucune idée. Et toi ?

— Une maîtresse ?

— J'y ai songé. Mais quand la verrait-il ? Je suis certaine qu'il rentre directement à la maison après le travail en semaine, et on passe quasiment tous nos week-ends chez ma sœur quand il n'est pas d'astreinte.

— Une relation virtuelle ? Ça se pratique de plus en plus, suggère Paola tout en servant de l'eau à son amie.

— Développe.

— Une amourette via internet. Il fréquente un site de rencontres, un forum quelconque, il communique avec une personne, ça peut durer des mois sans s'approcher physiquement.

— C'est pas une maîtresse, là. C'est un mirage !

— Si tu estimes qu'il faut coucher, effectivement il n'y a pas tromperie. Encore que, certains pratiquent l'amour à distance, la technologie ne connaît pas de limite ! Mais si tu considères qu'elle mobilise toutes les pensées de ton mari, qu'elle vous vole du temps, à toi et ta famille, car tout le temps qu'il passe avec elle sur le net, il ne le partage pas avec vous, qu'il rêve d'elle au lieu de songer à toi, qu'il s'imagine l'embrasser, la caresser, la...

— Stop ! Stop. J'ai compris le concept, inutile de développer davantage. Mais ce genre de relation est basé sur l'échange, et en matière de dialogue, mon Éric, il porte le bonnet d'âne. Une maîtresse virtuelle est invraisemblable.

— Anguis in herba.

— En français s'il te plaît !

— Le serpent est sous l'herbe, autrement dit, méfions-nous des apparences.

— Tu m'embrouilles, là. Il s'agit de mon mari. J'habite avec lui, je le connais !

— On a tous entendu parler de ce monsieur tout le monde entretenant maintes liaisons, sans que la première concernée ne s'aperçoive de rien.

— Je comprends ton raisonnement, mais j'imagine mal Éric vivre une histoire virtuelle.

Marie tapote ses lèvres avec ses doigts, fixant le mur jauni et défraîchi de la cuisine. Elle expire une nouvelle fois bruyamment.

— Et il y a aussi tous les messages.

— Quels messages ?

— Ceux qu'il reçoit sur son téléphone portable et qu'il s'empresse d'effacer.

— Comment sais-tu qu'il les efface ?

— J'ai regardé l'autre nuit pendant qu'il dormait. Oui, c'est mal, je sais, mais j'ai besoin de comprendre ! rétorque Marie, devant la moue dubitative de son amie. J'ai remarqué qu'il y avait peu de SMS conservés par rapport au nombre de messages reçus. Bizarre non ?

— Pas faux. S'il efface les messages instantanément, c'est qu'il souhaite cacher quelque chose… Ton mari trafique de la drogue. Et il nettoie toute trace de son business.

Marie se force à sourire à cette plaisanterie.

— Tu échafaudes des suppositions encore plus grotesques que les miennes !

— Je suis une scénariste incomprise, ironise Paola levant les yeux au ciel. Si ton homme ne mène pas une vie de bandit après ses journées en caserne, on en revient à l'hypothèse de la maîtresse, hypothèse la plus crédible.

— Hélas, je crois que oui. En ce cas, que vient faire Julien dans l'histoire ?

— Il lui sert d'alibi ?

— C'est à dire ?

— Quand ils sortent ensemble, Éric retrouve sa favorite du moment. Pendant ce temps, Julien s'éclate, ses parents approuvent ces soirées puisqu'il accompagne son oncle. Chacun profite de l'autre.

— Intéressant, mais je ne pense pas Éric capable de mêler un ado à des histoires de coucheries. Et ça n'explique pas pourquoi ils dormaient dans le même lit hier.

— Ils sont rentrés tard. Il n'a pas voulu prendre le risque de te réveiller.

— Tant de délicatesse ressemble peu à mon époux…

— Alors je ne sais pas, Marie ! Tu devrais arrêter de te torturer avec toutes ces questions et, j'insiste, en parler avec le premier concerné. Parfois, on invente des hypothèses douloureuses pour rien. Une discussion franche permet de rétablir une réalité toute simple.

— Tu as certainement raison. Toutefois, dialoguer avec Éric est périlleux. Même savoir s'il préfère une purée aux carottes ou au céleri tient du défi. Alors, imagine pour accéder à son intimité… Non, il faut que je trouve par moi-même. Et j'ai regardé dans les poches de ses habits, pas le moindre indice.

— Fouiner ne résoudra pas tes tourments !

— C'est plus fort que moi, je dois savoir.

Marie baisse les yeux face aux reproches qu'elle lit sur le visage de Paola. Cette dernière préfère abdiquer. Elle a bien émis quelques pistes susceptibles d'expliquer l'attitude d'Éric. Mais Marie ne dispose pas de l'écoute nécessaire pour les entendre, inutile d'accroître ses angoisses.

— Tes succulents gâteaux m'ont permis de gagner huit mille calories en une heure, ma belle. J'en prendrais bien quelques centaines de plus, mais il faut que je te laisse. J'ai envie d'embrasser mon charmant époux avant de démarrer ma garde à la maison de retraite.

— Vous êtes mignons tous les deux, l'infirmière pulpeuse et son charmant docteur, des éternels amoureux !

— Exactement ! Les années nous effleurent sans nous cabosser. Et arrête de mouliner, conseille Paola en débarrassant la table. Plus tu y penses, plus tu montes ton cerveau en mayonnaise et plus tu inventes des raisons de t'inquiéter. Fouiller, échafauder des théories fumeuses, rien de tel pour faire fausse route. Je maintiens que la meilleure solution consiste à parler avec Éric. Ou au moins d'essayer.

— On verra… Merci pour ton écoute et ton soutien Paola.

— Je sais, la qualité de mon conduit auditif reste optimale en toute situation. Tu ne connais pas ta chance !

La jeune femme sourit à cette dernière boutade puis raccompagne son invitée jusqu'à la sortie, l'embrasse, la remercie une fois de plus. Elle revient dans la cuisine et lave la vaisselle avec des gestes mécaniques. Ses pensées sont absorbées par sa discussion avec Paola. Elle fait peut-être une montagne d'un non-évènement et elle devrait envisager qu'Éric a choisi de projeter sur Julien l'amour qu'il aurait souhaité donner à un fils. Pour autant, cela n'explique pas les échanges virtuels que son époux entretient avec un, ou une, ou des inconnus. Ni le lien entre tout cela. Elle essuie la vaisselle avant de la ranger, réfléchissant aux conseils de sa confidente. Elle est convaincue qu'elle se heurtera au silence de son conjoint, aussi elle se dit qu'elle élucidera elle-même ce qui se trame. Elle glisse les chaises sous la table, puis revêt une veste accrochée au porte-manteau de l'entrée et part chercher ses filles à l'école.

CHAPITRE 3

Marie me gonfle. Elle devient envahissante, un vrai Juteux-chef[1]. Elle voulait un mari ? Je suis là ! Elle désirait des enfants ? Elle les a ! Je lui offre la petite vie de famille modèle et sécurisante dont elle rêvait. Ça ne lui convient pas ! Je ne l'aime pas assez. Je ne suis pas assez présent. Je ne m'occupe pas des filles. Je passe trop de temps sur l'ordinateur. Devant la télé. Ou à pratiquer du sport. Depuis quelques semaines, elle m'assomme de reproches permanents et me chouffe[2]. L'autre nuit, elle pensait que je dormais, je l'ai vue fouiller dans mon téléphone. Je n'avais pas envisagé qu'elle oserait puisque je garde mon portable à côté de moi. La curiosité la rend courageuse ! Ou l'insécurité. Elle n'a rien trouvé. Je suis pas fou. Je sais comment agir pour tromper mon entourage. Depuis le temps que je pratique l'art du camouflage, je maîtrise. Et je me suis tu. Je l'ai laissée faire sa fouineuse. Je m'évitais des explications. Si j'avais réagi, j'aurais eu droit à un interrogatoire. Nous nous serions embrouillés. Et moi, je veux juste la tranquillité. Elle mène sa vie. Moi la mienne.

Je lui donne ce qu'elle attendait d'un homme. Elle m'apporte ce que j'espérais d'une vie de couple. Je suis marié et père de famille, respectable. OK, ça ne me rend pas heureux, mais on me fout la paix. Ce qui me rendrait heureux entraînerait trop de dommages collatéraux. Alors je fais avec. Heureusement, j'ai mes moments

---

[1] Juteux-chef : expression militaire commune signifiant Adjudant-chef
[2] Chouffer : surveiller en argot militaire

exclusifs, seul. Mes « virées moto » lorsque nous n'habitions pas Bègles. À présent mes soirées avec Julien. Sans ces parenthèses, je crois que je pourrais me carapater, libérable avant l'heure. Rentrer à la maison devient pire que le gnouf. Ça ne correspond pas à ce que je souhaite vivre. Mais qu'est-ce que je veux exactement ?

Disparaître ? Parfois, j'y pense. Pour aller où ? Pour faire quoi ? Ai-je le choix ? Suis-je prêt à renoncer à ma vie actuelle ? J'ai trop à perdre sans certitude sur ce que je gagnerais. Alors j'attends. Mais je ne sais pas quoi.

***

Les jours défilent et les soupçons de Marie grandissent. Elle en est maintenant persuadée : Éric la trompe. Mais avec qui ? Et quand ? Telle une vigie, elle traque le moindre indice. La chasse à la maîtresse vire à l'obsession. S'il la quittait, elle serait amputée de plus de la moitié d'elle-même. Par conséquent, elle préfère le partager. Et pour savoir avec qui, elle souhaite le surprendre en flagrant délit.

Elle note l'heure de son départ au travail et de son retour. À quelques minutes près, son quotidien se déroule sur un rythme identique. Lors de ses après-midis en solitaire, elle épluche les relevés bancaires, pistant un détail qui l'alerterait. En vain. Elle essaie régulièrement de démarrer l'ordinateur de son époux mais se heurte au mot de passe. Elle entreprend des recherches sur internet pour trouver comment craquer ce code secret. Là aussi, sans succès.

Lorsqu'ils ne passent pas le week-end chez sa sœur, Marie invente mille excuses pour retenir Éric à ses côtés. Elle incite même ses enfants à l'aider à garder leur papa auprès d'elles. Elle tente ainsi de le priver d'une sortie dont elle serait exclue. Toutefois, il repousse ses propositions d'activités en famille, ou ses suggestions d'aménager ensemble le jardinet qui encadre le modeste pavillon qu'ils louent. Marie vit ces journées troubles la boule au ventre, incapable de se divertir avec ses enfants. Alors sa curiosité l'emporte et elle tente une nouvelle fouille des poches du treillis, elle inspecte le tiroir du chevet, elle se concentre pour trouver un endroit où il aurait pu délaisser un indice par mégarde. Toujours sans succès.

Les quelques débuts de conversations avec Éric aboutissent à un « Tu délires ! Arrête tes magazines people où tout le monde couche avec son voisin. Moi, j'ai rien à me reprocher ».

Ses recherches se sont soldées par des échecs successifs. Aussi, un dimanche où il annonce qu'il ira à la salle de sport, elle prétexte une promenade au bord de la Garonne. Elle demande à ses enfants de se préparer et charge à l'avance les trottinettes dans le coffre de leur monospace. Dès qu'Éric attrape son sac et enfile sa veste de motard, Marie hisse les filles dans la voiture, décidée à filer son époux. Elle manœuvre prudemment, afin de ne pas se faire repérer. Elle constate qu'il emprunte la bonne direction. Lilas s'étonne :

— Maman, pourquoi tu suis papa ?

— Mais pas du tout. Je ne le suis pas !

— Si, tu vois bien, il est devant.

— C'est par hasard Lilas. Il va à la salle sport, nous, au bord de la Garonne. C'est le même chemin.

Elle jette un regard nerveux dans le rétroviseur intérieur. Ils approchent d'un feu de circulation. Occupée pendant quelques secondes à observer sa fille à l'arrière, elle se laisse surprendre par le feu qui menace de passer au rouge. Elle accélère et se retrouve à quelques mètres derrière la moto. Leur voiture cabossée et bleu électrique se remarque aisément en ce dimanche après-midi où les routes sont peu fréquentées. Aussi le motard repère le véhicule familial. Arrivé devant l'établissement, il se gare. À califourchon sur sa cylindrée, il envoie un salut militaire à son épouse qui roule au ralenti, passant devant lui. Les fillettes lui adressent des signes de la main.

— Coucou papa ! Regarde, maman ! Papa nous fait coucou, se réjouit Manon.

Marie enrage. Elle se tait. Elle ne peut pas rester pour vérifier s'il entrera dans la salle de sport. Elle amène ses filles en promenade comme prévu, sans enthousiasme. Une fois de plus, elle ignorera tout des activités solitaires de son époux.

Ce soir-là, Marie dîne en silence. Elle se sent ridicule. Pour autant, elle n'abdique pas. L'impérieuse nécessité de savoir subsiste.

Pour assouvir ce besoin, elle décide d'abattre sa dernière carte : sonder Julien. Aussi elle propose à son mari d'inviter leur neveu à la maison pour le week-end. Cela lui permettra, d'une part de discuter avec lui, et d'autre part d'introduire Lilas et Manon dans leurs moments de partage, car Marie vit difficilement la complicité entre les deux hommes.

Julien accepte l'invitation de sa tante. Celle-ci pense faire coup double, toutefois, rien ne se déroule comme elle l'avait envisagé.

***

Julien est arrivé en fin de matinée. Ils sont réunis sur la terrasse pour le déjeuner, profitant de la douceur du climat océanique en cette journée printanière. Pour la première fois, ils sont seulement tous les cinq, Marie espère beaucoup de ce moment. Le militaire, d'ordinaire assez taciturne et laconique, se montre plus détendu. Il s'essaie à quelques taquineries qui amusent tout le monde. La présence de Julien suscite un sentiment paradoxal chez sa tante. Elle apprécie cette opportunité rare où père et filles rient ensemble d'une même blague. Mais elle déteste constater combien cette présence réjouit Éric. Prouve-t-il ainsi qu'il aurait sincèrement préféré avoir un fils plutôt que des filles, comme il l'a souvent répété ? Une prise de conscience douloureuse et insultante. Elle les observe en train d'échanger, de plaisanter, elle contemple la scène en spectatrice, le regard sombre. Elle parle peu, à l'exception de banalités logistiques.

— Quelqu'un en veut encore ? demande-t-elle à l'assemblée, pointant le plat au centre de la table.

Occupés à commenter le dernier match de football, ni son époux ni son neveu ne répondent. Lilas et Manon, absorbées à savourer ce papa enjoué, ignorent sa question. Elle débarrasse le sauté de veau en souriant tristement et se rend en cuisine. Elle a passé la matinée à mitonner un succulent déjeuner pour lequel personne ne lui a adressé le moindre compliment. Elle découpe le moelleux au chocolat et en dispose une part dans chaque assiette. Elle réalise qu'avec la présence de Julien dans leur maison, elle se sent encore plus exclue et transparente. Elle verse la crème anglaise sur chaque part, puis ajoute une boule de glace à la vanille, sans autre fioriture. Personne ne se soucie du plaisir des papilles alors qui se souciera du plaisir des pupilles ? Elle dépose une assiette devant chacun, ignorée de tous. Elle finit son repas en silence, absente des discussions.

Rassasiés, Éric et Julien décident d'aller se promener. Marie suggère de les accompagner, toutefois les fillettes préfèrent jouer dans leur chambre. Ils reviennent en fin d'après-midi, annoncent qu'ils dîneront dans un restaurant bordelais, entre hommes.

Cette journée ne s'est pas déroulée comme elle l'avait espéré. Cette expérience la met face à l'échec de son rêve absolu, une famille unie. De plus, elle désapprouve leur évidente complicité.

Tels des siamois, ils semblent collés, elle n'a pas réussi à s'isoler avec Julien. Avant de se coucher, elle ne peut s'empêcher d'inspecter les affaires de son neveu où elle ne trouve rien d'anormal.

Elle dort d'un sommeil agité cette nuit-là. Son époux demeure une énigme dont elle ne possède pas la clé, malgré toutes ces années à l'adorer et l'admirer.

Le lendemain matin, Marie profite du moment où Éric se douche pour interpeller son neveu.

— Julien, tu viens m'aider s'il te plaît ?

— Bien sûr tatie. J'fais quoi ?

— Tu sais trier la salade et peler les patates ?

— Je crois que oui, sourit-il.

— Parfait !

Elle dispose le nécessaire sur la table de la cuisine. Ils s'assoient côte à côte et entreprennent de préparer les pommes de terre. Marie questionne Julien sur sa scolarité, son quotidien. Elle souhaite d'abord faire diversion avec des banalités auxquelles il répond jovialement. Puis elle aborde le sujet qui l'intéresse réellement.

— Vous avez passé une bonne soirée hier ?

— Yep !

— Et d'habitude, vous faites quoi quand vous sortez ?

— Bah rien. On sort quoi !

— Où ça ?

— Ben chais pas. Dans des bars, des boîtes.

— Que tous les deux ?

— Oh, tatie, c'est quoi cet interrogatoire ? Si tu veux savoir quelque chose, demande à Éric.

— Éric ? Tu ne l'appelles plus tonton ?

Julien s'agite sur sa chaise. Il réplique avec arrogance.

— Tonton, Éric, c'est pareil ! Tu veux prouver quoi ?

— Je cherche seulement à comprendre ce que vous partagez.

— Des moments entre mecs. Voilà s'qu'on partage !

— N'es-tu pas un peu jeune pour partager des moments entre mecs avec un homme de presque quarante ans ?

— Tu sais quoi ? Tu me saoules !

Julien jette l'économe sur la table. Il repousse la chaise dans un grincement et quitte la pièce.

Marie fulmine. Elle l'a braqué. Elle découpe les pommes de terre avec rage et entaille son index. À son tour, elle lâche le couteau et se dirige vers l'évier où elle laisse couler un filet d'eau sur son doigt sanguinolent. « Je foire tout ! », pense-t-elle.

Depuis son échange avec Julien, Marie rumine. Elle n'a pas pu soutirer d'informations sur la potentielle relation que son mari entretiendrait avec une inconnue. Afin que ce week-end ne soit pas totalement médiocre, il ne lui reste qu'à rapprocher père et filles par le biais de son neveu. Aussi elle décide que cet après-midi doit être réussi. Luttant contre son humeur maussade et ses doutes, elle souhaite proposer une partie de ballon où les filles s'associeraient à leur papa après le goûter.

Quand elle a fini de ranger les restes de la collation, elle cherche Éric pour suggérer un football en famille. Dans le couloir, face à la porte de la cuisine, elle remarque que celle du salon-salle à manger est fermée. Un courant électrique se décharge en un éclair dans tous ses membres. Cette porte reste toujours ouverte. *Toujours.* Pourquoi est-elle close ? Qu'y a-t-il à dissimuler ? Un malaise, dont elle ne détermine pas l'origine, s'empare d'elle. Pourtant, elle sait. Intuitivement, elle sait déjà, même avant d'avoir constaté, même si, rationnellement, elle refuse de le concevoir. Elle le sent, mais elle se ment. Elle s'approche de la porte puis hésite un instant. Elle pose une main sur la poignée, la retire, la pose à nouveau. Elle a besoin de vérifier ce qu'une voix perfide lui siffle, ce que sa tête et son cœur rejettent.

Alors elle ouvre la porte sans bruit…
… et le sol se dérobe sous ses pieds.

Dans un réflexe, elle la referme promptement.

L'espace d'un instant, elle croit avoir eu une vision. Elle est immobilisée dans une faille spatio-temporelle, le regard fixe. La voix intérieure a tort. Ses yeux ont tort. Elle a tort. Comment pourrait-il en être autrement ? Impossible de bouger, de réagir. Impossible, comme ce qu'elle vient de découvrir. Tout cela est faux.

Puis son pouls s'emballe. Des fourmillements s'emparent de toute sa personne. Sa vue se brouille. Son corps tremble et sa respiration se brise. La chaleur sort de ses narines à une cadence effrénée. Elle déglutit et son visage se crispe. La température augmente subitement dans la pénombre de ce couloir borgne, face à cette porte close. Une porte de si mauvaise qualité qu'elle laisse diffuser le bruit des souffles et des corps haletants.

Non. C'est impossible. Son cerveau lui joue des tours, elle a des hallucinations liées au manque de sommeil de ces dernières semaines. Toutefois, elle veut en avoir le cœur net. Tremblante, elle ouvre à nouveau discrètement. Elle n'a pas rêvé, la même scène se prolonge.

Les lèvres de son mari mangent celles de son neveu en un baiser écœurant. Sous son propre toit. Avec leurs enfants non loin de là.

Elle les observe, hypnotisée, puis elle referme la porte. Elle recule instinctivement pour éloigner cette image, anéantie par la sidération. Elle prend appui contre le mur du couloir, les yeux écarquillés, la poitrine soulevée par des spasmes soudains, la mâchoire serrée, bâillonnant fortement sa bouche d'une main pour retenir son envie de hurler. De douleur, de rage. Hurler pour se sentir vivante et être certaine que tout cela existe bien. Ou hurler à en crever pour broyer cette douleur foudroyante. Une colère insoupçonnée prend possession d'elle. Or, ses filles sont à proximité, elle ne peut faire un scandale. Elle doit reprendre le contrôle de ses émotions. Toutefois, elle ne maîtrise pas l'expression de son ressenti. Ce qu'elle vient de voir est si violent. Au-delà de l'envisageable.

Maintes fois, elle a lu cette expression « sentir la terre se dérober sous ses pieds » sans réussir à la matérialiser. À présent, elle sait. Un effondrement. Quelques secondes d'une brutalité inouïe qui bouleversent le cours de l'existence. Un séisme virtuel qui dévaste tout en une fraction de rien du tout. Comme ça. D'un claquement de doigts abrupt.

Une boucle filmée tourne et tourne dans sa tête. Ces quelques secondes de trop qu'elle aurait préféré ignorer. Obsédantes. Cruelles. Répugnantes.

Son mari et son neveu s'embrassaient. Leurs corps serrés. Leurs yeux fermés. Leurs jambes entrelacées. Leur souffle saccadé. La main d'Éric dans les cheveux de Julien en appui contre la table. L'étreignant, balançant son bassin. Un baiser qui empestait le désir. Qui puait une faim charnelle. Une main de Julien qui soulevait le tee-shirt de son amant, caressant son dos. L'autre qui s'enfonçait dans l'arrière de son jean. Un gémissement d'Éric. Ils se bouffaient à pleine bouche. Absents de la réalité qui les entourait.

La répugnance se transforme en nausée. Elle court aux toilettes, guidée par les haut-le-cœur. La tête au-dessus de la cuvette, les soubresauts de l'estomac se mêlent aux secousses des sanglots. Elle vomit jusqu'à la bile, rejetant ce qu'elle ne peut hurler. Le souffle court, elle dégueule son dégoût et crache son chagrin. Quand les vomissements s'apaisent, elle s'assied, vidée. Elle fixe l'abattant des toilettes, hagarde, les yeux rougeoyants, la douleur de l'estomac anesthésiant la douleur du cœur. Au prix d'un immense effort, elle finit par se relever. Elle tire la chasse d'eau et va à la salle de bain pour se laver le visage et les dents à l'eau fraîche. Elle vit cela comme un geste de purification. Puis elle s'enferme dans la chambre et enfonce sa tête dans l'oreiller. Elle s'abandonne à tous les pleurs et les cris qu'elle n'arrive pas à contenir davantage, mais qu'elle veut étouffer pour protéger ses filles.

Quand elle réussit enfin à retrouver ses esprits, elle se rend dans la chambre de Lilas où Julien s'est installé. Elle prend le sac de voyage de son neveu sans vérifier que toutes ses affaires se trouvent à l'intérieur, et se dirige vers le salon. La porte est ouverte, ils ont quitté la pièce. Elle les voit assis dehors, dans la pelouse. Ils lui tournent le dos et devisent paisiblement. Elle les observe en silence quelques instants. La carrure charpentée et musclée de son mari. Celle d'un homme. Puis, tout à côté, le frôlant presque, la carrure plus frêle de Julien. Celle d'un adolescent. Ridicule. Une aberration. Elle surprend ces regards pétillant d'évidence, ces sourires en coin se taisant à peine. Tous ces signaux qu'elle avait inconsciemment occultés lui sautent au visage. Elle aurait pu récolter une multitude d'indices, si elle ne s'était pas confinée dans la cécité d'un amour inébranlable.

Elle avance dans leur direction et jette le sac de son neveu à terre, derrière lui :

— Dégage. Tout de suite.

Ils se retournent de concert, hébétés. Elle a crié ces mots malgré elle. Elle aurait aimé se contenir. Pour montrer que leur attitude ne l'affecte pas autant que ça. Et pour ses filles qui jouent à la balançoire à quelques pas. Pour ne pas éveiller leurs soupçons. Mais son corps la trahit. Il s'agite de tremblements indomptables.

— Qu'est-ce qui t'arrive, tatie ?

— Je vous ai vus dans le salon tout à l'heure.

— Et alors ? réplique Éric froidement.

— Et alors, vous savez ce que j'ai découvert. Sinon je ne demanderais pas à Julien de partir.

— Tatie, on…

— Laisse, l'interrompt Éric d'un signe de la main. Prends tes affaires. Je te raccompagne.

— Comme tu veux, abdique Julien en se levant.

Il se dirige vers ses cousines et les embrasse. Quand il revient vers Marie et s'en approche pour lui dire au revoir, elle détourne la tête. Elle ne supportera pas sur sa joue l'impureté de ces lèvres qui ont dévoré celles de son époux.

Marie regarde les amants partir, le cœur en lambeaux. La journée s'achève sur un cataclysme et elle n'a qu'une envie : être seule. Aussi, elle envoie rapidement ses filles sous la douche, expédie le repas en quatrième vitesse et les couche sans s'attarder en histoires du soir. Elle a feint au mieux devant ses enfants, là, elle capitule. Elle se réfugie dans sa chambre pour laisser son chagrin exploser. La photo de mariage trône sur la commode. Elle la prend, l'observe un moment, caresse le visage d'Éric, ce visage qui l'a fait chavirer dès qu'elle l'a vu. Puis elle brise le verre pour en extraire le cliché qu'elle déchire.

Toute leur histoire d'amour est basée sur un horrible mensonge. Leur vie de couple s'apparente à un simulacre. Elle pousse un hurlement tout en lançant contre le mur le cadre, les bouts de photo, et se jette sur le lit qu'elle frappe du poing rageusement. Elle se sent trahie, sale, impuissante. Et terriblement seule. Inexistante face à la froideur de son mari lorsqu'elle a chassé Julien.

Elle n'est rien.

Bien sûr, la pensée d'Éric et Julien amants l'avait effleurée vu leur complicité. Juste effleurée, car, comment envisager qu'une telle éventualité soit une réalité ? Éric a quasi vingt-trois ans de plus que Julien. Son neveu mineur. De plus, l'un et l'autre sont cent pour cent hétérosexuels. Aussi, elle avait repoussé cette improbable pensée chaque fois qu'elle s'immisçait dans son esprit. Cependant, les voir là, à quelques mètres d'elle, s'embrasser langoureusement sans se rendre compte qu'elle les observait… Marie n'en revient pas. Elle a tout donné à son époux, absolument tout. La trahison n'en est que pire.

En ce dimanche soir, en état de choc, elle est au paroxysme de la colère et de la tristesse. Encore habillée, roulée en boule dans son lit, le visage enfoui dans son oreiller, elle évacue son dégoût et son désarroi dans une hémorragie de larmes qui pourrait l'engloutir. Et peu lui importe qu'Éric la trouve ainsi. Il prendrait peut-être conscience des dégâts qu'il cause. Un séisme de magnitude douze a tremblé sans quasi aucun signe annonciateur, laissant un paysage sinistré, un cœur dévasté par des crevasses infinies, avec pour seule saillie ardente, la douleur. Sa vie n'est plus. Sa famille, son abri, son ordinaire quotidien, tout ce qui la sécurise depuis quinze ans a été détruit en un éclair de seconde, puissamment, violemment, brusquement.

CHAPITRE 4

Je raccompagne Julien chez lui. Il me demande inquiet :

— Qu'est-ce qui va se passer ?

— Aucune idée.

— Tu crois qu'elle va téléphoner à mes parents ?

— Non, elle en est incapable.

Julien insiste. Alors je lui affirme que je gère la situation, que je ne la laisserai pas tout détruire. Je pose une main sur son genou. Puis je freine pour arrêter la voiture. J'ai besoin de le serrer contre moi. Je devine que lui aussi.

— Tu me fais confiance ?

— Bien sûr, affirme-t-il avec une pointe de crainte dans la voix.

Je relâche mon étreinte, j'attrape ses mains, je le fixe dans les yeux :

— Tout se passera bien.

Et je l'embrasse.

Il dit qu'il m'aime. Je lui réponds que moi aussi. Je reprends la route, lentement, pour reculer l'échéance d'une séparation que j'espère temporaire. Un silence lourd s'installe entre nous. Je comprends la crainte de Julien. Je la partage même si je donne le change.

Julien compte plus que quiconque. Il m'a appris le sens du mot « aimer ». Avec lui, je tire pas des coups pour me soulager d'une poussée de testostérone. Avec lui, j'aime. Et la grosse[3] ne détruira pas ce bonheur. Ni elle, ni personne d'autre.

On arrive déjà dans le quartier résidentiel où vit Julien. Je m'arrête devant le portail en fer forgé de sa villa. Par précaution, on ne s'embrasse pas sur la bouche. Pourtant, j'en crève d'envie. Le sentir contre moi pour le rassurer à nouveau. Faire l'amour pour abaisser la tension. Je sais qu'il est mineur et moi adulte, on m'accuserait de perversion, de manipulation. Mais tout ça, ce sont que des mots pour juger et légiférer. Ça ne décrit en rien la réalité qui existe entre deux personnes consentantes. Pour Julien, je peux me dépasser, mais ses parents ne doivent pas le découvrir comme ça. Ça lui ferait beaucoup de tort. Je dois au contraire le protéger. Aussi, on se quitte avec une bise sur la joue. Cathy ou Stéphane pourraient nous voir. Je regarde à travers les grilles du portail. Aucun des deux ne semble dans les parages à attendre notre arrivée. J'en conclus que Marie n'a pas lancé l'offensive en alertant sa famille. Heureusement. Je me doute depuis le début qu'un jour je devrai les affronter et abandonner la clandestinité. Pour gagner la bataille, je dois me sentir prêt. Dans l'immédiat, ce n'est pas le cas. Je n'ai pas échafaudé de plan !

Julien sort de la voiture, récupère son sac dans le coffre et avance à pas lourds en direction du portail qu'il pousse lentement. Avant de le franchir, il se retourne. Je vois la tristesse dans ses yeux. Sa légèreté a disparu. J'espère que ça ne durera pas. J'adore son insouciance et sa confiance en la vie. Je baisse la vitre et murmure :

— Au moindre problème, tu m'appelles. OK ?

Julien me sourit, lève le pouce et referme le portail.

____

[3] La grosse : la femme en argot militaire

À présent, je dois rentrer, la retrouver. Putain, j'en ai pas envie. Je décide d'aller me poser au bord des berges de la Garonne pour réfléchir au calme. Je roule fenêtre ouverte, je respire la fraîcheur de la fin de journée. Arrivé au Delta Vert, je me gare puis je trouve un coin tranquille où m'allonger à même la pelouse. Je regarde le soleil couchant, les mains croisées derrière la tête. Seules quelques familles profitent des dernières lueurs. Je ne perçois que des ombres et les cris diffus des enfants. Ce qui se passe autour de moi ne m'intéresse pas. Et maintenant ? Oui… Et maintenant ?

Je n'ai jamais aimé Marie. Quand on s'est rencontrés, la fragilité qu'elle affichait m'a touché. Deux paumés qui se croisent. Un classique pas très excitant, mais elle me convenait comme alibi. Non, ce n'est pas ignoble de dire ça ! Pas plus ignoble que de maltraiter un humain pour ses préférences sexuelles. Je l'avais trouvée jolie, discrète. Elle m'admirait. J'ai saisi l'opportunité. Quinze ans après, elle me vénère encore. Comme elle craint de me perdre, elle me laisse vivre en paix… jusqu'à présent. Je lui offre quelques mots gentils, un peu de sexe quand j'y arrive. Je maintiens l'illusion. Je remplis ma fonction, elle la sienne. Ne joue-t-on pas tous un rôle ? Je décroise les mains et arrache quelques brins d'herbe, par réflexe. J'en porte un à la bouche et le mâche nerveusement.

Oui, j'entretiens une vie mensongère. Mais je ne voulais pas ça. J'aime les hommes et les hommes qui aiment les hommes n'ont pas leur place, ni dans ma famille ni dans l'armée. Quand j'ai connu Marie dans les années 90, un homosexuel s'apparentait à une folle travestie, ou à un malade du SIDA. Mais moi, j'étais un gars ordinaire, ni une tarlouze ni un séropositif décharné. Ma seule erreur était — et reste encore — de préférer les hommes aux femmes. Et mon tort aujourd'hui s'appelle Julien. Ce sentiment que vous trouvez merveilleux ailleurs devient abject chez nous. Mais son âge, notre lien de parenté, je m'en tamponne. Ce n'est pas juste une histoire de cul ou un fantasme. Je désire tout de lui : son corps, sa peau, ses caresses, mais aussi sa gaieté, sa fureur de vivre, ses certitudes, son impertinence. Julien respire la liberté. Il ne m'étouffe pas comme Marie avec sa soif d'amour, sa peur de l'abandon. Elle se comporte comme une serpillière avec moi, c'est gonflant. Alors que Julien, il est tout simplement lui. Et quand je suis avec lui, je suis tout simplement moi. Je n'ai pas besoin de jouer. Alors pourquoi je continue de simuler le reste du temps ? Par facilité sûrement. Mais surtout par trouille. La trouille que mon père, ma famille, me traite comme un malpropre. Je suis déjà le raté du clan, j'ai pas les couilles d'assumer plus de tares. Et aujourd'hui la trouille que Julien perde également sa famille. La trouille que notre amour crève de tout ça, et de ne plus retrouver un bonheur aussi intense. Un peu de bonheur, c'est toujours mieux que pas de bonheur du tout, je sais de quoi je parle.

Je relève la tête, crache le brin d'herbe, me rallonge et regarde le ciel étoilé. J'en ai ras le bol de tout ça. Je voudrais vivre une autre vie. Difficile pour moi en ce moment. Je pourrais tout arrêter. Marie n'a encore rien balancé, il n'est pas trop tard pour maintenir une sorte de « confort ». Mais je préfère continuer parce que plus fort que la trouille, il y a l'amour. Je ferme les yeux, les mains posées sur mon ventre. Je respire à pleins poumons. Je respire Julien. Je le vois. Je l'entends. Je n'imagine pas le perdre. Julien m'a révélé. Ouais, malgré son jeune âge, il m'a révélé ! Aussi incroyable que ça puisse paraître. Avec lui j'apprends l'amour, les émotions, les espoirs. J'ose être moi. L'avenir, c'est me révéler aux autres. Pour la première fois, je l'envisage, pour vivre ouvertement avec lui. C'est ce que je veux. Enfin, je crois… Je sais pas. Je sais plus. C'est aussi ce qui m'effraie. Je suis cisaillé par la peur. Guidé par cette trouille, je n'arrive pas à réfléchir logiquement. Je projette tout et son contraire.

Il y a incompatibilité entre ce que je veux et ce que je peux. Mais un élément déterminant a changé : Marie sait. Donc tout devient très concret.

J'ouvre les yeux et scrute quelques minutes la lune apaisante qui scintille sur la Garonne. Mon esprit se calme. OK. On risque de pas pouvoir continuer ainsi maintenant que Marie sait. On va sûrement prendre quelques bastos, surtout moi. Donc, faut que je gagne du temps pour maîtriser la situation et éviter qu'elle crache le morceau. Je reste le stratège de la bataille. Je décide quand et comment. Je dois la convaincre de se taire. Je pense réussir. J'ai trop à perdre si elle raconte tout sans que j'aie pu assurer mes arrières. Je m'étire. Je regarde autour de moi. Je suis seul. Je frissonne et je me frotte les bras. Je n'ai pas vu le temps passer. J'envoie un SMS à Julien.

Tout va ?

La réponse fuse aussitôt.

Il a retrouvé son insouciance !

Je retourne à la voiture et roule en direction de la maison. Arrivé à destination, je me gare dans l'allée. Je coupe le moteur. Je reste assis au volant quelques minutes, repoussant l'échéance. Rentrer chez moi devient pénible.

***

Marie entend claquer la porte d'entrée. Toujours éveillée, elle se redresse dans le lit pour faire face à Éric. Dès qu'il pénètre dans la chambre, elle lui jette son alliance au visage.

— Tiens, reprends-la.

Éric ne rétorque pas. La bague atterrit sur le sol, il ne la ramasse pas. Nonchalamment, il entreprend de se dévêtir puis s'allonge, ignorant son épouse.

— Tu envisages de te coucher comme si de rien n'était, là ?

— Tu veux quoi ? Une scène ? Tu veux qu'on s'insulte, qu'on casse la vaisselle ? Compte pas sur moi.

— Je rêve ! Éric, je t'ai surpris en train d'embrasser Julien. Tu te souviens de Julien ? Ton neveu. Un gamin. Désolée de t'ouvrir les yeux sur cette aberration, mais au-delà du fait que tu me trompes, il est mineur. C'est très grave. Ça peut être considéré comme de la manipulation, un abus de faiblesse, de la pédophilie. Tu réalises au moins ?

— L'amour n'a pas de loi.

— L'amour ? ricane Marie. Mais quel amour ? Quel amour Éric ? Hein dis-moi ? s'énerve-t-elle, secouant son époux qui reste impassible. Parce que t'appelles ça de l'amour ? Tu as presque quarante ans, tu es marié, tu as des enfants, tu es hétérosexuel. Tu roucoules avec un adolescent, ton neveu, et tu oses dire qu'il s'agit d'une histoire d'amour ? On marche sur la tête, là !

— Oui, je te parle d'amour. Ça se résume pas à l'âge ni au sexe. Maintenant, tu me lâches, et il empoigne ses avant-bras, la repoussant.

Marie bouillonne. Elle s'agrippe aux draps, espérant contenir sa rage.

— On nage en plein délire. Désolée, mais demain je téléphone à Cathy et Stéphane et on met les choses au clair, ils t'empêcheront de voir Julien et tu vas reprendre tes esprits.

— Je te déconseille de les appeler.

— Ah, parce que tu me donnes des conseils ! Tu estimes être à la bonne place pour faire la leçon ?

— Si tu veux tout foutre en l'air, fais donc ça.

— Ce n'est pas moi qui détruis tout, c'est toi.

— Non, la preuve : Julien et moi ça ne gênait personne jusqu'à présent. Toi tu montes sur tes grands chevaux et tu cries au scandale. Alors, vas-y, appelle-les, mais réfléchis aux conséquences de tes actes.

— Pincez-moi, je rêve, là ! Les conséquences de *mes* actes Éric ? *Mes* actes ? Tu t'écoutes parler ? Ce sont *tes* actes qui nous portent préjudice.

— Sauf si personne ne sait.

— Mais moi je sais Éric ! Et je ne suis pas personne, je suis ta femme. J'existe, proteste Marie tapotant sa poitrine d'une main. Je ne vais pas ignorer ce que j'ai découvert. Toi non plus, tu peux pas te comporter comme si tout allait bien.

— Pourquoi pas ? Qu'est-ce que je risque ? Que tu partes ? OK, pars.

Marie en a le souffle coupé. Il la méprise. Elle serre son visage entre ses mains, se frotte les tempes et regarde fixement le mur devant elle quelques instants. Éric l'a trahie, il outrepasse les limites de la légalité et semble inconscient de ses agissements. Le militaire droit et intègre qu'elle connaît a perdu le sens de la raison. Elle doit le convaincre du caractère impossible de ce qu'il projette. Il doit réaliser qu'il fait fausse route. Aussi elle dépose une main rassurante sur l'avant-bras de son époux et se tourne vers lui pour reprendre le dialogue. Éric l'interrompt froidement avant qu'elle n'articule le moindre son :

— La situation est comme ça Marie. Tu l'acceptes, ou tu pars. Moi je peux continuer de me partager entre Julien et toi. Mais si tu nous balances à Cathy et à Stéphane, tu me perds à jamais. Demain je bosse, je veux dormir, donc stop.

Il lui tourne le dos et éteint la lumière, ignorant les évènements de cette journée surréaliste. Marie s'emboîte contre lui, l'assomme de questions auxquelles il ne répond pas. Une main posée sur le bras de son époux, elle alterne les caresses d'espoir et les agrippements de colère. Il fait la sourde oreille et la laisse avec toutes ses interrogations. Le silence s'apparente à la pire torture qu'il puisse lui infliger.

CHAPITRE 5

J'entends Marie qui sanglote. Faudrait que je la prenne dans mes bras pour donner le change et éviter qu'elle fasse une connerie. Mon corps bouge de quelques millimètres pour basculer vers elle. Je me ravise. J'ai pas envie de simuler ce soir. Pas après cette journée. Et puis la sentir collée à moi, ça me dégoûte. Même son odeur m'insupporte. Sa présence me gonfle. Il va bien falloir l'encaisser pourtant, au moins quelque temps. Sinon elle va craquer et tout dire à sa sœur. Et ça, ce n'est pas bon du tout. Vu le caractère de la belle-sœur, elle est fichue d'envoyer Julien en pension à l'autre bout du monde et de mettre le feu à ma moto si elle croit ce que lui raconte Marie ! Je garde les yeux grands ouverts dans le noir. Ce soir, je n'ai pas le courage de faire davantage semblant devant « ma femme » qui sait tout. Ou presque tout. Elle veut en savoir plus. Elle me saoule avec ses questions. Elle ne comprend pas que je ne lâcherai rien ? Pas la peine de me harceler et de chialer. La tension monte dans mes membres, ma mâchoire se serre. Je me retiens de ne pas la repousser de l'autre côté du lit.

« Désolée ». Elle ne sait dire que ça. Elle est désolée du matin au soir. Même là elle est désolée ! Ouais, elle a bien raison d'être désolée, mais pas pour les raisons qu'elle croit. Elle devrait être désolée pour son aveuglement. Elle se soucie de moi ? De ce que je peux vivre depuis toutes ces années ? Bien sûr que non. Aussi, je n'arrive pas à m'apitoyer sur elle. Tout ce qui compte c'est sa petite vie étriquée. Tant qu'elle est avec son mari, ses gosses, ses casseroles et ses fiches de recettes de cuisine, ses magazines people et de mode alors qu'elle s'habille comme un sac en écoutant du hard rock, tout va bien. Putain, ça fait pas rêver tout ça ! Si elle s'était intéressée à qui je suis, en quinze ans, elle aurait dû comprendre que je n'étais pas heureux avec elle. Ben non. Elle n'a rien vu. Elle m'aime ! Elle veut une famille idéale. La famille qu'elle n'a pas eue. Ouais, ça, on le sait. Ses souffrances, on les connaît. Mais mes souffrances à moi, elle s'en fout. Alors ce qu'elle ressent, ben moi aussi je m'en balance. Elle, elle a sa sœur et Paola qui la protègent. Moi, je suis seul. Sauf depuis quelques mois, il y a Julien. Je veux préserver ça. Et si j'avais le droit d'aimer librement, on n'en serait pas là. Je repense à ma décision : gagner du temps. La question est : comment ?

C'en est trop. Trop d'énervement, de questions sans réponse, de tensions, d'angoisses. Trop de pleurs aussi de Marie. Non vraiment, ce soir, je ne peux pas faire semblant une minute de plus. Je me lève d'un bond, repoussant Marie qui s'affaisse de tout son poids dans le lit sous la brutalité de mon geste. J'attrape mon oreiller. Elle gémit. Je réponds : « Fous-moi la paix. Ça vaut mieux ». Je sors de la chambre en claquant la porte. Je m'installe dans le canapé.

***

Le lendemain, dès que ses filles sont à l'école, Marie téléphone à Paola.

— Paola ?

— Bonjour Marie, ça ne va pas ? s'inquiète Paola en entendant la voix de son amie.

— Pas vraiment. J'ai quelque chose à t'annoncer, tu devrais t'asseoir.

— Je crois que je sais.

— C'est-à-dire ?

— Éric et Julien.

— Oui, souffle l'épouse trahie.

— J'arrive, précise Paola avant de raccrocher.

Paola reste immobile quelques instants, puis cligne des yeux en secouant la tête pour revenir à la réalité. Elle s'en doutait. Cependant, avoir confirmation que tout est vrai est choquant. Elle attrape son sac et ses clés de voiture, puis s'empresse de rejoindre son amie.

En chemin, elle rassemble ses idées. Elle pressentait ce qui se tramait. Cette hypothèse incroyable représentait pourtant la plus plausible techniquement, même si, moralement, elle paraissait inenvisageable. Toutefois elle expliquait au mieux les comportements d'Éric en recoupant les informations fournies par Marie. Elle a essayé, sur le ton de la plaisanterie, d'évoquer cette éventualité, mais son amie n'a pas adhéré.

Paola connaît peu Éric puisque deux ans après sa rencontre avec Marie, le militaire a été muté, entraînant son épouse avec lui. Ils ont déménagé à plusieurs reprises avant de revenir dans le bordelais, il y a presque un an. Durant ces douze années d'éloignement, les deux amies ont gardé un contact téléphonique régulier. Marie parlait de sa solitude, de ses difficultés à lier de nouvelles connaissances à chaque mutation, et à trouver auprès de son conjoint le réconfort espéré. Éric partait quelquefois en mission à l'étranger, pour des périodes de quatre mois, ce qu'elle vivait péniblement. Aussi elle reportait toute sa tendresse et son énergie sur ses filles qui comblaient son vide affectif. Paola percevait cet isolement à travers leurs échanges téléphoniques. Elle l'a revu à quelques reprises, à l'occasion des vacances lorsqu'ils revenaient dans le coin. Elle le trouvait mystérieux et insuffisamment attentionné envers sa famille. Mais Marie l'adorait tellement qu'elle acceptait cette indifférence sans ciller, espérant une évolution favorable de leur union à force de dévouement et de gentillesse.

Paola apprécie Marie pour sa sensibilité, sa douceur, sa bienveillance, sa loyauté. Mais son abnégation, son désir de se sentir aimée l'amènent à s'oublier et à s'effacer. Aussi, par le passé, elle a encouragé son amie à entreprendre une psychothérapie afin de s'affirmer et d'enterrer cette peur de l'abandon qui la hantait. Marie a écouté ces conseils, mais très vite elle a arrêté le suivi, ne mettant pas de sens dans cette démarche. Dans la situation actuelle, et connaissant les souffrances de Marie, Paola s'attend au pire pour l'avenir. Elles se sont rencontrées presque vingt ans en arrière. Paola, infirmière, et Marie, aide-cuisinière, ont sympathisé sur leur lieu de travail et sont rapidement devenues très proches. Elle la connaît suffisamment pour savoir que son amie est capable d'encaisser beaucoup pour ne pas perdre son époux. Trop sans doute, plus que le raisonnable et l'admissible. Elle sait que soutenir Marie dans cette tromperie tout en lui faisant entendre raison ne sera pas facile.

Dès son arrivée chez son amie, Paola la serre contre sa poitrine, sur le pas de la porte, respectant son silence. Marie s'effondre en pleurs. Elle a juste besoin d'une épaule sur laquelle s'appuyer, un petit coin où se poser un moment en paix. Au bout de quelques minutes, les sanglots s'apaisent et elle relâche son étreinte. Elles pénètrent dans la maison, s'installent dans le canapé du salon. Un lieu où Marie se sent mal à l'aise, revoyant la scène du baiser entre son époux et son neveu.

— Ils étaient là, explique-t-elle en désignant le milieu de la pièce. Et ils s'embrassaient comme deux amoureux passionnés. Tu n'imagines pas la violence du moment. Ils n'ont même pas remarqué ma présence.

Paola fait face à son amie. Elle prend ses mains et les serre entre les siennes.

— Je suis choquée, Marie. Même si je me doutais qu'il se tramait quelque chose d'anormal entre eux et que je m'attendais à un tel dénouement, c'est difficile à réaliser concrètement. Qu'as-tu décidé ?

— Je ne sais pas. Là, j'ai mal. Et je ne suis pas en état de réfléchir.

— J'imagine combien ça doit faire mal. Il t'en a dit plus ? C'est une aventure sans lendemain ? Une histoire qui dure depuis longtemps ? Il a déjà entretenu d'autres relations homosexuelles ? Avec un mineur en plus… c'est hallucinant !

— Paola, je ne sais pas tout ça.

— Excuse-moi pour cet interrogatoire, c'est déplacé.

— Je suis incapable de répondre à toutes ces questions que je me pose aussi. C'est douloureux de ne pas savoir.

— Mais qu'est-ce qu'il t'a dit ?

— Que c'était comme ça ! Qu'il l'aimait et que si je ne l'acceptais pas, je pouvais partir.

— Et tu vas le quitter bien sûr.

— Non. Non Paola, je ne vais pas partir. Il représente ma raison de vivre. Pourquoi est-ce que je capitulerais devant un gosse de seize ans ?

— Parce qu'il a choisi. Il t'a affirmé qu'il l'aimait.

— Ce ne sont que des mots, sous le coup de la colère. Hier je lui ai jeté mon alliance à la figure, et pourtant je ne veux pas divorcer.

— Ta vie t'appartient, je ne juge pas. Mais vue de l'extérieur, la situation est franchement périlleuse. Ça paraît difficilement vivable au quotidien. Tu en parleras à Cathy et Stéphane tout de même ?

— Sûrement pas. Si je leur dis, Éric ne me le pardonnera jamais. Et puis si cette histoire doit s'arrêter, pourquoi les alarmer ?

— Je pense que tu fais une grosse erreur. Si tu étais ma sœur, je ne t'excuserais pas de me cacher cette situation. Ce n'est pas rien !

— Je sais que ce n'est pas rien. Mais j'ignore comment agir, explique Marie qui part dans un nouveau sanglot.

— Je reviens.

Paola se dirige vers la cuisine, attrape deux verres et une bouteille d'eau. De retour au salon, elle s'assied auprès de son amie, remplit un verre et le lui tend avec un mouchoir qu'elle a tiré de son sac à main.

— Tiens, bois ça.

Marie se mouche puis avale l'eau d'un trait.

— Désolée, je n'ai pas pensé à te servir quelque chose. Je suis si bouleversée que je suis déphasée.

— T'inquiète pas, je comprends, la réconforte Paola en posant une main sur son bras. Avec ce que tu traverses, n'importe qui serait perturbé.

— Je suis perdue Paola. Complètement paumée. Que dois-je faire ?

— Quitter ton mari et prévenir ta sœur. C'est l'unique alternative sensée.

Marie se tait un moment, méditant sur la proposition de son amie. Elle la trouve extrême pour elle qui préfère le consensus à la confrontation.

— Je pense qu'il en existe une autre qui me conviendra davantage. Patienter. Voir comment cela évolue. Et nous laisser une chance de surmonter tout cela. Paola, j'ai mal. Tellement mal que je n'arrive pas à réfléchir. Et je n'ai pas envie de prendre une décision sur un coup de tête. Éric est l'amour de ma vie et ça, tu le sais.

— Mais ça n'excuse pas tout. Aimer ne signifie pas tout accepter.

— Je n'accepte pas tout. J'essaie d'entrevoir des solutions possibles. Le quitter parce que notre relation traverse des turbulences n'est pas la seule possibilité.

— Te protéger ma belle, c'est important et c'est la clé. Comment veux-tu patienter, sachant ce qui se passe, sans te faire du mal ?

— Aucune idée. Mais vivre sans lui… Marie marque une pause, hochant lentement la tête de droite à gauche. Je peux pas Paola, murmure-t-elle. Pas sans lui. C'est au-dessus de mes forces. Je préfère la trahison à l'abandon. Je n'y survivrai pas. Je ne le laisserai pas partir.

Paola expire bruyamment.

— Ne fais pas ça Marie. Ça revient à vouloir posséder Éric pour te remplir affectivement. C'est épuiser ton énergie contre des moulins à vent pour garder un homme qui ne veut plus de votre union. Ça s'appelle de la dépendance affective.

— Il est ma drogue mais ça n'a rien à voir avec de la dépendance affective, c'est juste de l'amour. C'est normal de vouloir garder auprès de soi quelqu'un qu'on aime.

— Quand c'est réciproque, oui. Et pas à n'importe quel prix. Apprends à considérer que tu es quelqu'un à part entière, même sans lui. Tu vaux mieux que ça.

— Tu ne comprends pas. Je ne resterai pas les bras croisés. Pourquoi je le laisserais partir sans rien tenter ? Pourquoi je le laisserais me rejeter sans réagir ? Pourquoi je le laisserais m'abandonner comme ma mère ou mon père ? Pourquoi Paola, explique-moi pourquoi ? La vie n'a pas de sens si elle se résume à être rejeté par tous ceux qui sont supposés nous aimer et nous protéger. Quand j'étais gosse, je ne pouvais rien faire. Mais aujourd'hui, je peux faire quelque chose. Quoi ? Je ne sais pas encore, mais je ne le laisserai pas partir, affirme-t-elle dans un sanglot.

Devant la souffrance de son amie, Paola comprend que Marie a besoin de temps et n'est pas déterminée à quitter son époux.

— Alors, prépare-toi à avoir encore plus mal. Je ne vois pas comment ça pourrait évoluer favorablement.

— Et moi je ne vois pas comment ça pourrait devenir pire. Vivre sans lui, ce serait l'enfer.

— Si tu le dis, capitule Paola, écartant les mains en un geste d'impuissance. Je serai là pour toi, mais je pense que tu fais la plus grosse erreur de ta vie. Tu peux vivre sans lui et je te garantis que tu serais bien plus heureuse que tu ne l'as jamais été parce que tu apprendrais à vivre pour toi. Tu pourrais même rencontrer quelqu'un qui te mérite et t'aime pour qui tu es, pas pour se servir de toi.

— Je ne veux pas d'un autre homme, je le veux lui, mon mari, ma famille, le père de mes enfants. Il ne peut pas détruire tout ce qu'on s'est employés à construire. J'ai besoin de lui. Vraiment besoin. Il est gravé dans mes tripes.

Face à ce cri du cœur, Paola abdique. Elle n'arrivera pas à faire admettre à Marie que son choix est déraisonnable. Après une heure passée à expliquer sa douleur, à envisager l'avenir, à réfléchir à des solutions possibles avec sa confidente, Marie décide de rester auprès de son époux. Son amour pour lui peut l'aider à dépasser cet évènement, elle en est convaincue.

***

Le vendredi, Marie trouve dans la boîte aux lettres un paquet qui lui est destiné. Il s'agit d'un livre, déposé par Paola. Elle s'installe dans la cuisine, se fait couler un café et ouvre l'ouvrage à la page d'introduction qui attaque avec des témoignages chocs.

« Mon psychologue m'a expliqué que la dépendance affective s'instaure lorsqu'une personne en arrive à n'exister que par une autre. J'ai compris que j'étais cette personne dépendante le jour où je me suis réveillée sur le paillasson de mon ex-compagnon. Il refusait mes appels, j'avais besoin de le voir, de lui parler, c'était plus fort que moi, j'avais besoin de mon shoot. Alors j'ai attendu toute la nuit sur son paillasson qu'il sorte de chez lui. Quand il a ouvert sa porte, il m'a regardée, effaré. Puis il m'a enjambée comme si je n'étais qu'un vulgaire colis déposé par erreur devant chez lui, et il est parti sans m'adresser la parole. Je m'identifiais totalement à la chanson de Jacques Brel quand il répète " Ne me quitte pas (...) Laisse-moi devenir l'ombre de ton ombre, l'ombre de ta main, l'ombre de ton chien ". J'étais ce chien qui dormait devant la porte de son ex, mendiant quelque attention qui ne viendrait pas. J'avais touché le fond. ».

Marie, estomaquée, n'en croit pas ses yeux. Comment peut-on en arriver là ? Elle en vient à s'apitoyer sur le sort de cette inconnue qui a sombré par amour. Jacques Brel l'a si bien compris, si bien interprété. Sa complainte s'invite dans sa tête durant quelques minutes.

« Ne me quitte pas
Ne me quitte pas
Ne me quitte pas
Ne me quitte pas

Ne me quitte pas
Je ne vais plus pleurer
Je ne vais plus parler

Je me cacherai là
À te regarder danser et sourire et
À t'écouter chanter et puis rire
Laisse-moi devenir
L'ombre de ton ombre
L'ombre de ta main
L'ombre de ton chien
Ne me quitte pas
Ne me quitte pas
Ne me quitte pas
Ne me quitte pas »

L'extrait suivant est le témoignage d'un homme qui explique qu'il avait le besoin de se sentir aimé par tous, son patron, ses amis, ses voisins, il était prêt à tout pour ne pas risquer de leur déplaire. Puis une femme qui disait « *tout plutôt que d'être seule* », tout jusqu'à perdre son estime, sa dignité.

Marie envoie un SMS à Paola :

Marie se lève et range le livre dans un buffet du salon. Non, elle ne le lira pas. Et non, elle ne la remercie pas. Comment son amie pouvait-elle la comparer à ces personnes ? Son histoire n'a rien à voir avec ces témoignages ahurissants d'amoureux éperdus et bafoués. Elle, elle souhaite juste sauver son mariage et sa famille. Paola ne comprend pas la force du lien qui l'unit à Éric.

CHAPITRE 6

Je le contemple sortant de l'eau. Son corps humide brille au soleil. Je crève d'envie de le prendre contre moi, de le caresser, de le pénétrer, de rester en lui. Mais je ne peux pas. Nous ne sommes pas seuls sur cette plage. Il rit à gorge déployée. Il me regarde avec des yeux pétillants. À presque dix-sept ans, on est invincible, insouciant. Parfois, il revient à la réalité de notre situation, anxieux. L'instant d'après, il balaie tout d'un revers de main, persuadé qu'on ne risque rien.

Mon adolescence a été différente. Je n'avais personne à qui me confier. Je vivais de sordides aventures quand une opportunité se présentait. Des coups que je tirais à la hâte, dans la honte. Je redoutais d'être surpris en train de tailler une pipe et que mon père l'apprenne. Il m'aurait renié sans tourniquet[4] pour me laisser une chance de m'expliquer. Les moments de plaisir étaient brefs. Je me sentais sale et pitoyable quand mon partenaire se rhabillait et repartait sans un mot. Personne n'assumait. Ni eux ni moi. Un désir brut, animal, qui voulait s'extérioriser. C'était un tabou condamné à se vivre dans la clandestinité. Comment se laisser aller aux sentiments ? Moi, je n'ai pas pu en tout cas. Je n'ai pas su non plus. Voilà où ce déni m'a conduit. Si je ne m'étais pas résigné, à quoi ressemblerait ma vie ?

---

[4] Tourniquet : conseil de discipline

Julien semble davantage à l'aise avec son homosexualité. M'aimer lui complique l'existence mais il n'est pas seul. Je suis présent pour lui. Il m'éclabousse volontairement puis s'allonge sur sa serviette collée à la mienne. Il renverse sa tête, ferme les yeux.

— Qu'on est bien là ! Si ça pouvait durer toujours comme ça !

Je ne réponds pas. Je préfère penser à maintenant plutôt qu'à toujours. Il s'étire et attrape ses lunettes de soleil.

— Je peux te mater discrétos avec ça ! dit-il en riant.

Putain que je l'aime ! Tout en moi crie mon désir pour lui. Avec le temps, je suis devenu expert en camouflage, je sais maîtriser mon corps et mes regards, car le désir est visible. Alors j'ai appris à paraître impassible. Et on m'imagine nonchalant et mystérieux. À ce jour, opération réussie, on me prend pour monsieur tout le monde.

Mon téléphone sonne. Encore elle… elle ne me lâche pas. La sentinelle m'a foutu la paix pendant des années, pas soupçonneuse, plus occupée à fouiner dans la vie des stars qu'elle ne connaîtra jamais. À présent, elle se rattrape ! Julien me jette un regard interrogateur. Je confirme d'un signe de tête que c'est à nouveau Marie.

— Balance-le dans la flotte ! Comme ça elle te foutra la paix.

Je souris. J'effleure rapidement son bras. Interdiction de le toucher, de montrer à tous le désir qui est monté d'un cran. En maillot de bain, ce n'est pas discret. Mon sexe commence sérieusement à se raidir.

— On y va ?

Il me regarde, déçu.

— Déjà ?

— Trouver un endroit calme.

— D'accord.

Il se relève aussitôt et s'empresse de ramasser son barda[5] avec un clin d'œil. J'adore son énergie, j'en ai besoin pour avancer.

***

Les semaines suivantes sont cauchemardesques pour Marie. Éric ignore ses tentatives de discussion et se jette sur son ordinateur dès qu'il rentre du travail. Ils ne se rendent plus en week-end chez Cathy et Stéphane, prétextant le besoin de se retrouver en famille. Marie n'a pas trouvé meilleure excuse pour fuir son neveu, souhaitant éloigner les amants maudits. Elle ne dénoncera pas le militaire, celui-ci l'a compris. Elle vit dans l'espoir — l'illusion — qu'Éric réalise son erreur et quitte Julien de son plein gré. Si elle le laisse libre de ses agissements, même si c'est douloureux, il finira par admettre le ridicule de la situation et le caractère impossible de cette histoire qu'il ose nommer « amour ». Ils effaceront cette période sombre et repartiront de zéro. Retrouver sa vie d'avant demeure sa priorité.

Cependant, l'évidente désinvolture de son époux a raison de Marie. Elle tente d'accepter cette situation délirante depuis près d'un mois. Pour la première fois, Éric a découché alors qu'il n'était pas de garde. Il l'a prévenue d'un laconique « Je ne rentre pas » par le biais d'un SMS en début de soirée. Elle l'a appelé, mais il n'a jamais décroché. Coincée à la maison avec ses filles, elle est obligée d'attendre son retour. Excédée, elle a ressassé ses questions toute la nuit et une partie de la journée. Elle souhaite obtenir des explications et lui imposer une décision : quitter Julien en le mettant face à l'évidente impossibilité d'officialiser cette relation.

---

[5] Barda : affaires en argot militaire

Assise dans la cuisine, elle cherche des idées de menus pour établir la liste des courses, les accords de basse et de batterie de « Still loving you » en bruit de fond. Dès qu'elle entend la porte d'entrée se refermer, elle laisse en plan ses fiches recettes et se précipite vers son conjoint. Elle repère le sable dans les cheveux d'Éric et respire l'odeur de crème solaire. L'épouse bafouée explose d'une colère jusqu'alors contenue.

— Tout va bien pour toi ? Tu t'amuses à la plage, tu ne donnes pas de nouvelles et tu trouves ça normal ?

Éric l'ignore.

— C'était chouette ? T'as pris ton pied en t'envoyant en l'air avec un gamin ? Avoue.

— Tu me dégoûtes.

Il part vers le salon et s'installe devant son ordinateur. Il l'ouvre, dédaignant la présence de Marie qui l'a suivi. Celle-ci, debout à ses côtés, referme brutalement le portable pour le contraindre à la discussion.

— Non. C'est toi qui es dégoûtant.

— N'en fais pas quelque chose de sale. On ne couche pas ensemble, il n'y est pas prêt, on s'aime, c'est tout. Même si tu comprends pas, c'est aussi simple que ça.

— Aussi simple que ça ? Mais regarde-toi, tu as trente-neuf ans et lui seize ans. Seize, insiste-t-elle. Tu trouves ça *simple* ? Tu as perdu le sens de la raison ! Tu réalises que tu vis une histoire douteuse, impossible à exposer au grand jour ?

— Elle n'est pas impossible. La preuve, je la vis.

— N'importe quoi. Désolée, mais tu ne vis rien du tout. Vous vous cachez pour vous voir tous les trente-six du mois pour vous faire des bisous sur la bouche ? C'est quoi cette ânerie ? Tu n'es plus un ado, à ton âge on attend autre chose d'une relation. Rien à voir avec l'amour. Et personne n'acceptera ça de vous.

— On se passera de votre accord.

— Mais non, tu ne peux pas tourner le dos à tout le monde pour lui, ça te rendrait malheureux. Quitte-le Éric, quitte-le. On efface tout et on repart à zéro. Tu n'es pas heureux. Ouvre les yeux, tente Marie, pleine d'espoir.

— Si. Je suis heureux. Et je ne quitterai pas celui que j'aime.

Marie, qui s'était radoucie, explose à nouveau.

— Arrête de me parler d'amour. Arrête, là ! hurle-t-elle. Tu te comportes comme un gamin. Ne me parle pas d'amour entre un homme et un adolescent du même sexe qui se bécotent. Je trouve écœurant ce comportement de pédéraste pédophile.

— Je ne suis pas un pédophile, et il n'y a rien d'écœurant entre lui et moi. Te toucher par contre, ça, c'est dégoûtant, riposte Éric offensé.

— Salaud, réplique Marie en se jetant sur lui, frappant avec ses poings le buste de son mari. T'es qu'un salaud. Si me toucher te dégoûtait, fallait pas me faire deux enfants. Je te déteste.

Éric se lève, l'empoigne et la pousse doucement en direction du canapé, l'obligeant à s'asseoir. La situation ne doit pas déraper, ça jouerait en sa défaveur, il en a conscience. Il se ressaisit.

— Calme-toi. À part te faire du mal, ça ne sert à rien.

— Alors quoi ? Tu vas partir ? Tu ne peux pas effacer quinze années de vie commune d'un claquement de doigts. On s'est aimés non ? Et puis moi je t'aime, je déteste tes tromperies, tes mensonges, mais je t'aime toujours. Je ne peux pas oublier ce qu'on a partagé, le bon comme le mauvais. Je ne peux pas te rayer de ma vie, de mes souvenirs, parce que toi tu l'as décidé. Et toi, tu ne peux pas m'abandonner. T'as pas le droit de me quitter. C'est une passade. S'il te plaît, dis-moi que c'est une toquade, supplie Marie, se jetant aux pieds de son époux.

— Arrête Marie ! Tu n'as plus aucune dignité ?

— Ma dignité je m'en fous. Si j'ai une chance de te récupérer, je suis prête à tout.

— C'est fini. Ça fait longtemps que je ne t'aime plus, tu n'y changeras rien. On devrait divorcer.

— Non, je t'en prie, sanglote Marie, effondrée au sol, tenant le militaire par les chevilles. Quitte-le et reviens-moi.

Ce dernier tente de se dégager doucement. En vain. Elle le serre de toutes ses forces.

— Lâche-moi, c'est ridicule. On ne peut pas continuer ainsi.

À cet instant, attirée par les pleurs et les haussements de voix, Lilas, qui jouait dans le jardin avec sa sœur, vient voir ce qui se passe.

— Maman ? Ça va ?

— Va-t'en, exhorte son père.

La fillette comprend que l'heure n'est pas aux protestations. Elle obéit et retourne dehors après quelques secondes d'hésitation. Marie a relâché son emprise et, affalée à même le sol, elle laisse aller toutes les larmes de son corps.

Depuis que Marie a découvert l'infidélité d'Éric, ils ont réussi tant bien que mal à se contenir et à simuler devant les enfants. La tension est montée d'un cran dans les deux camps, continuer le simulacre de sérénité conjugale se complique. Les vacances estivales approchent, Lilas et Manon resteront à la maison toute la journée et Éric a trois semaines de permission à venir. Il n'est pas pressé de vivre le moment où une décision s'imposera, pousser sa femme à bout ne résoudra pas la problématique actuelle, il le sait. Aussi il choisit d'éloigner leurs filles afin de négocier tranquillement avec son épouse dans les jours à venir.

— Les enfants ne peuvent pas assister à nos disputes. Je vais les envoyer chez mes parents pour quelques jours. Et nous, on parlera en adultes raisonnables.

— Parce que tu crois que Cathy et Stéphane te laisseront coucher avec leur fils ? Désolée, mais tu rêves, là !

Éric ne relève pas ses propos.

— Je vais préparer les valises des filles. Tu as quinze minutes pour te calmer.

Il quitte la pièce. Il revient moins d'un quart d'heure plus tard.

— On y va. Viens dire au revoir aux filles.

Elle ne proteste pas car elle souhaite épargner à leurs enfants toute l'obscénité qu'elle pressent pour les jours à venir. Lilas l'interpelle :

— Qu'est-ce qu'il y a maman ? Pourquoi on doit partir et pourquoi tu pleures ?

— Rien de grave mon ange. Je suis juste fatiguée et on a quelques soucis papa et moi. J'ai besoin de me reposer, vous serez mieux chez papi et mamie.

— Tu promets, maman, que c'est pas grave ? insiste l'aînée d'une voix qui trahit son inquiétude.

— Oui, je te le promets, affirme Marie avec un sourire d'encouragement sur les lèvres et en lui caressant furtivement les cheveux.

— Je ne rentrerai pas ce soir. Je passerai la nuit chez mes parents.

— Maman, maman, chouine Manon, s'accrochant à Marie.

— Ça suffit Manon, tu vas avec ta sœur, sans discuter. Dites au revoir à votre mère.

Ce départ précipité et imprévu crée un climat de malaise. Les filles pleurent, veulent rester auprès de leur maman qu'elles voient malheureuse et qu'elles n'ont jamais quittée. Éric réussit non sans mal à charger tout ce petit monde avec ses valises dans la voiture.

Seule, Marie n'a que le silence comme partenaire, interlocuteur de ses angoisses, auditeur de sa détresse. Elle sent la panique monter en elle. Tout ce vide. Personne n'apporte de vie dans cette maison soudainement immense. Comment pourra-t-elle survivre, délaissée de tous ? La pensée de cette solitude l'envahit.

Elle est transportée des années en arrière lorsqu'elle attendait le retour d'une mère qui ne reviendrait jamais. Lorsqu'elle espérait l'apparition d'un père qui ne se matérialiserait jamais. Elle renoue avec ses angoisses d'enfant. Elle se revoit, les bras tendus dans le vide, rongée par la culpabilité d'avoir fait fuir ceux qui auraient dû la protéger. Car s'ils l'avaient abandonnée, c'était sa faute. Elle n'avait pas su les retenir, elle n'avait pas su se faire aimer d'eux. Aussi, personne n'était là pour la caresser, la bercer, la rassurer. Personne pour accueillir ses pleurs. Cathy l'avait portée à bout de bras et la famille d'accueil où elle avait vécu durant ses jeunes années avait fait de son mieux. Mais ce sentiment de solitude, ses cauchemars qui hantaient ses nuits où elle criait sans que personne ne vienne la chercher, personne n'avait su les apaiser. Jusqu'à Éric. Sa seule présence, sa force tranquille, son flegme, ses muscles rassuraient l'enfant qui habitait l'âme de Marie. Il n'était pas le conjoint idéal, mais il vivait sous le même toit qu'elle, avec leurs filles. Jusqu'à aujourd'hui. Et ce vide, ce silence sont insupportables. Elle se sent faible, elle a l'impression d'être redevenue une enfant fragile, à la merci des autres, sans défense, sans personne pour l'épauler.

Elle doit s'occuper les mains pour tromper son esprit. Elle décide de boire un café, le sixième de la journée. Elle range ses fiches de cuisine, elle n'a plus le goût à établir des menus. Elle relance le CD de « Scorpions » pour duper le néant. Elle entreprend de nettoyer la maison, mais elle casse l'un des bibelots du salon.

— Reprends-toi Marie, explose-t-elle.

Laissant tomber son chiffon, elle s'affale sur une chaise de la salle à manger. Cette pièce devient difficile à fréquenter. D'abord le baiser des amants. Puis la scène quelques heures plus tôt où Éric a admis ne plus l'aimer. Marie appuie fortement ses mains sur ses yeux fermés, comme pour effacer ces images. Elle se souvient d'articles lus dans un de ses magazines. Elle doit respirer. Lentement. Amplement. Avec le ventre. Elle arrive peu à peu à s'apaiser.

Elle se dirige vers la salle de bains et fixe son reflet dans le miroir. Ses yeux rouges sont gonflés d'avoir trop pleuré. Elle a beaucoup grossi. Elle s'est laissée aller. Elle se trouve disgracieuse, répugnante. Quel homme pourrait vouloir d'elle ? À chaque fois qu'elle tente une approche, son mari la repousse en soufflant. Depuis sa dernière grossesse, ils font l'amour deux fois par an. Il ne la désire plus. En y réfléchissant bien, ils n'échangent pas davantage un baiser, même déposé à la hâte, pour se souhaiter bonne nuit ou bonne journée. Cette indifférence et la distance se sont installées insidieusement, sans qu'elle s'en aperçoive, trop occupée à choyer les siens, à gérer la maison et à se mentir sur son pseudo bonheur conjugal. Elle répète en boucle à son entourage combien elle est épanouie. Elle a accompli son rêve de toujours, elle s'est mariée et a mis au monde deux merveilleuses filles qui la comblent. À force de le seriner, elle a fini par s'en persuader, occultant qu'entre elle et Éric, le partage du quotidien n'existe plus depuis de nombreuses années.

Finalement, elle ne sait pas pourquoi il la repousse. Est-ce à cause de l'image renvoyée par le miroir ou bien à cause de son penchant pour les hommes ? Elle n'a pas la réponse.

Pire, elle réalise qu'après quinze années de vie commune, jamais Éric ne lui a dit « Je t'aime », pas même le jour de leur mariage ou celui de la naissance de leurs filles. Pas une seule, une toute petite fois.

Marie comprend subitement qu'elle a servi d'alibi sociétal à son conjoint.

La gentille épouse lui permettait de s'affirmer publiquement comme un homme banal. Et pendant qu'elle se pliait en quatre pour lui, en respectant sa discrétion et la distance qu'il mettait de plus en plus entre eux, pendant ce temps, lui, il jouait à quoi ? Il tripotait de jeunes minets à peine pubères ! Elle en vient à douter de l'existence de ses virées à moto et de ses journées sportives. Où était-il pendant tout ce temps-là ? Jamais elle n'a contesté sa parole en quinze ans. Si nous n'avons pas confiance dans les personnes qui partagent votre vie, alors en qui croire ? Rien n'a éveillé ses soupçons. À aucun moment un détail, un indice n'a donné l'alerte. Leur existence semblait tellement celle de monsieur et madame tout le monde. À moins qu'elle n'ait inconsciemment choisi la cécité puisque son époux rentrait tous les soirs à la maison.

Peut-être que si elle s'était un peu moins intéressée à la vie des stars et davantage à la sienne… Peut-être que si elle avait regardé ce qui se passait vraiment au lieu de voir uniquement ce qui l'arrangeait… Peut-être que si elle avait pris soin d'elle au lieu d'admirer les femmes dans les magazines… Tout tourbillonne dans la tête de Marie.

S'il aime les hommes, c'est certainement depuis toujours. Il a sans doute entretenu des aventures, voire des relations durables, peut-être pendant tout le temps de leur mariage. Comment arrive-t-il à feindre l'ordinaire depuis toutes ces années ? Quels secrets cache-t-il ? Marie fouille sa mémoire à la recherche d'un élément qui lui aurait échappé. En vain. Elle est trop perturbée pour se souvenir de quoi que ce soit de pertinent. Elle commence à visualiser Éric enlacé par les bras d'un homme. Cette image la répugne. Elle lutte contre son esprit pour chasser cette pensée abjecte. Elle préfère éviter que son imaginaire la guide dans d'éprouvants méandres, inutile d'ajouter à son calvaire.

Elle s'asperge le visage d'eau fraîche. Elle se frotte les yeux, les joues, expire bruyamment. La valse des suppositions reprend. Il y a un fait indiscutable. Il aime *aussi* les hommes. Et s'il aime aussi les hommes, cela signifie qu'il aime quand même les femmes, ce qui ne l'exclut pas de sa vie. Elle peut tout pardonner et recommencer, continuer à accepter sa différence et son indifférence, l'aimer à sens unique. Ses parents l'ont abandonnée, alors elle refuse une désertion de plus. Elle espère lui servir d'alibi pour les années à venir. Elle devine qu'il l'a épousée pour remplir cette fonction. Si elle ne le couvre plus auprès de leur famille, de ses collègues, il partira. Elle refuse de le faire fuir comme elle a fait fuir ses parents. Elle doit lui donner une bonne raison de rester auprès d'elle. Il revient à ses côtés tous les soirs, il lui prouve ainsi qu'il tient à elle, qu'il reconnaît en elle son havre de paix, un lieu où il vient se reposer après sa journée passée à tricher et à mentir. À présent qu'elle sait, il continue de rentrer à la maison. Il a besoin d'elle comme elle a besoin de lui, mais pas pour les mêmes raisons. Elle désire poursuivre cette supercherie si cela permet de prolonger leur union. Même ses filles ne lui donneront pas le courage de rester sans lui. Elle a besoin de sa présence. Viscéralement.

Marie lisse ses cheveux désordonnés du plat de la main. Puis elle souligne ses cernes de l'index. Elle ferme les paupières et masse ses tempes pendant quelques minutes. Le son de « Still loving you » lui parvient une nouvelle fois depuis la cuisine. Elle rouvre les yeux et se regarde fixement. Elle a pris sa décision, l'unique qui lui paraît évidente : elle va reconquérir son mari. Coûte que coûte. Ils ont quelques jours seuls, face à face. Elle refuse d'abdiquer. Julien n'est rien. Qu'une passade. Elle est sa femme. La mère de ses enfants. Il ne peut pas vivre sans elle. Elle est sa couverture. Elle acceptera qu'il ait des amants épisodiques. Mais pas une relation durable. L'unique histoire constante de son existence demeurera son mariage, et ce, jusqu'au bout. Ils se le sont promis devant le maire, le curé, leur famille et leurs amis. Elle ne renoncera pas parce qu'ils traversent une période tourmentée. Éric se montrera reconnaissant de le couvrir et d'accepter son homosexualité. À la condition qu'il quitte Julien. Elle refuse d'entendre parler d'amour avec une autre personne et surtout pas avec son neveu.

La voix perfide remplie de doutes ressurgit. Et si Éric est épris de Julien comme il le lui a affirmé avant de partir ? Et qu'il se volatilise avec lui devant l'impossibilité de vivre ensemble au grand jour. Ou s'il s'enfuit avec leurs filles pour la torturer davantage ? Et s'il ne revient pas ? Elle se précipite dans l'entrée et fouille dans son sac à main à la recherche de son téléphone. Pendant cinq minutes, elle entreprend d'appeler Éric, encore et encore, mais il ne décroche pas. Elle envoie des textos qui restent sans réponse. Prise de panique, elle ne sait plus que faire ni vers qui se tourner. Seule Paola connaît la situation, mais elle est partie en vacances à l'autre bout du monde.

Elle sent cette boule d'angoisse revenir à la charge. L'accalmie aura été éphémère. Son corps se met à trembler, exactement comme le jour où elle a découvert toute cette supercherie. Elle s'assied par terre, incapable de bouger. La musique s'est arrêtée. Seul le silence domine. La fraîcheur du sol la fait frissonner. Elle pleure. Encore une fois. Des sanglots irrépressibles, l'expression d'un désarroi cherchant à s'extérioriser, comme si, cette fois, elle acceptait d'ouvrir les vannes sans retenue. Elle a le sentiment de s'être muée en une machine à pleurs depuis quelques semaines. Elle a perdu le sommeil, l'appétit et ses repères. Ce soir, seule au milieu de ce couloir lugubre, abandonnée de tous, sans personne à appeler à l'aide, elle ne voit pas comment cela pourrait empirer.

Et pourtant…

Au bout d'une demi-heure, Marie commence à s'apaiser. Épuisée, elle décide de prendre un bain pour se décrasser de ces questionnements envahissants. Le brouhaha mental l'empêche de réfléchir posément. Les mots, les images, les projections, les interprétations, le réel, l'imaginaire, tout s'emmêle. Elle remplit la baignoire et ne lésine pas sur le bain moussant. Elle entre dans l'eau chaude et ne laisse que sa tête dépasser, posée sur un coussin façonné à l'aide d'une serviette de toilette.

Réconfortée par la chaleur humide, les muscles délassés, ses craintes s'apaisent. Non, Éric ne s'enfuira pas. Il reviendra et elle s'emploiera à le récupérer, seule solution viable à ses yeux. Quand elle était enfant, elle n'a pas eu le pouvoir de retenir ses parents auprès d'elle et de leur prouver qu'elle était digne d'amour. Aujourd'hui elle est adulte, elle refuse de laisser son mari s'enfuir sans agir. Elle n'est pas certaine d'être davantage digne d'amour, mais elle a davantage de pouvoir. Il doit bien y avoir une solution pour retenir son mari. Mais laquelle ? À cette vaste question, elle ne sait quelle stratégie définir. Elle plonge sous l'eau, reste quelques secondes en apnée, mais aucune réponse ne vient. Elle ressort la tête, la secoue, essuie son visage avec ses mains et le tourbillon des pensées reprend. S'il est fondamentalement homosexuel, comment lutter ? La seconde d'après, un contre-argument apparaît. S'il était fondamentalement homosexuel, il aurait été incapable de lui faire l'amour et de lui donner deux merveilleuses filles. Marie oscille entre objections et contre objections, entre certitudes et espoirs déchus. Exténuée d'avoir trop pleuré et de supporter toutes les jacasseries de son cerveau, elle finit par s'endormir dans le bain. Elle émerge deux heures plus tard, grelottant de froid, dans une pièce moite et sombre. La nuit est tombée sur cette longue journée. Elle sort de l'eau et après s'être épongée et réchauffée, elle décide qu'elle doit initier le changement dès à présent. Elle attrape un lait corporel périmé, l'applique de bas en haut, redécouvrant au passage cette enveloppe charnelle négligée.

Elle ferme tous les volets, non sans une vague de mélancolie lorsqu'elle entre dans les chambres des enfants. Puis elle se couche sans dîner. Allongée dans son lit, elle rappelle Éric, en vain. Marie lutte pour ne pas se laisser abattre par ce silence. Il l'a quittée en colère. Il a besoin de temps. Il reviendra. Et ils résoudront ensemble cette situation ubuesque. Il a proposé de trouver des solutions en l'absence de Lilas et Manon. Tout n'est pas perdu. Marie préfère s'accrocher à ce signe positif plutôt qu'interpréter son mutisme. Elle attrape un des magazines posés sur son chevet, le feuillette distraitement et finit par sombrer, lumière allumée. Elle se réveille en pleine nuit. Elle éteint la lampe et s'installe du côté qu'Éric occupe habituellement dans le lit, comme lorsqu'il est de garde ou en mission à l'étranger.

CHAPITRE 7

Nous venons de quitter la maison précipitamment. Lilas et Manon pleurent à l'arrière de la voiture.

— Taisez-vous.

Mais elles continuent de larmoyer. Elles n'y sont pour rien. Je le sais. Mais je n'arrive pas à m'intéresser à elles. Je dois réfléchir et leurs cris m'agacent.

Marie part en vrille. Elle ne va pas tarder à tout balancer. Je m'arrête sur le bord de la route pour envoyer un texto à Julien. Je ne veux pas l'inquiéter, mais je dois le prévenir. Au cas où Marie appellerait Cathy.

La réponse arrive aussitôt.

Je passe la main sur mon visage pour effacer la fatigue et le stress accumulés ces derniers jours, puis je repars. La guerre des nerfs n'use pas que Marie. Je suis formé au combat et la gestion des émotions fait partie de mes compétences. Mais je joue gros.

Heureusement, Julien a sa majorité sexuelle. De ce côté-là, je ne crains rien. Notre histoire a commencé rapidement à mon retour ici. Il avait tout juste seize ans. Je n'ai pas vu le gamin, j'ai vu l'homme, celui qui me fait vibrer.

Nous sommes presque arrivés. En chemin j'ai reçu plusieurs appels de Marie et quatre SMS nous implorant de revenir. Elle s'excuse de son comportement. Elle veut qu'on reprenne tout à zéro. Je n'ai pas répondu. J'ai une autre priorité dans l'immédiat : mon père. Face à lui, j'ai dix ans. Mais je ne dois pas fléchir. Je suis un adulte qui ne se laisse plus impressionner. Plus j'approche de leur maison, plus mes mains deviennent moites et se crispent sur le volant. Je dois me mettre en situation de gestion de stress, comme au boulot. Pour l'instant, mes parents ignorent tout. Je suis simplement un homme amenant ses enfants en vacances chez leurs grands-parents. Je suis préparé à affronter des épreuves bien pires que celle-là. Je m'imagine en train de discuter avec lui, expliquant les raisons de ma venue. Je leur ai passé un bref coup de fil avant de partir, sans en dire plus. Je n'échapperai pas à l'interrogatoire en arrivant.

On y est. Je m'arrête quelques secondes pour effectuer des exercices de respiration et m'encourager. Tout ira bien. J'appuie à nouveau sur l'embrayage et avance doucement dans la longue allée bordée de pins. Aussitôt ma mère surgit de la maison. Les filles restent dans la voiture. Elles connaissent peu leurs grands-parents puisque nous avons habité à l'autre bout de la France toutes ces dernières années. Ces vacances anticipées et inopinées, ici, en ayant laissé leur maman en pleurs, ne les enthousiasment guère.

— Les filles, vous sortez. Vous dites bonjour et vous êtes polies.

Elles s'exécutent timidement. Mon père a rejoint ma mère sur le perron. Il m'interpelle aussitôt :

— Éric, qu'est-ce donc que ces vacances subites ?

— Bonjour, dis-je en lui faisant deux bises. Rentrons, je t'expliquerai à l'intérieur.

Lilas et Manon entrent à pas de loup dans cette immense maison quasi inconnue. Ma mère les conduit dans leur chambre afin de les éloigner des conversations d'adultes. Je ne sais pas si l'idée de garder ses petites-filles la réjouit ou non. Elle n'est guère plus démonstrative que mon père. Je l'entends expliquer du bout du couloir :

— Voilà votre chambre. Je vais vous chercher un jus de fruits, votre père apportera vos valises. Restez ici un moment, nous devons parler.

Un ton péremptoire qui coupe court à toute protestation. Puis elle referme la porte. S'adressant à moi, elle me demande d'aller chercher les bagages de Lilas et Manon. Pendant ce temps, elle part à la cuisine. Elle en ressort avec des boissons qu'elle apporte aux filles et d'autres qu'elle dispose au salon où nous nous retrouvons pour discuter. Je suis tendu. Je m'assieds sur le canapé aussi nonchalamment que possible. Ma mère engage la conversation, plus intriguée qu'alarmée :

— Alors Éric, peut-on savoir ce qui se passe ?

— Marie ne va pas fort en ce moment.

— Précisément ?

— Elle fait une sorte de dépression.

— Qu'est-ce que cette chienlit ? poursuit abruptement mon père. Elle a un époux et des enfants. Elle n'a ni problème de santé ni d'argent, elle n'a aucune raison de faire une « sorte de dépression », ironise-t-il en insistant sur les trois derniers mots.

— Je ne comprends pas moi non plus. Les vacances sont bientôt là et devoir s'occuper des filles à temps plein tout l'été, c'est impossible. Moi je bosse, je ne peux pas l'aider.

— Tu souhaites que nous les gardions tout l'été ? interroge ma mère, abasourdie.

— Pour deux ou trois semaines déjà. On avisera au fur et à mesure en fonction des besoins.

— Avons-nous le choix ? Nous sommes les seuls grands-parents disponibles, rétorque-t-elle.

— Écoute-moi bien Éric. Ta mère a fait sa part. Elle vous a élevés, tes frères et toi, sans jamais solliciter quiconque. C'est une femme qui a prouvé son courage et son engagement auprès des siens. Tu es notre fils et puisque tu nous le demandes, nous veillerons sur Lilas et Manon. Mais à la moindre incartade, c'est retour à l'expéditeur. Compris ?

— Affirmatif, dis-je dans un réflexe militaire que je retrouve en présence de mon père. Mais il n'y aura pas d'incartade. Elles sont disciplinées.

— C'est ainsi que je le conçois.

— Nous ferons notre possible pour agrémenter leur séjour, se radoucit ma mère. Toi, prends soin de Marie et dès qu'elle va mieux, tu reviens chercher vos enfants.

— Oui maman. Je vous remercie. Je sais que j'attends beaucoup. Mais je n'ai personne d'autre vers qui me tourner. Laisser les filles voir leur mère dans cet état, c'est moche.

— Très certainement. Vous avez consulté un médecin ?

— Pas encore. Elle nie ses difficultés.

— Dépressive et dans le déni, maugrée mon père. Je t'ai toujours dit qu'elle était trop délicate, qu'elle n'avait pas la carrure pour vivre avec un militaire. Elle ne t'a jamais encouragé à progresser. Regarde où tu en es par rapport à tes frères ! Eux, ils font carrière. Mais toi, affublé de cette Marie, tu n'avances pas.

— Sans doute, dis-je pour capituler.

Donner raison à mon père est plus simple. Il est incapable d'envisager que ses spermatozoïdes et son dirigisme à la con ont produit un raté, il cherche la responsabilité ailleurs. Ma mère nous sert à boire et la conversation dévie sur des informations pratiques concernant les habitudes de vie de Lilas et Manon. Quand tous les aspects logistiques sont réglés, les filles restées à l'écart nous rejoignent. Je devine leur appréhension, mais je n'en tiens pas compte. Ce ne sont que des enfants, avec des peurs immodérées et injustifiées d'enfants. Mes parents ne sont pas des monstres. Elles s'y feront.

Nous dînons dehors, avec l'odeur des pins, discutant de tout et de rien. Mes parents me parlent de mes deux frères que je n'ai pas vus depuis un moment, d'un différend avec un voisin qui n'entretient pas sa haie au millimètre près comme le prévoit la loi (ô scandale !), des travaux qu'ils ont effectués récemment dans leur grande demeure. Ils parlent. J'écoute. J'acquiesce. Je n'ai rien à dire. Ma tête est ailleurs. Juste avant le dessert, Lilas se lève et vient vers moi. Elle veut s'asseoir sur mes genoux. Je me sens un petit peu dans le rôle de père pendant quelques secondes. Des années qu'une de mes filles ne m'avait pas fait ce genre de demande. L'instant est étrange. Je n'ai pas le temps de lui répondre que mon père la sermonne.

— Lilas, il est interdit de se lever au cours du dîner.

Elle retourne tristement à sa place. Je vois qu'elle retient ses larmes. Après manger, elle et sa sœur jouent dans le parc qu'elles apprécient. C'est vrai qu'il est agréable, mes parents l'entretiennent soigneusement.

À la nuit tombée, j'embrasse rapidement Lilas et Manon. Je ne souhaite pas faire durer ce moment d'au revoir que j'ignore comment gérer, puis je m'enferme dans ma chambre. Je laisse ma mère prendre en charge le coucher. Je crois que ça s'est bien passé. Mes parents n'ont pas remis ma version en question. Mon père devient moins coriace en vieillissant ! Savoir que ses petites filles sont disciplinées l'a sans doute rassuré. Je suis soulagé. Tout n'est pas résolu, mais cette rencontre, que je craignais, s'est bien déroulée. Demain est un autre jour, je gérerai les corvées une à une, au fur et à mesure qu'elles se présenteront. Je viens d'en régler une de taille. Seul avec Marie dans les jours à venir, je serai davantage disponible pour réfléchir à la marche à suivre.

CHAPITRE 8

Marie s'éveille vers huit heures, épuisée. Quelques rais de soleil filtrent à travers les volets et la température grimpe légèrement dans la chambre. De nombreux réveils ont ponctué sa nuit, les turbulences cérébrales reprenant à chaque fois. Elle a fini par trouver un sommeil profond à la lueur de l'aube, aussi elle a la sensation d'émerger des limbes. Peu à peu, les souvenirs ressurgissent. À peine sorti des brumes matinales, son cerveau fonctionne à plein régime, ne lui laissant pas la moindre seconde de répit. Sa dispute avec Éric, le départ de celui-ci avec les filles, l'absence de réponse à ses appels. Elle se jette sur son téléphone. Toujours rien. Elle le repose et se rallonge, lasse. Puis elle se hisse à nouveau sur un coude et se penche vers la table de chevet pour le reprendre. Elle n'y résiste pas. Elle compose le numéro de son époux et bascule directement sur la boîte vocale. Elle écoute son annonce, pour le seul plaisir d'entendre sa voix. Puis elle raccroche. Inutile de laisser un message, elle le sait. Elle envoie un simple SMS.

Elle ne lui parle pas d'eux, il ignorerait ses remarques. En revanche, il ne pourra pas rester insensible à son cœur de mère.

Assise au bord du lit, elle peine à se lever. Elle puise dans ses ressources pour affronter cette nouvelle journée. La dispute de la veille lui a permis de se confronter à ses limites. Elle réalise qu'en un mois elle s'est affaiblie par manque de sommeil, d'appétit. Elle ne peut plus nier son état. La présence de ses filles sous son toit l'aidait à rester debout et occupait son esprit favorablement par intermittence. À présent, elles sont parties, ce qui amplifie l'angoisse de cette situation déjà précaire. Elle leur téléphonera plus tard, même si parler à l'un de ses beaux-parents ne l'enchante guère. Elle ignore ce que leur fils a donné comme justification, ce qui accroît son malaise.

Elle se remémore sa décision de reconquérir Éric. Elle s'étire en bâillant, se lève et va à la cuisine se préparer un expresso. Elle agit de manière mécanique, puis choisit de déguster son café dans le jardin, au soleil, à l'air pur, pour éclaircir ses esprits. Tout en buvant, elle réfléchit : un compte en banque maigrelet, pas d'amie sous la main pour lui donner des idées astucieuses à moindre coût. Et les atouts ? Elle n'en dénombre aucun. Ce constat amer redouble sa morosité et noue son estomac. Elle se contentera donc d'un café pour le petit-déjeuner. Son regard balaie le paysage. Le jardin n'est pas immense, mais le nécessaire s'y trouve. Vus de l'extérieur, ils représentent une famille ordinaire. Une balançoire, un barbecue, un salon de jardin et un espace pour jouer au ballon, faire du vélo. S'asseoir avec son amant aussi, pense-t-elle, visualisant Julien et Éric installés sur la pelouse le jour où elle a chassé son neveu. Une larme perle. Elle l'écrase promptement. Ça, c'est le passé. Si elle veut y arriver, elle doit regarder devant pour reconstruire un futur plus joyeux. Elle s'autorise à analyser derrière uniquement pour comprendre les raisons de leur échec. À quel moment les rouages du couple ont-ils grippé ? Elle n'oublie pas de se remémorer ce qui a motivé Éric à l'épouser, pour redevenir celle qui a accroché son cœur.

— Marie, secoue-toi, là, se sermonne-t-elle à voix haute. Bats-toi pour ton mariage, ta famille. Tu vas faire avec ce que tu as. De toute façon, Paola ne serait d'aucune utilité, elle ne comprend pas pourquoi t'y crois encore. Allez, au boulot ! s'encourage-t-elle en se levant d'un bond.

Elle oscille entre regain d'espoir, d'énergie et abattement total. Les fluctuations de ses pensées gouvernent son humeur et ses décisions. En ce moment présent, elle est persuadée que s'il la quitte, il creusera un trou béant, qu'elle ne connaîtra pas d'autre amour aussi puissant. Elle est persuadée qu'elle finira asphyxiée par ce manque de lui. Elle est persuadée qu'elle porte la responsabilité de leur déroute. Elle est persuadée que son mari lui reviendra si elle soigne son apparence. Ses peurs et ses douleurs d'enfance ont pris le dessus sans qu'elle le réalise. Elle cherche à retenir son époux, comme l'enfant qu'elle était aurait aimé garder ses parents auprès d'elle. Elle ne comprend pas que celle qui saigne aujourd'hui, celle qui crie sa peur de rester seule, c'est la petite Marie, qui souffre des abandons qu'on lui a infligés. Aveuglée, elle se trompe de combat et s'engouffre dans un tunnel encore plus obscur.

Sa première démarche de reconquête consiste à prendre rendez-vous chez une visagiste. À sa grande surprise, la professionnelle lui propose une place dans la demi-heure suivante. Depuis leur retour à Bègles, elle n'est pas entrée dans un salon de coiffure. Elle envisage aussi de renouveler sa garde-robe, mais elle a commencé à maigrir ces dernières semaines. Cette situation risque de perdurer et elle souhaite surveiller sa ligne quand l'appétit reviendra. L'achat de vêtements attendra la stabilisation de son poids. Pour patienter, elle collectera des idées dans les magazines et se mettra en valeur différemment : un peu de maquillage, un collier. Sans certitude. A-t-elle déjà entendu Éric complimenter une femme pour son apparence ? Marie a beau y réfléchir, elle ne s'en souvient pas. Peu importe, elle doit réagir, elle renvoie à son époux une image trop négligée.

Après avoir pris une douche, elle fait défiler les cintres dans son armoire, déplie des piles d'habits, en replie certains, en étale d'autres sur le lit. Le bilan est rapide. La plupart se résument à des bas de jogging informes, des pantalons amples délavés et asymétriques, épuisés par les nombreuses lessives, des sweats larges. Marie est effarée à la vue de ses tenues hideuses. Elle s'habille ainsi tous les jours ! Pourquoi n'a-t-elle pas pris conscience auparavant de cette horreur vestimentaire ? Elle compulsait les magazines de stars à l'apparence impeccable, et elle restait aveugle à la déchéance de ses placards. Un comble !

Son corps disgracieux. Ses vêtements vieillots. Son visage terne. Qui pourrait la trouver désirable ? Personne, bien sûr. Contrairement à Éric. Quand il ne porte pas son uniforme, le militaire revêt des tenues parfaitement ajustées. Il choisit les coupes qui mettent en valeur sa belle carrure entretenue avec des séances de sport régulières. Il soigne son apparence générale. Elle s'imagine marchant près de lui. Les occasions d'évoluer côte à côte sont exceptionnelles, pour ne pas dire accidentelles et Marie réalise qu'en pareil cas, elle paraît fade et négligée. Les gens doivent se dire « Qu'est-ce qu'il lui trouve ? ». Et Éric qui ne s'est jamais plaint ! Et elle qui ne remarquait rien !

— Pauvre Éric. Tu dois avoir honte ! pense-t-elle à haute voix. Comment ai-je pu t'imposer ça ? Mais c'est du passé mon chéri, tu verras, on sera à nouveau heureux.

Elle liste ses erreurs et en conclut que l'aventure avec Julien est une gifle salvatrice. Ce moment sombre va leur permettre de retrouver la lumière des premiers temps si elle s'y emploie. Cette verrue l'oblige à une remise en question inéluctable.

L'heure tourne et le rendez-vous de Marie approche. Elle s'habille à la hâte, le relooking vestimentaire attendra. Elle saisit son sac à main, claque la porte derrière elle et part à pied, pleine d'allant.

Au salon, elle profite de ce moment pour se détendre. Elle ne s'est pas autorisé un tel plaisir depuis longtemps. Quand l'apprentie lui masse la tête durant le shampoing, Marie se relâche. Le massage du crâne évacue une partie de son stress. Elle laisse échapper un soupir de bien-être. Comme elle ignore ce qui séduirait à son époux, elle demande à la spécialiste de choisir une coupe plus féminine et plus soignée.

Pendant que la coiffeuse œuvre à l'embellissement, elle parcourt un magazine et s'attarde sur une photo où Angelina Jolie et Brad Pitt présentent leur fille biologique.

— Elle est magnifique ! murmure Marie.

Elle dessine le contour du visage de l'actrice avec son index, enviant cette famille unie.

— Oh que oui elle est superbe ! Mais c'est qu'elle doit pas manger gavé[6] de canelés la pauvrette. Regardez-la ! Elle est toute maigrotte et pâlichonne. Toujours à surveiller sa ligne. C'est pas une vie ça, je vous le dis, moi !

— C'est vrai. Mais ils sont si beaux, si généreux. Ils paraissent si heureux ensemble.

— Oh, oh ! Mais c'est que ça, ma petite dame, on n'en sait rien. Pensez bien que pour la photo, ils vont pas prendre l'air malheureux dites ! réplique la coiffeuse, ciseaux en main. Pensez bien, c'est de la poudre aux yeux, je vous le dis, moi !

---

[6] Gavé : expression bordelaise signifiant « beaucoup »

La conversation continue entre les deux femmes. Marie apprécie de partager son intérêt pour le show-business avec la coiffeuse, intarissable sur le sujet. Pendant ce temps, elle ne se focalise plus sur sa propre vie.

Après deux heures entre shampoing, pinceaux, peignes, ciseaux, et sèche-cheveux, Marie est ébahie par le résultat. Elle se trouverait presque jolie ! Les mèches lui apportent de l'éclat, elle a une coupe digne d'un magazine de beauté, ses cheveux brillent. Encouragée par les compliments de la professionnelle, elle s'admire sous tous les angles dans le miroir. Elle se sent légère et apaisée. Son enthousiasme s'évapore quand elle lit le montant de la facture. Mais qu'importe, Éric le mérite, elle paye en retrouvant son sourire.

***

J'ai mal dormi. Je n'étais pas à l'aise sous ce toit, dans cette situation. Je me lève avec le soleil. Je ne veux pas croiser mes parents. Je m'habille en civil, rassemble mon paquetage et trace sans bruit, avant que le colonel ne s'éveille.

Je m'installe derrière le volant de la voiture et fixe la maison, profitant du calme matinal. Je frissonne, l'air est doux. J'imagine mes parents dans leur lit. Je repense à l'éducation rigide qu'ils m'ont donnée. Je suis amer. Je me sens minable aussi. À presque quarante balais, je mens comme un trouduc. Marié, père de famille, je réponds à des attentes qui ne me correspondent pas pour me fondre dans la masse.

J'ai bataillé quand j'ai réalisé que j'aimais les hommes. J'ai bataillé quand j'ai senti cette attirance pour Julien. Putain ! Si vous saviez, mes parents, à quel point j'ai lutté. Dès que j'ai compris. Qu'est-ce que j'aurais aimé vous expliquer tout ça au lieu de subir la honte. Vingt-cinq ans que je sais qui je suis, vingt-cinq ans de mensonges. Pour continuer d'être considéré comme votre fils.

Je serre le volant, le coin gauche de mes lèvres tremblote. J'en ai mal aux tripes de repenser à tout ça. J'ai tout fait pour me modeler à votre image. Tout. Mon job, Marie, Lilas, Manon, toute cette tricherie, je vous l'offre. Cadeau ! Je suis militaire bordel ! Militaire de père en fils, éduqué comme tel. Et un militaire, c'est pas une fiote. C'est un homme qui aime le combat et les femmes. C'est pas un homme qui peut être attiré par d'autres hommes. Et c'est encore moins un gars qui vibre pour son neveu, qui le trouve bandant au point d'être obsédé par lui. Bien sûr que j'ai couché avec des femmes. Mais c'est pas aussi jouissif qu'avec les hommes. La première fois où le désir est monté en moi face à un copain, j'ai eu honte de ma queue qui durcissait. Je me suis senti sale. Et j'ai surtout compris que vous ne m'accepteriez pas comme ça. J'ai joué la carte du subterfuge : marié, deux enfants. Pour toi, mon père, qui m'as guidé avec froideur, alors que l'enfant, puis l'adolescent que j'étais, attendaient des marques d'amour. Et pour vous, toute ma famille, qui m'avez appris à ne surtout pas écouter en moi. Reléguer au gnouf ce qui m'épanouit si ça ne rentre pas dans les codes familiaux. Respect de la règle avant tout. Parce qu'il y a le regard des autres. Tellement vital ça, le qu'en-dira-t-on, hein ! Bien plus important que notre bien-être. Quel déshonneur se serait abattu sur vous si les gens avaient su ! Un fils pédé ! Qu'est-ce qui pourrait vous arriver de pire ? Déjà que je suis qu'un troufion, pas comme toi, mon père ni comme mes frères, tous officiers. Je suis le raté de la famille de bout en bout. Même l'armée c'était pour te faire plaisir, pour rester dans le cadre. Je n'ai rien choisi de ma vie. Ni mon job, ni ma femme, ni mon orientation sexuelle… Un constat de merde quand on a presque quarante ans.

Et si je descendais de la voiture maintenant, et que je vous disais tout ça ? Si j'en finissais aujourd'hui avec ces mensonges pour me libérer ? C'est une idée. Rien qu'une idée. Car mon corps est figé. Rien en moi ne souhaite vous affronter. Cette putain de trouille est toujours là. Elle gagne encore une fois. La main droite met le contact, puis avec la main gauche, elles manœuvrent pendant que mes pieds guident les pédales pour partir d'ici. Elles n'ont pas choisi d'ouvrir la porte et mes pieds n'ont pas choisi de m'amener vers vous. Ensemble, ils ont décidé de fuir, une fois de plus.

Il est trop tôt pour me rendre à la caserne, aussi je roule en direction de l'océan pour me baigner. Il est six heures, je suis quasi seul quand je me gare en bord de mer. J'enlève mes vêtements et les pose en boule sur le sable, près du poste de secours afin de pouvoir me repérer. J'enfile mes lunettes de plongée. J'entre dans l'eau rapidement bien qu'elle soit fraîche. Et je nage, je nage, je nage. Je ne pense qu'aux mouvements de mon corps. Mes muscles redoublent d'efforts contre les vagues. J'aime la lutte entre la puissance de l'océan et celle de mes bras. Ma tête alterne de droite à gauche. Mes oreilles ne perçoivent que le clapotis de mes mains et de mes pieds qui frappent l'eau. J'avance. Je vois seulement une étendue bleue jusqu'à l'horizon. La fatigue commence à se faire sentir, mes mouvements ralentissent, mais je force encore. Lorsque je n'en peux plus, je fais une pause. Je consulte ma montre. Plus de vingt minutes à un rythme soutenu. Je flotte un moment pour me reposer. Je regarde le soleil qui monte dans le ciel. Je vois au loin la plage et quelques points que je suppose être des baigneurs matinaux. Je commence à frissonner alors je reprends la nage en direction de l'horizon avec des gestes plus lents. Quand j'ai retrouvé suffisamment d'énergie, je fais demi-tour et reviens vers le bord, aidé par les vagues.

Je sors de l'eau, récupère mes affaires et me rince sous la douche. Je laisse l'eau douce ruisseler sur mon corps tout en savourant cette sensation de légèreté. Je suis déphasé. Pendant une heure, j'ai tout oublié. Je me sèche et retourne à la voiture. J'attrape un slip sec, je me change et j'enfile mon treillis. Je reste quelques minutes au soleil avant de prendre la route pour la caserne. Cette pause m'a fait du bien.

Je démarre ma journée professionnelle : rassemblement, séance de sport, suivie aujourd'hui du maniement et de l'entretien des armes. Ces activités canalisent mon esprit, j'en ai besoin actuellement. À l'heure du déjeuner, avant d'aller au mess, je consulte ma messagerie. J'ai seulement un SMS de Marie. Exploit ! Elle a survécu à cette situation de crise. J'appelle Julien, j'aviserai plus tard pour la grosse.

CHAPITRE 9

À l'issue de son rendez-vous, Marie déambule en centre-ville. Cette pause détente au milieu de la tourmente l'a apaisée. Ce changement de coiffure agit comme une bouffée d'oxygène ! Elle se convainc que cette petite pierre à l'édifice de sa reconquête se révélera un atout. La jeune femme se promène rarement en ville, aussi elle apprécie cette balade imprévue. Elle admire les tenues colorées exposées en vitrine, respire les odeurs des terrasses de café ensoleillées. Ils s'en sortiront, c'est évident. Éric recouvrera la raison, toute autre décision de sa part relèverait du sabordage intentionnel. Elle ne le croit pas capable de tout perdre intentionnellement. Elle sourit.

Soudain, elle le voit. Il est là. Dans la boutique. Marie s'immobilise. Ses pas l'ont conduite devant la boucherie de son beau-frère où Julien travaille. Les lycéens ayant arrêté les cours, le jeune homme aide son père ponctuellement durant l'été. L'humeur de Marie se métamorphose. Son sourire se fige et son enthousiasme s'évanouit. Une colère enfle en elle. Elle a envie de le gifler. Tout est de sa faute. Sans ce petit impudent, ils ne vivraient pas ces bouleversements.

Spontanément, elle entre dans le bar face à la boucherie et se poste près de la vitrine. Si elle s'installait en terrasse, Stéphane ou Julien pourraient se rendre compte de sa présence, tant pis pour le soleil…

— Madame. Qu'est-ce que je vous sers ?

— Un kir s'il vous plaît. Non, attendez, se ravise-t-elle. Vous faites les mojitos ?

— Bien sûr.

— Alors un mojito, s'il vous plaît. Merci.

Marie a remarqué cette boisson prisée des stars dans les magazines. Elle saisit l'occasion d'y goûter. De plus, elle a besoin, oui besoin, d'un alcool fort. Elle regarde en direction de la boucherie. Elle distingue difficilement Julien. Il a l'air de s'affairer derrière le comptoir.

— Madame, dit le serveur en déposant sa commande devant elle.

— Merci, balbutie-t-elle levant vers lui des yeux embués, avec un triste sourire.

Le garçon de café lui rend un sourire empreint de compassion avant de s'éloigner. Elle doit paraître pitoyable. Une femme seule qui s'enivre au mojito, la larme à l'œil, alors qu'il n'est pas midi ! Elle examine le verre posé sur la table et le trouve superbe. Sa note d'exotisme s'accorde merveilleusement avec la décoration mexicaine. Il l'inviterait presque à l'évasion si elle n'était pas entrée dans ce bar pour une mauvaise raison. Elle relève l'harmonie de verts entre la menthe et le citron. Elle observe les fines bulles qui s'écrasent sur la paroi tour à tour, et la glace pilée qui apporte de la structure. Elle adore déjà visuellement cette boisson, elle y plonge les lèvres avec curiosité. Elle tousse dès la première gorgée, peu habituée à des alcools aussi forts. Elle décide de le déguster sans précipitation, elle a tout son temps. Elle laisse le liquide s'écouler dans sa gorge, réchauffant celle-ci à chaque passage, décelant une saveur acidulée puis sucrée. Elle pose le verre et contemple sa solitude, sa douleur. Elle est entrée ici afin d'espionner son neveu, alors que l'observer est éprouvant. Heureusement, chaque gorgée d'alcool lui injecte quelques gouttes de plaisir. Elle fait tournoyer la paille dans le verre, un regard oblique sur la boucherie.

Tout à coup, Julien sort de la boutique. Il marche à petits pas dans la rue tout en téléphonant. Il rit. Il jette des coups d'œil discrets alentour. Marie en est sûre, il parle avec Éric. Cette pensée ravive sa colère présente quelques minutes plus tôt. Elle attrape son portable et vérifie l'heure. Midi et cinq minutes. C'est certain, il échange avec Éric qui a terminé son service du matin. Elle constate avec amertume qu'elle n'a reçu aucun message. Éric s'empresse d'appeler son amant, mais pas son épouse. Elle avale d'un seul trait le reste de la boisson et remarque qu'elle a broyé la paille.

Elle a envie d'arracher le téléphone des mains de Julien, puis de le piétiner pour le réduire en bouillie, afin de couper la communication entre eux. Une rage sourde s'empare d'elle. Elle le déteste puissamment, cet être qu'elle a aimé comme un fils durant ses jeunes années. Elle l'a choyé, dorloté, câliné, aujourd'hui elle le maudit. Elle serre encore plus fort la paille et finit par la trouer. Comment ose-t-il afficher sa satisfaction ? Comment ose-t-il détruire la vie d'une famille et continuer de rire ? De respirer même ? Il ne présente pas l'ombre d'un sentiment de culpabilité alors qu'une famille avec deux enfants risque d'exploser par sa faute. Il a presque dix-sept ans, la vie devant lui, et tous les hommes qu'il veut si là sont ses préférences sexuelles. Pourquoi choisir son oncle par alliance, marié et père de famille ? Pourquoi avoir perverti son époux ? Le sien, bien à elle ? Car Marie en est convaincue, son conjoint est étranger à cela. Julien l'a dupé, sinon comment expliquer cette situation ? Rien de rationnel chez Éric, hétérosexuel, ne justifie cet égarement. Et puis, il le lui a dit, ils n'ont pas fait l'amour, bien sûr qu'ils n'ont pas fait l'amour ! Leurs corps emmêlés de désir, c'est une hérésie ! Éric doit ressentir pour Julien une tendresse paternelle, que l'adolescent a interprétée en amour. C'est donc Julien qui s'est jeté sur son mari, l'embrassant à pleine bouche le jour où elle les a surpris. Pourquoi Éric ne le lui a-t-il pas expliqué ? Elle aurait compris et l'aurait excusé. Il souhaitait sûrement protéger son neveu en taisant son comportement irrespectueux. Il faut qu'elle parle avec son époux au plus tôt. Il lui confirmera la véracité de ses hypothèses, il n'est qu'une victime des manipulations de leur neveu pervers, un homme en devenir abject et sans cœur.

L'appel a duré trois à quatre minutes. Assez pour que les doutes, les peurs, la tristesse, la colère et une multitude de suppositions rocambolesques reviennent sur le devant de la scène. Marie décide de commander un deuxième cocktail pour s'éclaircir les idées. Elle le trouve plus exquis encore, car elle s'habitue à l'intensité de l'alcool. Elle se concentre sur ses déglutitions, sur les différents goûts qui se succèdent. Elle promène le liquide entre sa langue et son palais. Elle s'apaise grâce aux effets réconfortants du mojito. Elle appelle Éric, silencieux depuis son départ la veille. Il ne décroche pas, mais lui envoie rapidement un message.

Marie sourit. Il rentrera à la maison ce soir et il l'en informe. Et il a répondu dans la foulée ! Touchée par cette attention, elle écrit aussitôt :

Elle regarde la boucherie et adresse un rictus en direction de son neveu, murmurant à voix basse :

— Perdu pour cette fois. C'est peut-être toi qu'il appelait tout à l'heure, mais c'est avec moi qu'il sera ce soir ! Comme toujours depuis quinze ans. Pauvre type !

Ragaillardie par cette pseudo-victoire, Marie boit ce deuxième mojito avec entrain et retrouve le sourire. Elle réfléchit à ce qui enchanterait Éric. Aller au cinéma ? Ce n'est pas le lieu pour échanger, mais ils s'assiéraient côte à côte, pour partager une activité qui ne les implique pas émotionnellement. Elle ne doit rien suggérer de frontal, il est trop tôt pour une discussion de fond. Restaurer un lien au préalable s'impose pour prendre une décision en sa faveur. Elle s'emploiera à soigner son apparence, à lui donner le goût d'être avec elle, mais elle n'exigera pas d'explications ni de choix. Elle a essayé, la veille, et a échoué. Elle a conscience qu'elle devra se dominer pour demeurer dans la séduction, la patience et non dans la critique, l'affrontement, le reproche. Oui, un cinéma pour amorcer un rapprochement s'avère une excellente idée. En rentrant, elle sélectionnera un film qui conviendra à Éric parmi ceux à l'affiche. Elle pourrait acheter les billets à l'avance et lui en faire la surprise à son retour !

Absorbée par l'élaboration de ses projets, elle a omis la raison de sa présence dans ce bar. Elle porte son regard vers la boucherie et remarque sa sœur à l'intérieur. Elle consulte l'heure sur son téléphone : midi et demi. Cathy a rejoint sa petite famille pour la pause méridienne. Cathy et Julien sortent de la boutique, ils avancent à petits pas en devisant. Instinctivement, Marie s'enfonce dans son fauteuil en baissant la tête. Stéphane ferme à clé et les rattrape. S'approchant d'eux, il saisit Cathy par le cou et l'embrasse sur les lèvres avant d'empoigner Julien. Ils partent tous les trois, Stéphane au milieu, tenant son fils et son épouse près de lui, marchant tous d'un même pas. Solidaires. Unis. Une famille en somme. Cette famille épanouie, c'est une injustice. Ils accomplissent son rêve alors que leur monstre de fils pulvérise son couple et sa famille à elle. Elle endure un enfer, les siens exsudent la joie. Elle plonge les lèvres dans le mojito pour se donner une contenance et s'aperçoit qu'elle l'a terminé. Elle se lève pour en commander un troisième. Elle vacille, aussi elle ferme les yeux quelques secondes, respire à pleins poumons en prenant appui sur la table du bout des doigts. Elle expire un grand souffle, puis rejoint le comptoir à pas décidés où elle passe sa commande. Le serveur l'examine.

— Vous êtes sûre ?

— Oui, confirme-t-elle avec autant d'assurance qu'elle le peut.

— C'est vous qui voyez, vous êtes majeure.

— Merci, rétorque Marie sèchement.

Elle fixe à son tour le serveur pour s'imposer comme une femme responsable et confiante.

— Pas de quoi, ironise-t-il. Je vous l'apporte.

Marie retourne à sa place, satisfaite de l'assurance que lui procure l'alcool. Le garçon de café apporte le cocktail, elle le remercie du bout des lèvres. Par réflexe, elle regarde encore en direction de la boucherie, mais les lumières sont éteintes. Aussi elle s'installe en terrasse pour savourer ce dernier verre. Elle étouffe ; profiter de l'extérieur soulagera la tension. Toutefois, c'est sa poitrine qui est oppressée et c'est son cœur qui suffoque. L'étau l'enserre de l'intérieur. Être dehors ne suscite aucun bien-être. Au contraire, elle se sent exposée au regard des autres, s'imagine qu'ils la dévisagent. Certainement à cause de l'incohérence entre sa coiffure soignée et ses vêtements dignes d'une souillon. Marie explore son sac à la recherche de ses lunettes de soleil. Elle éclipse ses yeux rougeoyants pour dissimuler sa fragilité. Déguster un mojito au grand air, au milieu de ces gens heureux se délectant de leur repos n'offre pas le réconfort escompté. Elle maudit tous ces personnes joyeuses qui badinent avec bruit, qui sirotent avec extase, qui s'enlacent avec délice, ignorants de sa souffrance. Elle déteste ce soleil, cette brise océanique, cette douceur estivale, ces odeurs sucrées qui embellissent leur journée. Elle se hâte de terminer ce dernier verre, règle ses boissons et rentre chez elle.

Après quelques pas dans la rue, sa tête tourne, ses jambes fourmillent, sa vue se trouble. Prise d'un vertige, elle s'appuie contre un mur. Depuis un mois, elle lutte en permanence contre ses pensées décousues qui l'entraînent sur des montagnes émotionnelles. À la merci de ressentis contraires, elle évolue dans la confusion. À présent, elle ne maîtrise plus son corps. Elle a trop bu. Un fou rire nerveux la gagne quand elle réalise qu'elle ne gouverne plus ni son corps ni sa tête. Elle est arrêtée en pleine rue, ivre, haletant, hoquetant, avec une coiffure impeccable et un jogging difforme, gloussant face à son impuissance. À bout de nerfs. À bout de forces. À bout de souffle.

— Tout va bien, madame ?

Un inconnu vient de poser une main rassurante sur son épaule. Marie le regarde, hébétée. D'abord en continuant de rire, de ce rire caractéristique des personnes saoules. Puis son rire stoppe net, elle le fixe, revenant à la réalité.

— Non. Non, tout ne va pas bien.

Elle explose en sanglots et se jette contre le torse de l'homme embarrassé, qui maintient ses bras en l'air, surpris par cette étreinte. La scène dure quelques secondes avant qu'il ne décide de la détacher.

— Souhaitez-vous que j'appelle quelqu'un ? Ou que je vous accompagne quelque part ?

Marie l'observe, étonnée. Elle est dans la rue, en train de pleurer, ses mains dans celles d'un inconnu.

— Pardon. Pardon, répond Marie avant de s'éloigner, honteuse de cette situation, tournant le dos au monsieur perplexe.

Après quelques pas, elle décide de se cacher dans une porte cochère. Les images défilent. Éric et Julien qui s'embrassent.

Stéphane, Cathy et Julien qui marchent collés les uns aux autres et tout en joie. Éric qui part avec leurs filles. Les filles qui pleurent. Tout se bouscule et tout tourne. Elle n'a pas de mouchoirs, aussi elle essuie dans ses vêtements ses larmes et la morve qui coulent. Repliée sur elle-même, elle enserre sa tête migraineuse sous la pression des pensées, des sanglots et de l'alcool. Elle se ridiculise en pleine rue. Comment un homme sain d'esprit pourrait-il l'aimer ? Elle n'est rien. Elle est médiocre. Elle est saoule. Elle est vulnérable. Elle s'effondre à la moindre difficulté. Elle est incapable de se maîtriser, de maîtriser ses émotions. Elle enfonce ses ongles dans les paumes de ses mains à s'en faire mal, essayant de muer la douleur psychique en une douleur physique. Elle pousse un cri léger. Puis plus fort, jusqu'à émettre un hurlement libérateur.

Puis, le silence de cette rue déserte et le relâchement corporel.

Elle se relève et rentre chez elle, la tête basse, évitant de croiser le regard des rares passants, prenant sur elle pour ne pas tituber. Elle se concentre pour dompter les caprices de ce corps qui n'a pas l'habitude de boire autant. Elle est honteuse. Honteuse de ne pas dominer ses émotions. Honteuse de se donner en spectacle. Honteuse d'avoir espionné son neveu. Elle aperçoit la rue qui mène à sa maison avec soulagement. Quand elle pousse le portillon, elle se sent à l'abri. À peine entrée, elle s'assied contre la porte, enfonçant sa tête dans ses genoux repliés qu'elle entoure de ses bras. Elle reste là un long moment, écoutant les battements de son cœur dans ses tempes, les paupières lourdes, le sang épaissi par l'alcool qui circule dans ses membres engourdis et chauds. Elle perçoit un vide en elle. Un grand vide jusqu'alors inconnu. Ou peut-être ignoré. Le sentiment d'incomplétude qui l'habite depuis son enfance s'est transformé en un vide sidéral. Comme un gouffre qui partirait de sa gorge jusqu'à ses entrailles, laissant un trou noir béant dans son corps.

Elle est aussi harassée qu'à son lever.

Elle finit par s'assoupir dans cette posture. Elle est réveillée par la sonnerie de son téléphone. Elle l'attrape, il affiche 13 h 40. C'est Paola.

13 h 40 et le bilan du contenu de son estomac se résume en un café et trois mojitos. Elle se lève et va se rafraîchir dans la salle de bains. Sa jolie coupe n'en mène pas large. Les cheveux sont amalgamés, malmenés par les larmes, la morve et son comportement d'ivrogne. Elle se coiffera avant le retour d'Éric. Elle préparera à manger aussi. Elle se rend dans la cuisine pour grignoter quelque chose. Rien ne lui fait envie, elle préfère boire un expresso. Les placards n'offrent pas non plus d'aliments dignes d'un repas en amoureux. Elle ira faire quelques courses. D'autant plus qu'elle a oublié de se rendre au cinéma. Elle se sermonne pour ses manquements et ses agissements incohérents. Pas étonnant qu'Éric ait fini par se lasser d'elle. Elle entretient la maison, mais pas la flamme entre eux.

Elle s'installe dans le jardin pour déguster le café. Une douce chaleur pointe en cette fin juin, et elle apprécie la balade des rayons du soleil sur son buste. Elle en profite pour répondre à Paola.

Elle préfère taire les évènements des dernières vingt-quatre heures. Elle ne souhaite pas gâcher les congés de son amie qui constatera le désastre à son retour. Elle pose le portable et garde les yeux mi-clos, éblouie par l'astre généreux. Seul le tintement de la cuillère qu'elle fait tourner dans sa tasse vient briser ce silence, comme une ritournelle en deux temps. Son corps ne répond que partiellement et son cerveau semble engourdi. Une vaguelette de soulagement, un instant de répit qu'elle accueille avec plaisir. La béance, remplie par le réchauffement du soleil et celui des mojitos, ressemble davantage à une lézarde. Elle reste prostrée près d'une demi-heure. Son esprit nébuleux n'extrapole plus, lui offrant un repos tout aussi inattendu que bienfaiteur. Il est anesthésié par l'alcool, hypnotisé par le tempo binaire de la cuillère contre le verre. Temporairement, Marie souffre moins.

Exténuée, malgré la sieste inopinée à son retour à la maison, Marie décide de se reposer. Le manque de sommeil de ces dernières semaines et l'alcool ingurgité ce matin pompent son énergie. Elle fera les courses et achètera les billets de cinéma à son réveil. Elle téléphonera à ses filles. Plus tard. Là, elle a besoin de dormir.

Elle ferme les volets et s'allonge dans la pénombre de sa chambre. Elle sombre rapidement.

CHAPITRE 10

J'ai donné rendez-vous à Julien après le travail. J'arrive le premier. Comme souvent, on se rejoint au bord de la Garonne, on se promène parmi les autres. Parfois, on se retrouve dans un bar et d'autres fois on roule à la recherche d'un coin isolé. Je suis assis dans l'herbe quand j'entends le bruit de sa moto. Dès qu'il enlève son casque, je vois son large sourire et sa mine réjouie. Il va bien. Son insouciance a repris le dessus.

Il s'approche de moi et me fait une bise. On n'affiche jamais la nature de notre relation en public. Nous parlons en marchant. Il n'est ni inquiet, ni contrarié. On discute de ce qu'on va faire. On ajustera en fonction de Marie. Julien dit qu'il m'aime, qu'il veut continuer, qu'il peut prendre les risques que ça implique. Il dit qu'il veut vivre avec moi à sa majorité. C'est la première fois qu'on parle de l'avenir. Pour lui aussi, notre histoire est solide. Il m'assure qu'il est prêt à perdre ses parents, son frère. Persuadé qu'ils l'aiment trop pour lui tourner le dos. Je ne suis pas aussi certain que lui que sa famille acceptera notre histoire. Mais je me tais. J'ai besoin de cet enthousiasme. J'ai besoin de son admiration et de son amour. Avec lui, je n'ai plus ce sentiment de raté de la famille. C'est tout le contraire. Je me sens vivant, aimé pour qui je suis réellement. Il affirme sa confiance en moi. Et j'ai besoin de cette confiance. Depuis plus de deux semaines, je réfléchis continuellement à ce qu'on pourrait faire pour limiter la casse. Il me paraît logique que la solution vienne de moi. Il faudrait que Marie accepte le divorce et garde le silence. Je n'ai trouvé que cette solution pour arriver à nous sortir de ce bourbier sans trop de dégâts pour Julien et pour moi.

Il est temps de nous quitter. Ces séparations sont difficiles. Depuis qu'on ne passe plus nos week-ends tous ensemble, on ne sait jamais quand on se reverra. Et on reste avec cette incertitude : que va faire Marie demain ? Et après-demain ? Il vient avec moi dans la voiture où on peut s'embrasser à l'abri des regards. On profite l'un de l'autre quelques instants, puis il sort. Je l'observe mettre son casque et partir devant moi. Je démarre, ignorant ce qui m'attend ; depuis midi, pas le moindre signe de Marie. Je ne sais pas si je dois m'en inquiéter.

Je me gare dans le garage et attrape le sac emporté la veille chez mes parents. Je le dépose dans l'entrée. Tout est calme, Marie n'est ni dans la cuisine ni dans la salle de bains. Je jette un œil derrière la maison, elle est peut-être en train d'étendre le linge. Personne. Je retourne à l'intérieur et vais dans la chambre. Elle dort. Si elle a roupillé toute la journée, ça explique pourquoi elle ne m'a pas harcelé. La chouffa a baissé la garde, ça fait du bien.

Je fais cuire des pâtes puisque rien n'est prêt. Je suis installé dans le canapé avec un plateau télé quand elle entre dans le salon.

— Chéri, désolée, je me suis endormie, je n'ai pas eu le temps de préparer à manger.

— Pas grave, dis-je sans lever les yeux de la télévision.

Elle s'assied à côté de moi et pose une main sur mon genou. Je ne réagis pas, même si ce contact m'est insupportable. Je n'ai pas envie de me battre. La guérilla doit cesser pour qu'on puisse divorcer sans trop de dommages.

— Tu as fait bonne route ?

— Oui.

— Et les filles, ça va ? Elles n'étaient pas tristes que tu les laisses seules là-bas ?

— Ce sont mes parents. Pas des monstres.

— Oui, bien sûr, excuse-moi.

Je trouve son élocution étrange. Elle a du mal à articuler. Je la regarde. Elle a changé de coupe et de couleur de cheveux, je crois. Elle a des cernes. Les traits tirés. Les yeux vitreux. Elle a maigri. Et pourtant elle sourit en me demandant :

— Tu as passé une bonne journée ?

Son haleine me frappe en pleine figure.

— Tu as bu ?

— Mais pas du tout. Qu'est-ce que tu vas t'imaginer ? se défend-elle aussitôt, retirant sa main de ma jambe.

Et elle se lève sans attendre ma réponse. Ouais… Un démenti trop rapide pour être sincère. Elle part dans la cuisine puis revient s'asseoir à côté de moi avec une poignée de pâtes qu'elle peine à manger. Je préfère ignorer sa présence. J'ai fini mon repas. J'allonge mes jambes sur la table basse et je garde les yeux rivés sur l'écran.

Marie n'a plus faim. Elle débarrasse nos deux assiettes puis elle m'interpelle depuis le pas de la porte.

— Je suis fatiguée, je vais me coucher.

— OK.

— Bonne nuit mon chéri. À demain.

Je ne réponds pas. Cette première soirée s'est bien déroulée. Qu'est-ce qu'elle a bu ? On n'a quasi pas d'alcool à la maison. Elle empestait, même si elle prétend le contraire. Peu importe. Je ne vais pas me prendre la tête avec ça. Je peux échanger avec Julien en toute tranquillité, autant en profiter. Ça n'assouvit pas le manque, mais ça l'apaise un peu.

Quand je me couche, Marie dort. C'est parfait.

***

Marie peste contre elle-même. Elle s'est assoupie en pleine journée et n'a rien organisé de ce qu'elle avait prévu. Éric n'a pas complimenté sa nouvelle coiffure, elle se demande s'il l'a même remarquée. Elle se douche puis file dans la chambre. Les effets de l'alcool dissipés, la douleur ressuscite, plus lancinante, injectée dans chaque interstice. Elle décide d'appeler ses filles. Elle a besoin d'entendre leur voix, de percevoir leur amour. Elle compose péniblement le numéro de téléphone de ses beaux-parents. Son beau-père décroche à la quatrième sonnerie.

— Bonsoir, Gabriel, c'est Marie.

— Ah ! Marie !

Elle perçoit le ton désapprobateur à travers le combiné, même à une cinquantaine de kilomètres. Elle se domine pour ne pas flancher, ébranlée par la froideur de cet homme.

— Alors ? Il paraît que vous êtes *fatiguée* ? reprend-il narquois, insistant sur le dernier mot.

— Euh… non. Enfin, si. Je suis un peu fatiguée, confirme-t-elle timidement.

Ainsi, ce sont les explications données par Éric.

— Ressaisissez-vous ma petite. À votre âge, on n'a aucune raison d'être fatiguée, surtout quand on ne travaille pas et qu'on a un mari qui veille à votre bien-être.

— Oui, Gabriel, je fais au mieux.

Marie sent les tremblements envahir sa voix. Elle cligne des yeux rapidement pour arrêter la course des larmes qui progresse. Cet homme abrupt n'accorde pas une once de compassion. Elle voudrait lui jeter à la figure que ce sont les prouesses de son merveilleux fils qui ont provoqué sa « fatigue ».

— Et qu'est-ce qui vous amène à cette heure-ci ? demande-t-il, toujours avec une pointe de blâme.

— Je souhaiterais parler à Lilas et Manon. S'il vous plaît.

— Maintenant ? Mais vous plaisantez, elles sont au lit.

— Je suis désolée, bafouille-t-elle, je… je n'ai pas fait attention à l'heure.

— Bien sûr, je comprends. Vos journées sont tellement remplies de rien !

Marie préfère ignorer cette dernière remarque.

— Peut-être ne dorment-elles pas. Pouvez-vous aller voir ? S'il vous plaît, je voudrais leur parler.

— Non. Elles dorment. Rappelez demain. Bonne soirée.

— Attendez !

— Qu'y a-t-il encore ?

— Est-ce qu'elles vont bien ?

— Qu'imaginez-vous ma chère ? Que nous sommes incompétents en matière d'éducation des enfants ? Nous avons élevé trois garçons sans nous lamenter du moindre abattement.

— Oui. Bien sûr. Merci. Merci Gabriel.

— Rappelez demain matin.

— Demain matin. Oui. Sans faute. Merci pour tout. Bonne nuit.

— Bonne nuit.

Marie raccroche, effondrée. Elle désire la chaleur de ses enfants. Elle aimerait pouvoir les enlacer, s'enivrer de leur odeur, se réchauffer à leur contact, s'apaiser sous leurs caresses, et se réjouir de leur joie de vivre. Elle aimerait se remplir de l'optimisme et de l'insouciance qui s'expriment dans les rires enfantins. L'impossibilité d'entendre ses filles assène un coup supplémentaire sur cette journée totalement ratée. Elle espère que ses beaux-parents font preuve de douceur avec ses princesses, si émotives.

Elle pressent qu'elle trouvera difficilement le sommeil, elle décide de prendre un décontractant musculaire. Elle retourne à la salle de bains, avale la pilule, rassurée de constater qu'il lui en reste. Son médecin lui en prescrit pour ses douleurs lombaires et elle connaît leur effet sédatif.

De retour à la chambre, elle s'enfonce dans son lit, fenêtre ouverte et volets entrebâillés pour profiter de la fraîcheur nocturne. Sous l'effet du médicament, elle s'endort rapidement.

***

Marie émerge d'un profond sommeil vers neuf heures. Elle a dormi quasi douze heures d'affilée. Elle attrape son téléphone et constate un appel en absence provenant de chez ses beaux-parents. Sans même sortir du lit, elle appuie sur la touche rappel. Sa belle-mère décroche.

— Rose ? Bonjour, c'est Marie.

— Bonjour Marie ! Comment vous sentez-vous aujourd'hui ?

— Je fais aller.

— Éric nous a informés de votre état de santé. Avez-vous pris rendez-vous avec votre médecin ?

— Le médecin ? Pourquoi ?

— Pour vous soigner bien entendu ! Lorsqu'on traverse une dépression, il est important d'être pris en charge.

— Mais je ne fais pas une dépression !

— Éric nous a rapporté que vous étiez fatiguée et dans l'impossibilité de garder vos enfants. Ce sont les symptômes d'une dépression, explique vivement Rose.

— Je suis simplement fatiguée.

— Fatiguée de quoi ? Puis-je savoir ?

— Rien. Fatiguée de rien, s'agace Marie ne souhaitant pas rendre des comptes à sa belle-mère de bon matin. Pouvez-vous me passer les filles s'il vous plaît ?

— Je les appelle. Bonne journée Marie.

— Merci. Vous aussi.

102

La voix de Manon résonne dans le combiné.

— Allo maman ?

— Ma perle, comme je suis heureuse de t'entendre. Comment allez-vous ?

— Quand est-ce qu'on rentre à la maison ? Pourquoi papa nous a amenées ici ?

— Ouh là, doucement ma princesse, pas toutes ces questions à la fois. Je suis un peu fatiguée en ce moment. J'ai besoin de repos, mais je viens vous chercher bientôt.

— Quand, maman ?

— Je ne sais pas.

— Dans combien de dodos ? Moi j'ai envie de te voir. Tu me manques, se lamente Manon avec de moins en moins d'enthousiasme.

— Je comprends ma perle. Papi et mamie sont gentils avec vous ?

— Bof. On les connaît pas trop. Nous on préfère être avec toi.

— Laissez-vous du temps pour vous connaître, dans quelques jours, ça ira mieux.

— Dans quelques jours je veux être avec toi, à la maison, supplie Manon, des sanglots dans la voix.

L'embarras gagne Marie. Elle souhaite rassurer sa cadette sans lui donner de faux espoirs. Elle perçoit les protestations de Lilas qui exige de récupérer le combiné téléphonique, elle en profite pour détourner la conversation.

— On sera bientôt ensemble, je te le promets. J'entends ta sœur qui râle, tu me la passes ?

— D'accord maman. Tu me manques. Je te fais des milliards de bisous.

— Moi aussi ma princesse.

— Maman ? renchérit aussitôt Lilas.

— Oui mon trésor, comment vas-tu ?

— Viens nous chercher maman, supplie Lilas. On veut pas rester ici.

— Ce n'est que pour quelques jours mon trésor, sois forte. Et puis papi et mamie sont gentils.

— C'est pas vrai. Ils sont vieux, méchants. On peut rien faire. Je veux rentrer à la maison aujourd'hui. S'il te plaît maman, quémande Lilas.

— Promis, mon trésor. Papa viendra bientôt vous chercher, ment Marie pour rassurer sa fille.

Son cœur se disloque sous les supplications de ses enfants. Elle coupe court à cette conversation qui l'anéantit plus qu'elle ne l'apaise. Elle n'avait pas envisagé que ses filles réagiraient ainsi. Elle connaissait la froideur de ses beaux-parents, mais elle espérait qu'ils veilleraient sur leurs petites-filles. Quelques jours d'adaptation permettront sûrement à chacun de trouver ses marques se rassure-t-elle. Sinon elle pourrait les récupérer dès le lendemain, il suffit d'en discuter avec Éric. Toutefois elle se sent abattue, incapable de prendre soin de ses enfants. Elle repense aux propos de sa belle-mère : « une dépression ». Elle n'avait pas envisagé cette option, Rose a peut-être raison. Elle n'a goût à rien, même pas à s'occuper de Lilas et Manon. Elle est harassée, dort peu ou sombre n'importe quand, picore, pleure à la moindre contrariété, ses humeurs fluctuent de l'euphorie au découragement. Cependant, un médecin ne résoudra rien. Pour guérir, elle doit retrouver son mari. La reconquête de son époux reste sa priorité. Redonner un second souffle à son couple s'impose, avant que Lilas et Manon ne réintègrent le foyer familial.

CHAPITRE 11

Rose a entendu la conversation. Elle comprend le désarroi de ses petites-filles. Habituée aux garçons, elle n'avait pas mesuré leur degré de sensibilité. De plus, elles connaissent peu leurs grands-parents, ce qui joue en leur défaveur. Elle ne saisit pas ce qu'il se passe, toutefois elle sait une chose : Éric ne les a jamais sollicités. Recourir à leur intervention à la dernière minute signifie que le moment est grave. La veille, leur première journée n'a pas été une grande réussite. Ils se sont montrés stricts et inintéressants pour ces petites. Elle ne remplacera pas leur mère, mais elle peut leur redonner le sourire et adoucir cette période tourmentée. Elle demandera à Gabriel de faire preuve de davantage de souplesse et de compréhension. Quant à elle, elle apprendra à devenir une « mamie gâteau ». Elle rêvait d'une fille à choyer. Elles arrivent par deux et tardivement, mais pourquoi pas ? Si elles passent une partie de l'été chez eux, autant transformer cette expérience en un agréable souvenir.

Elle rejoint les enfants dans leur chambre. Elle toque à la porte.

— Les filles, c'est moi. Je peux entrer ?

Elle prend l'absence de réponse pour un consentement. Elle trouve les deux sœurs sanglotant dans leur lit, collées l'une à l'autre. Émue devant ce tableau, elle se sent coupable. Son premier réflexe a été de rejeter ces petites filles qui venaient rompre leur quiétude routinière. Or, elles ne sont pas responsables de cette situation dont elles souffrent.

Rose s'assied auprès d'elles et les prend dans ses bras, leur murmurant des paroles rassurantes. Lilas cède et se blottit contre sa grand-mère. Manon, plus réticente, garde à distance cette mamie inconnue. Rose essuie les larmes de chacune et leur propose de ramasser les légumes dans le potager pour cuisiner ensemble le déjeuner. Elle leur suggère de faire sauter des crêpes. Lilas retrouve le sourire.

— Au Nutella ?

— Avec du Nutella si tu veux. Nous n'en avons pas, mais nous dirons à papi d'aller en acheter.

— Oh ! super mamie ! se réjouit Lilas en embrassant sa grand-mère.

— Et si vous voulez, en fin d'après-midi, quand la température baissera, nous irons à la plage.

Manon, qui perçoit le changement chez Rose, la remercie, même si elle ne saisit pas les raisons de ce revirement.

Rose décide d'informer aussitôt Gabriel de cette résolution. Il contestera probablement, mais il capitulera. Il était directif avec ses fils, il suffirait de peu pour qu'il impose un régime autoritaire à ses petits-enfants. Toutefois, avec l'âge il s'est adouci et Rose, le pilier de sa vie, sait comment le rallier à son avis. Si celle-ci se soucie d'apporter le bien-être nécessaire à leurs petites-filles, il cédera. D'autant plus que Manon et Lilas, polies, calmes, séduiront Gabriel qui ne supporte pas les débordements ni les attitudes protestataires.

***

Marie se lève sans entrain une bonne demi-heure après avoir raccroché. Elle entre dans la chambre de Manon et comprime son oreiller contre sa poitrine. Elle l'emporte et se rend dans la chambre de Lilas où elle procède de même. Elle embrasse les coussins

106

comme elle étreindrait ses enfants. Elle les berce, se rassure de cette présence virtuelle. Elle se régénère de l'odeur qui en émane, elle imagine leurs rires, leurs mots comme si elles jouaient devant elle. Ce moment de douceur redonne un peu de joie à Marie qui repose les oreillers. Toutefois, à peine sortie de la pièce, elle se heurte à nouveau au silence, à la solitude et au manque. Elle erre dans cette maison sans savoir que faire, sans le goût de faire. Elle ressent le besoin de s'éloigner de ce lieu désert, symbole de sa triste vie de famille qui lui échappe.

Comme la veille, sans l'avoir décidé, elle se retrouve en face de la charcuterie, regardant Julien se mouvoir, travailler, discuter. Vivre. Comme la veille, elle pénètre dans ce bar et absorbe un, deux, puis trois mojitos jusqu'à ce que Cathy vienne récupérer époux et fils pour déjeuner. Leur allégresse et leur insouciance insultent Marie qui tait sa douleur.

Elle espionne Julien comme si cela l'aidait à comprendre les évènements. Pourtant, cette surveillance ne lui apporte rien, hormis de la souffrance. Dès qu'elle voit son neveu se saisir de son téléphone, elle présume qu'il est en train d'échanger des messages avec Éric. À chaque fois qu'elle observe la famille unie de sa sœur, son cœur se fendille davantage. Guetter Julien accroît sa colère et sa peine, cependant elle ne peut s'en empêcher. Elle se soumet à l'impérieuse nécessité de savoir. Même si, factuellement, cette surveillance ne révèle rien. Elle constate uniquement que le portable de Julien sonne au quotidien, vers midi. Elle élabore des hypothèses, se figurant Éric à l'autre bout. Elle imagine leurs conversations. Elle pourrait frapper l'adolescent quand il éclabousse les passants de son rire, téléphone en main. Imaginer leur plaisir lui est intolérable et pourtant elle continue de le visualiser et de le mentaliser. Elle s'inflige davantage de peine avec l'espoir de découvrir un indice en sa faveur. Au bout du troisième verre, l'alcool accomplit son œuvre, son cerveau anesthésié lui offre un répit salvateur. De retour chez elle, elle sombre dans un sommeil amnésique.

Au troisième jour, elle ose boire un quatrième verre.

***

Depuis quatre jours, boire des mojitos permet à Marie de suspendre le flot des pensées parasites. Et quand elle va se coucher le soir, un cachet l'aide à s'endormir. Cette alliance alcool et médicaments est une escorte performante. Elle se sent apaisée face à Éric avec qui elle échange peu. Toutefois, elle hésite à aborder les problèmes de fond. Elle redoute de le perdre en réagissant. Mais en proie à des réflexions antagonistes, elle redoute aussi de le perdre en se maintenant dans la passivité. Elle échafaude des plans pour reconquérir son cœur. Puis elle choisit d'y renoncer, dans l'incertitude du dénouement. Par ailleurs, la lassitude qui s'est emparée d'elle annihile ses grandes initiatives. Tant qu'il rentre tous les soirs, elle entretient l'espoir. Elle ne le voit plus envoyer de messages à Julien. Elle pense qu'ils ont interrompu leur relation, craignant qu'elle ne les dénonce. Pourtant, il y a cet appel que l'adolescent reçoit tous les jours un peu après midi, pour lequel il s'isole dans la rue, à l'abri des oreilles indiscrètes.

Ironie du hasard, Cathy avait contacté Marie la veille, alors qu'elle se trouvait dans le bar. Quand elle était sortie de la boucherie avec son époux et son fils, elle avait encore le téléphone à l'oreille, discutant avec sa sœur qui, comme d'habitude, s'était instinctivement enfoncée dans son siège. Elles s'étaient promis de se voir sous peu, elles n'avaient pas partagé un moment depuis presque un mois. Sans l'avoir réellement décidé, Marie s'en éloigne, l'appelle moins et ne lui rend plus visite. Être avec elle la

108

renvoie à Julien. De plus, elle craint que son aînée ne suspecte quelque chose. Marie ignore jusqu'à quel point elle réussira à simuler et nier devant elle. Parfois elle se demande comment sa sœur réagirait si elle découvrait la vérité. Elle représente son éternelle alliée, aussi Cathy la soutiendrait, elle n'en doute pas. Mais vis-à-vis de Julien ? Ses parents le renieraient-ils ou l'accepteraient-ils ? Et même s'ils acceptaient son homosexualité, ce qu'elle suppose plausible, seraient-ils capables de tolérer que l'objet de son « amour » soit Éric dont le statut de beau-frère évoluerait vers celui de… gendre ? Quelle comédie grotesque ! Ou quel drame plutôt. La réaction de Cathy et Stéphane vis-à-vis d'Éric l'angoisse. Autant elle est convaincue qu'ils la protégeraient et qu'ils pardonneraient à Julien, autant elle entretient de gros doutes sur le comportement qu'ils adopteraient envers Éric. Marie refuse de se retrouver écartelée entre sa sœur et son époux. Elle ne veut pas effectuer ce genre de choix cornélien pour ce qu'elle pense être un simple égarement. Elle ne renoncera ni à l'un ni à l'autre. L'unique personne qu'elle accepte de perdre et de rejeter dans cette histoire, c'est Julien. Elle ne le considère plus comme son neveu, mais comme un traître. Et s'il mentait pour se protéger et accusait son oncle d'avoir abusé de lui ?

À chaque jour qui passe, un nouveau scénario. Marie élabore mille et une possibilités selon l'angle d'analyse. Excepté une vie sans Éric…

Encore alitée, dans la demi-pénombre, elle ressasse les multiples probabilités qu'elle a conçues. Puis elle repense à son projet de reconquête, seule solution envisageable pour une issue favorable à chacun. En ce jeudi, le week-end approche, elle doit se ressaisir et cesser de se limiter à la théorie. Au quatrième jour de cette semaine au ralenti, elle se lève décidée. Pour commencer, elle téléphone à ses filles, qu'elle n'a pas osé recontacter depuis leur douloureux échange. La boule au ventre, elle compose le numéro de ses beaux-parents. Elle se prépare à affronter leurs pleurs et supplications, mais il n'en est rien. Lilas et Manon ont hâte de revoir leur maman, mais tout va pour le mieux chez papi et mamie. Elles décrivent avec ferveur leurs journées entre cuisine, jeux, discussions instructives et découvertes diverses. Le sourire dans leur voix revigore Marie qui raccroche le cœur léger. Ses filles ont retrouvé leur enthousiasme d'enfants. Elles lui offrent un superbe cadeau.

Elle téléphone ensuite à Cathy et lui explique qu'elle a besoin d'argent. Celle-ci acquiesce sans sourciller, elles se donnent rendez-vous en fin de matinée, au bar en face de la charcuterie. Toute joyeuse, elle se prépare pour cette journée qui s'annonce sous les meilleurs auspices. Elle s'admire dans le miroir, arrange sa coupe de cheveux, enduit son corps de crème. Elle réussit à manger une demi-pomme avec son expresso. En chemin pour le café mexicain, elle repère en vitrines quelques articles qu'elle achètera au retour.

Arrivée au bar, elle s'installe à l'intérieur, loin des fenêtres, afin de ne pas voir Julien. Il gâcherait son humeur joviale. Elle dispose de plus d'une heure, elle s'assiéra en terrasse un peu avant son rendez-vous. Le serveur la gratifie d'un sourire de connivence, réservé aux habitués des lieux. Tout en dégustant le cocktail, qu'elle apprécie de plus en plus, elle réfléchit aux mets qu'adore Éric, aux tenues susceptibles de le séduire. À la troisième boisson, midi s'apprête à sonner. Elle en commande une quatrième et s'installe à l'extérieur.

À peine est-elle postée dehors que Julien sort pour répondre à l'appel de la mi-journée. La jeune femme glisse des lunettes de soleil sur son nez, puis enserre fort le verre afin de soulager la tension qui pointe en elle. Cette fois, elle pourrait lui arracher son téléphone et lui mettre une claque. Violemment. Elle en rêve depuis une semaine. D'autant plus que Julien n'a pas remarqué sa présence, appuyé en retrait dans l'encadrement d'une porte voisine de celle de la boucherie. Il montre une satisfaction outrageuse. C'est lui qui gifle sa tante de ses rires injurieux. Irrespectueux. Cette situation intenable doit cesser. Elle veut qu'il arrête d'échanger des appels enjoués avec son époux. Maintenant. Elle recule sa chaise, elle le regarde fixement, ses mains tremblent. Sa respiration plus rapide se raccourcit. Elle se lève et fait un premier pas vers lui. Sous l'effet de l'alcool, elle se sent forte, puissante. Ses yeux lancent des éclairs. Elle va le frapper. Elle va lui blesser sa belle gueule angélique, le cœur et l'âme. Elle va l'insulter comme il l'insulte en dégainant sa joie méprisable, en dédaignant la souffrance qu'il attise en elle. Ce n'est pas son neveu, c'est une crevure effrontée. Il va payer. Elle fait un deuxième pas. Elle ne va pas uniquement le gifler et écraser son téléphone. Elle va lui arracher les yeux, cracher son venin. Elle va exposer à tout le monde, à tous les gens de cette place, ce que ce petit merdeux complote. Elle fait un troisième pas. Elle avance peu à peu, sans cesser de le fixer, visionnant la scène mentalement. Plus elle patiente, plus sa colère croît, plus l'envie de le détruire se renforce. Elle veut être enragée quand elle se jettera sur lui. Et le regarder rire à gorge déployée exacerbe sa fureur. Il minaude telle une catin.

— Salut ma puce !

Cathy attrape sa cadette par le cou. Cette dernière se tourne machinalement vers cette voix familière. La rage l'habite encore, ses mains tremblotent, sa respiration vive peine à ralentir. Elle prend conscience de ce qu'elle s'apprêtait à faire et de la présence de son aînée qui l'a interrompue. Julien raccroche et retourne dans le magasin, le visage souriant, le regard lointain.

— Cathy ! contente de te voir, articule Marie avec un sourire crispé.

Les deux sœurs s'embrassent, puis elles regagnent la table choisie par Marie. Celle-ci a besoin de quelques secondes pour reprendre ses esprits et revenir à la réalité du moment présent, mais Cathy ne lui laisse pas ce répit.

— Hey, alcoolo, tu picoles en solo ! la taquine-t-elle, désignant le mojito.

— Pas du tout, rétorque sèchement Marie, piquée au vif. Je viens juste de commander.

Étonnée par le ton de sa cadette, Cathy s'installe en précisant :

— Je plaisantais, rien d'autre.

— Pardon, désolée, je suis un peu sur les nerfs, là.

— Oui, t'as pas bonne mine.

— Merci pour le compliment, grimace Marie.

— Pardon, ma puce, s'excuse Cathy en saisissant la main de sa sœur. On ne s'est pas vues depuis longtemps et tu m'as l'air fatiguée. Sauf ta coiffure, très chouette. Tout va bien pour toi ?

— Oui, tout va bien. Enfin, à peu près. C'est pour ça que je voulais te voir.

Le serveur les interrompt pour enregistrer la commande de Cathy qui décide de s'essayer au mojito. Quand il est reparti, elle poursuit :

— Explique-moi. Qu'est-ce qui cloche ?

— Éric et moi traversons une passe difficile. Je souhaite t'emprunter un peu d'argent afin de me faire une beauté pour le séduire. Si ça ne te dérange pas.

— Bien sûr, tu sais bien que tu peux compter sur moi. Qu'est-ce que tu appelles une passe difficile ? La crainte qu'il te quitte, dont tu m'as parlé, était fondée ?

— Non, il ne veut pas me quitter. Simplement, on ne partage pas assez d'activités tous les deux et on finit par s'éloigner. Je me suis laissée aller, accaparée par les enfants. Je n'ai pas pris soin de moi, de nous. Je m'occupe beaucoup de la maison, de la famille mais pas de la relation de couple si tu vois ce que je veux dire. J'ai envie de raviver la flamme, de redevenir celle qui l'avait attirée et qu'il désirait.

— En gros, vous ne faites plus l'amour.

— Voilà.

— Un passage à vide. Tous les couples connaissent ça. Même Stéphane et moi, on a eu une période un peu délicate... une traversée du désert, explique Cathy en souriant.

— Toi et Stéphane ? Impensable !

— Eh oui, moi et Stéphane ! Même si cela te surprend. Mais tant que les sentiments sont là, il n'y a rien à craindre et tu as raison de chercher à faire renaître le désir. Vous vous aimez non ?

— Je l'aime follement, acquiesce Marie.

L'aînée ne s'attarde pas sur cette remarque conjuguée au singulier.

— Alors rien n'est perdu. Trinquons ! Et nous retirerons ensuite de l'argent pour te transformer en déesse nocturne, glousse Cathy avec un clin d'œil. Tchin, s'exclame-t-elle en levant le verre.

— Tchin !

Au même moment, Stéphane et Julien sortent de la boucherie. En proposant à Cathy de se retrouver en ce lieu, la jeune femme a pensé à l'aspect pratique, mais elle n'a pas anticipé qu'à cette heure-là, elle croiserait son neveu. Elle se fige sur sa chaise quand ils approchent d'elles. Pour se donner une contenance, elle avale un grand trait de son cocktail. Elle doit réfréner la colère qui monte, elle ne peut pas exploser devant eux.

— Mojitos ! Ces dames ne se refusent rien, plaisante Stéphane qui dépose un baiser sur les lèvres de sa femme.

Puis s'adressant à Marie il reprend :

— Ma belle-sœur préférée, viens que je t'embrasse. Comment te portes-tu depuis le temps ? interroge-t-il, accompagnant sa question de bises franches et sonores.

Marie, prostrée, reste silencieuse et observe Julien qui attend son tour. Il s'approche d'elle et se penche pour lui faire une bise. Elle garde le silence et n'arrive pas à sourire. Sa tête reste immobile, incapable de se coordonner aux mouvements de son neveu. Le contact sur sa joue, l'odeur, le frôlement de cheveux, elle exècre tout de lui. Elle lutte pour ne pas lui cracher au visage en guise de bonjour et lui jeter son verre à la figure. Cathy remarque la tension subite chez sa sœur à l'approche de son fils. Relevant le malaise, elle interroge d'un ton suspect :

— Quelque chose ne va pas Marie ?

— Si. Tout va bien.

Ses mains recommencent à trembler, la sueur glisse le long de ses bras. Elle s'impose de donner le change. Sa sœur la déchiffre trop facilement. Aussi Marie prend sur elle et, ignorant son neveu, s'adresse à Stéphane. Elle veille à ne pas trébucher sur les mots, l'alcool ralentit son articulation. Faire des phrases courtes.

— Et toi, tout roule ?

— Je vais bien. Et Éric ?

« Demande à ton rejeton, il est mieux informé que moi de l'humeur de mon mari » meurt-elle d'envie de répliquer.

— Impec. Il travaille.

— Super. Et les filles ? En vacances ?

Cette conversation à débiter des banalités irrite Marie qui s'efforce d'ignorer son neveu, mais tous les signaux s'orientent vers le rouge. Son rythme cardiaque s'intensifie à chaque battement, la sueur roule de plus en plus vite le long de ses bras, sa voix escalade le flanc des aigus. Elle combat le bouillon émotionnel attisé par le rhum, au bord de l'éruption à chacun de ses mots, chacun de ses gestes.

— Oui. En vacances.

— Passez un de ces jours, continue Stéphane. Ça nous fera très plaisir. Et puis les filles pourront profiter de la piscine, avec cette chaleur, elles apprécieront.

— On verra. Excusez-moi, je vais aux toilettes, prétexte Marie pour fuir.

Elle s'appuie sur le guéridon pour se relever et se concentre sur ses pieds. L'un devant l'autre, posément. Marcher droit. Pied gauche. Pied droit. Pied gauche. Pied droit.

Arrivée aux toilettes, elle s'asperge le visage. Elle forme une cuvette avec ses mains et aspire l'eau. Sa bouche est pâteuse. Ses tempes bourdonnent. L'alcool frappe dans sa tête. La colère soulève sa poitrine. Elle s'encourage à s'apaiser, cependant, plus elle répète « Calme-toi, calme-toi », plus elle a envie de hurler sur Julien. Plus elle nie son ressenti, plus celui-ci grandit en elle. Comprenant que cette échappatoire est inutile, après quelques minutes passées à se cacher dans ce réduit, elle retourne en terrasse. Elle ne pourra pas éviter indéfiniment son neveu, autant affronter ce genre de situation. Surprise, elle constate que Stéphane et Julien sont partis.

— Où sont-ils ?

— En chemin pour la maison. Ils ont une heure pour déjeuner, ils n'ont pas trop de temps pour l'apéro.

— Dommage, ment Marie, allégée d'un poids.

Elle se rassied et avale sa boisson d'une traite.

— Oh ! j'ai fini mon verre. Je propose qu'on en prenne un deuxième.

Un cinquième pour la jeune femme… Cathy s'étonne de cette suggestion.

— Marie ! je n'ai pas bu la moitié du mien ! Depuis quand aimes-tu picoler des alcools forts ? Tu es sûre que ça va ?

— Deux verres, c'est pas être alcoolique, n'exagérons rien. Et, oui, je te répète que ça va.

Cathy, dubitative, accepte la proposition. Elles sirotent en parlant de tout et de rien, profitant de la terrasse ensoleillée. Cathy observe Marie, intriguée par ses gestes et sa voix ralentis, imprécis. Elle trouve sa sœur amaigrie et fatiguée. Elle a remarqué son malaise en présence des deux hommes sans pouvoir en discerner la raison. De plus, elle vient d'apprendre que ses nièces sont en vacances chez leurs grands-parents paternels. Jamais Marie ne s'est séparée de ses filles pour les confier à la garde de ses beaux-parents. Et cette façon qu'elle a de descendre les mojitos comme de vulgaires jus de fruits. Sa cadette a changé, dans son physique, ses attitudes, en quelques semaines. Mais pourquoi ? Que lui cache-telle ?

Les boissons terminées, elles se dirigent vers un guichet bancaire et Marie repart avec une somme suffisante pour concrétiser ses projets.

***

Installée sur la terrasse, Marie commence une liste de courses alimentaires et vestimentaires. Elle désire surprendre son mari. Il aime Julien pour sa jeunesse, son style branché. À son image, puisque c'est un quadragénaire qui s'entretient et cultive une apparence à la mode. Elle aussi peut se moderniser. Elle souhaite lui offrir un week-end de retrouvailles inédit. Elle dispose d'un jour et demi pour le préparer. Elle achètera le nécessaire demain. Aujourd'hui, elle va ranger et nettoyer sa maison. Et elle va se reposer, car elle est fatiguée, alanguie par le rhum, épuisée par l'énergie qu'elle a déployée pour duper sa sœur.

Concentrée sur ses futurs achats, stylo en main, elle sursaute au grincement du portillon. Dans son dos, une voix enjouée l'interpelle.

— Hello toi ! clame Paola.

— Paola, quelle surprise ! s'écrie Marie se levant d'un bond, heureuse de cette visite inopinée.

Dans la soudaineté de son geste, elle trébuche, lâche le stylo et se rattrape de justesse à la table. Elle grimace, consciente de sa fragilité, souhaitant que son amie ne relève pas son embarras. Paola s'approche d'elle et elles s'étreignent un moment. Marie reprend :

— Comme tu es belle, si bronzée !

— Merci. Et toi, toute jolie avec ta nouvelle coiffure, complimente Paola, reculant d'un pas en lui touchant les cheveux.

— Tu aimes ?

— J'adore. Par contre, t'as une petite mine. Fatiguée ?

— Tout va bien, s'empresse de couper Marie, sachant la partie perdue d'avance face aux radars aguerris de son amie. Et ces vacances ? Dis-moi tout !

— D'accord, je raconte, mais tu m'offres à boire, je suis assoiffée !

— Avec plaisir. Je suis si contente de te voir.

Marie part chercher des verres d'eau. Elle est si peu impliquée dans ses devoirs domestiques qu'elle n'a rien trouvé d'autre dans le réfrigérateur. Elle s'en excuse auprès de son amie qui ne lui en tient pas rigueur. Cette dernière examine Marie, elle perçoit tout le désespoir qui exsude de son corps. Le teint cireux, le regard embrumé, le verbe et le geste incertains, elle semble alourdie malgré sa perte de poids. Paola raconte ses vacances, puis s'enquiert de son amie. Elle s'étonne de l'absence de Manon et Lilas. La jeune femme explique qu'elle a craqué. La situation est devenue pénible à vivre au quotidien, elle ne supporte plus le flou quant à l'avenir de son couple. Paola attrape la main de son amie et lui parle avec douceur.

— Marie, tu es en train de te détruire. Presque un mois qu'on ne s'est pas vues et je te retrouve amaigrie, fatiguée psychologiquement et physiquement. Et tu sens l'alcool, alors qu'il n'est que treize heures. Tu ne vois pas que tu t'abîmes ? Et Éric, il ne le voit pas non plus ? Moi je le vois et je ne peux pas rester les bras croisés. Où en seras-tu dans un mois de plus ? Tu as lu le livre que je t'ai offert ? Il ne t'a pas ouvert les yeux ?

Marie lève sur Paola un regard vide et un visage dénué de toute expression. Elle veut dormir. Elle veut qu'on la laisse tranquille.

— Merci, Paola, je sais que tu t'inquiètes pour moi, mais je gère.

— Non, tu ne gères pas. Je crois que tu fais une dépression.

— Décidément, qu'est-ce que vous avez tous à me dire ça ?

— Pourquoi ? Qui d'autre t'a dit ça ?

— Rose.

— Ta belle-mère n'a pas tort. J'appelle Pierre. Il reprend ses consultations ce week-end puisqu'il est d'astreinte. Mais il te recevra en urgence dès aujourd'hui.

— Je n'ai pas besoin d'un médecin, là. J'ai besoin de retrouver mon mari.

— Justement, comment veux-tu le retrouver si tu n'as le courage de rien ? Comment espères-tu lui plaire si tu n'es pas capable de parler, de marcher normalement ?

Paola n'approuve pas Marie dans sa tentative de reconquête. Elle considère comme vain l'espoir fou de son amie, mais elle sait que l'argument de se remettre en forme pour Éric l'influencera. Elle est effarée de retrouver son amie dans cet état après si peu de temps. Elle refuse de la laisser s'enfoncer davantage, aussi tous les subterfuges sont bons pour la convaincre. Marie réfléchit à la suggestion de Paola. Léthargique et incapable de cohérence, elle ne tente rien pour récupérer son mari.

— Tu as sans doute raison. Je dois faire quelque chose. D'accord pour voir Pierre.

Paola appelle son époux et lui expose les faits. Il conseille une consultation amicale à leur domicile au plus tôt. Paola conduit aussitôt Marie chez elle où Pierre les accueille chaleureusement.

Le diagnostic de Pierre confirme les soupçons de Rose et Paola. Marie est entrée en dépression. Il en ignore l'élément déclencheur, Marie fuit avec véhémence toute question sur un évènement récent qui l'affecterait. Et en amie respectueuse, Paola a tu la trahison d'Éric. Il lui prescrit des antidépresseurs, des anxiolytiques, des somnifères. Connaissant l'enfance tourmentée de Marie, il lui conseille d'entreprendre une psychothérapie. Il lui explique que ce genre de blessure guérit rarement sans une aide appropriée. Qu'elle peut entraîner un profond mal-être pendant toute une vie, menant à des états dépressifs comme celui que traverse la jeune femme. Elle s'engage à y réfléchir pour faire cesser les questions de Pierre, sans conviction. Elle ne saisit pas en quoi déballer son histoire à un inconnu l'aiderait à régler ses problèmes actuels. L'unique personne susceptible de la soutenir est précisément celle qui lui inflige cette souffrance. Il suffit qu'Éric recouvre la raison, que tout redevienne comme avant, et elle ira mieux.

Paola l'accompagne à la pharmacie puis la reconduit chez elle. Elle lui fait promettre de l'appeler au moindre coup de blues.

Il est déjà dix-sept heures et Éric rentrera du travail dans une grosse heure. Marie est éreintée. Elle fera le ménage demain. Là, elle préfère dormir. Seule cette sieste alcoolisée de l'après-midi lui octroie un sommeil apaisé, lavé de tourments, lui permettant de tenir encore debout.

CHAPITRE 12

C'est vendredi soir, j'ai fini ma semaine. Je vais devoir me coltiner Marie pendant deux jours. Deux jours ! Faut qu'on parle. Autant en profiter. Faut qu'on avance.

Qu'est-ce qui se passe ? À peine rentré, je sens les odeurs de cuisine depuis le jardin. Marie m'accueille tout sourire. Elle vient m'embrasser. Je détourne le visage. Je ne veux pas de ses lèvres sur les miennes.

Elle a mis des vêtements que je ne connais pas. Elle est déguisée en femme ! Une robe. Du maquillage. Du parfum. OK, je comprends. Après quatre jours à nous regarder dans le blanc des yeux, elle passe à l'attaque. Elle entreprend une opération séduction. À croire qu'elle a oublié mon homosexualité ! Comme si quelques atouts féminins pouvaient me faire tomber dans le panneau. La bonne blague. Elle s'est un peu gourée de stratégie. Je ne vais pas jouer la comédie du mari énamouré tout le week-end. Faisons déjà au mieux pour ce soir, cette première semaine sans les enfants s'est bien déroulée.

Elle me sourit sans cesse. Elle attend. Je réalise qu'elle m'a posé une question.

— Tu disais quoi ?

— Tu as passé une bonne journée mon chéri ?

— Ouais.

Et je trace dans la chambre pour enlever mon treillis, sans attendre une suite à la conversation. Je me demande ce qui la met en joie à ce point. Elle pue l'alcool à chaque fois qu'elle ouvre le bec depuis que les filles sont parties. Elle m'a l'air dans de bonnes dispositions ce soir. Peut-être qu'elle a doublé la dose ! Je pourrais en profiter pour lui suggérer de quitter la maison et proposer le divorce.

Je vais dans la cuisine, le frigo est plein. Exploit ! C'était plutôt le désert de Gobi ces derniers jours. Elle me frôle lorsqu'elle passe près de moi. J'ignore sa caresse. Je me sers un Coca et je m'installe devant la télévision. Elle continue ses petites affaires, naviguant entre l'intérieur et l'extérieur. Elle a retrouvé l'usage de ses jambes et de ses mains. Une chance pour elle, faudra bien qu'elle se remette à bosser quand on se séparera. Je me lève, je ferme la porte du salon. Je n'ai pas envie d'entendre ses bruits de vaisselle, je n'ai pas envie de voir sa silhouette. Je ne veux plus de cette vie. Pendant des années j'ai tiré des coups dans la honte, aujourd'hui je vis dans l'écœurement. Ouais, écœuré, exactement. Écœuré de cette vie de couple, des caresses de « ma femme », de ses tentatives d'approche, de son désir que je ne partage pas. J'étouffe de jouer à l'époux et au père de famille exemplaires. Je n'arrive pas à me concentrer sur la télé. Je retourne dans la chambre enfiler un short et des baskets. Je vais évacuer la tension, je sens que je vais avoir besoin de tout mon calme ce soir.

Quand je reviens une heure plus tard, la table est dressée dehors. Avec des lampions ! Elle est complètement barrée ! Bref, allons-y pour les lampions et la romance. Je prends une douche et à mon retour dans le jardin, elle propose un apéritif. Elle s'est donné du mal. Apprécions l'effort. OK je joue le jeu, c'est parti pour une soirée mémorable, je le sens.

***

Marie s'est démenée toute la journée du vendredi pour offrir à son époux LA soirée. Elle a acheté le nécessaire et le superflu, récuré la maison, cuisiné et elle a terminé par une mise en beauté. Elle s'est essayée à la confection de mojitos et elle a trouvé sa troisième tentative particulièrement réussie.

Elle atteint le sommet de sa joie à l'arrivée d'Éric, retrouvant un optimisme oublié puisqu'il avait déserté la panoplie de ses sentiments. Elle masque sa déception quand il détourne la tête alors qu'elle souhaite l'embrasser, mais elle le comprend et décide ne pas le brusquer.

Elle achève les préparatifs, dresse la table sur la terrasse, dispose des lampions qu'elle allumera à la nuit tombée. Quand Éric rejoint le jardin, elle propose un apéritif.

— Mojito et petits fours maison, annonce-t-elle souriante.

Petits fours qu'elle a sortis du congélateur et passés sous le grill, mais elle laisse croire qu'elle a tout confectionné pour ce dîner d'exception.

— Mojito ? Tu sais faire ça ?

— Bien sûr, c'est facile.

— Depuis quand tu en bois ?

— Mais, jamais. C'est juste pour ce soir, pour fêter le week-end, se défend-elle.

— OK, fêtons le week-end, acquiesce Éric.

Il préfère la ménager pour mieux la rallier à sa décision de divorcer. Voilà des jours qu'elle se traîne, et subitement, elle s'active. Autant transformer ce revirement de situation en une opportunité. Le militaire n'a jamais rien compris aux émotions des femmes, et il maîtrise d'autant moins le mode d'emploi de la sienne. Il n'a jamais cherché à apprivoiser la sensibilité à fleur de peau qui la caractérise.

La cuisinière revient avec un plateau et dispose l'apéritif sur la table. Un fond musical émane du salon. Le soleil chauffe encore en ce début de soirée estivale, même s'il a commencé à décliner. Les grillons entament leur symphonie nocturne. L'ambiance invite à un échange pacifique. Éric relève la prouesse et la félicite.

— Jolie présentation.

— Merci, jubile-t-elle. Je me suis entraînée une partie de l'après-midi. Contente que ça te plaise. À la tienne, poursuit-elle en levant son verre.

Il l'imite, en silence. Il apprécie cette accalmie. Le reste de la soirée se prolonge sur la même tonalité. Marie, charmante, s'intéresse au travail d'Éric, parle des filles. Elle monologue plus qu'ils ne dialoguent, il répond brièvement, mais poliment. Ils dégustent avec plaisir le délicieux repas, ils boivent plus que de raison, plus qu'ils n'en ont l'habitude, pour tromper leur malaise. Malgré l'apparente quiétude, la tension latente sommeille dans les deux camps. Chacun, dans l'expectative, se demande quand l'autre déballera les sujets qui fâchent. Éric hésite : doit-il exposer ses projets maintenant ou convient-il d'attendre un apaisement durable ? Marie, quant à elle, préfère rester sur le terrain de la séduction, que son époux paraît accepter. Son plan fonctionne, l'environnement magique qu'elle a créé les emmène sur la voie de la réconciliation.

Éric, qui participe peu souvent aux tâches quotidiennes, aide son épouse à débarrasser et à ranger la cuisine. Ivres, ils partent d'un fou rire quand Marie fait tomber les assiettes qui se brisent au sol. Quand ils retournent à l'extérieur, ils s'allongent sur la pelouse, admirant les étoiles dans la pénombre silencieuse.

Marie est merveilleusement bien. Elle a envie d'embrasser Éric. Par faim de lui et par vengeance. Elle se souvient des amants assis à cet endroit quelques semaines plus tôt. Embrasser son mari là, maintenant, renverserait l'histoire, effacerait le passé, referait sien celui qui lui a toujours appartenu. Oui, appartenu. Éric est à elle. Et à personne d'autre. Même s'il se laisse aller à quelques incartades dans les années à venir, peu importe tant qu'il lui revient. Elle s'approche délicatement de lui, pose sa tête au creux de son épaule. Il ne réagit pas. Le cœur de Marie s'accélère. C'est chaud. C'est confortable. C'est rassurant. C'est à elle. Des frissons la parcourent. Elle tourne la tête pour l'observer. Éclairé par le clair de lune, le profil de son mari la séduit comme à leurs débuts. Elle se souvient de cette première fois, subjuguée par l'élégance de cet homme magnétique et énigmatique. Il n'a rien perdu du charme insondable qui attire toujours la jeune femme.

Il sent ce regard posé sur lui, il se tourne vers elle. Marie cesse de tergiverser et l'embrasse. Il est son conjoint, elle en a le droit. Il ne la repousse pas. Le temps est suspendu. Ils sont frappés d'amnésie éthylique. Leur baiser devient pressant. Il tire Marie brutalement par les cheveux pour éloigner son visage du sien. Il la fixe, glacial. Elle sourit, hébétée. En silence, il l'entraîne dans la chambre. Il l'allonge, remonte sa robe jusqu'aux hanches, retire sa culotte et la pénètre sans s'embarrasser de préliminaires. Marie reçoit cet acte comme une offrande. Elle interprète l'empressement de leurs corps enlacés comme un besoin de partager. Il lui fait l'amour avec rage, libérant sa colère. La colère qu'il a accumulée contre lui, contre elle, contre leurs familles respectives, contre la situation. Elle gémit, elle susurre des mots passionnés. Il continue d'aller et venir en elle violemment, rapidement, mécaniquement. Elle savoure cet instant magnifique, l'urgence de ces corps qui assouvissent leur faim mutuelle. Il bouillonne, un ouragan se forme en lui. La tête de Marie tourne, enivrée par l'alcool, enivrée par le plaisir sexuel, enivrée par l'ivresse du moment. Elle retrouve son Éric, le sien, elle a eu raison d'y croire. Il comprime l'oreiller de toutes ses forces pour contenir la tempête qui l'habite. Elle caresse chaque parcelle de sa peau tendrement, promenant ses mains en continu. Le toucher, le sentir, le serrer lui a tant manqué. Il a envie de la frapper. Il serre les dents. Elle pourrait en pleurer de joie. Elle en pleure de joie. Il jouit dans un cri de fureur qu'elle interprète comme un râle de plaisir.

Elle plane au paradis. Il touche l'enfer : tout ça doit s'arrêter. Il se relève sans attendre et se rend dans la salle de bain.

CHAPITRE 13

Qu'est-ce que j'ai fait, putain, mais qu'est-ce que j'ai fait ? Qu'est-ce qui m'a pris de faire l'amour avec elle ? Je sais pas comment j'ai pu. C'est pas elle que je désire.

Je frappe de rage la paroi de la douche. Je laisse l'eau couler sur mon corps. Je frotte mon visage, ma tête. C'est le bordel là-dedans. J'ai besoin de me laver. De me purifier. Demain, il faut qu'on parle, ça a assez duré. Marie essaie d'entrer dans la salle de bains mais j'ai fermé à clé. Je n'ai pas envie de la voir. J'ai trop picolé ce soir. C'était n'importe quoi cette opération séduction. J'aurais dû mettre le stop direct. Comment j'ai pu envisager qu'être aimable avec elle réglerait le problème ? Quel con ! Le raté dans toute sa splendeur.

Après un quart d'heure passé à sentir l'eau glisser sur moi, je m'essuie et je sors. J'ai besoin d'espace, de silence et d'air. Je n'ai pas envie de discuter. La douche m'a dégrisé. Quelle horreur cette soirée ! Je ne peux pas dormir contre elle, faire semblant d'apprécier sa présence. Et pourtant c'est ce qu'elle doit imaginer. Elle doit rêver d'une nuit câline. Demain, faut qu'on parle. Ça devient urgent. Je ne peux plus repousser.

Marie me rejoint. Elle me tend une main et demande d'un ton enjôleur :

— Tu viens ?

— Plus tard.

— Je t'attends ?

— Non.

Elle dépose un baiser sur mon épaule gauche et elle repart en ajoutant :

— D'accord mon amour.

Mon amour ? Mon amour ! Bien sûr, qu'est-ce que j'espérais ? Que je suis con ! Je frappe le sol de mes deux poings. Trop de colère accumulée en moi pendant toutes ces années. Faut que je m'échappe de là. Ça devient urgent. Faut que je trouve une solution. Laissez-moi aimer Julien, putain laissez-moi l'aimer. Et toi Marie, vis sans moi, libère-toi de moi. Je ne t'aime pas. JE NE T'AIME PAS. Voilà tout ce que je voudrais hurler, mais les mots restent bloqués dans ma tête. Mon crâne qui tambourine, trop d'alcool, trop de pression, trop de fureur. Je bouillonne à défaut de pouvoir exploser.

Après une heure de ruminations dans la nuit, je rejoins Marie qui s'est endormie. C'est une bonne chose. Je n'aurais pas pu la serrer dans mes bras. Je m'allonge sur le dos et fixe le plafond éclairé par un rai de lune qui se faufile à travers les volets entrebâillés. Je ne trouve pas le sommeil. Le plafond tourne, le lit tangue. Je réfléchis à ce que je vais dire à Marie. Tout est flou. Je n'arrive pas à penser. Des crampes me serrent l'estomac. Je ne sais pas ce que je lui dirai demain, mais je sais que je dois passer à l'assaut. Faut aller au front mon gars. Je me relève, direction les toilettes. Je vomis. Je déteste boire.

***

Marie a savouré ce cadeau inespéré. Cette soirée lui a offert plus qu'elle n'avait imaginé. Elle n'a pas besoin des pilules de Pierre, elle le savait. Elle a retrouvé le nécessaire à son équilibre. Elle et Éric. Éric et elle.

128

Pendant qu'Éric se lavait, elle était restée blottie dans le lit, respirant l'odeur de stupre, de désir, de plaisir, imprégnée dans les draps. Un fumet oublié, mais si délicieux qu'elle le humait avec gourmandise. Vaporeuse, elle effleurait de la pulpe de ses doigts l'étoffe qui avait reçu cette jouissance extatique. Puis elle avait voulu rejoindre son époux sous la douche pour prolonger ce corps à corps, mais il avait fermé la porte à clé. Par réflexe sans doute. Ils ne partageaient plus d'intimité depuis tant d'années que certains automatismes anodins s'étaient ancrés dans leur quotidien. Sans les enfants, et grâce à cette soirée, ils avaient pu se retrouver. Son cœur battait si fort dans sa poitrine, c'était inouï ! Chacun de ses pores s'imbibait de ce bonheur retrouvé. Avec lui.

Quand Éric était sorti de la salle de bains, elle était allée s'admirer dans le miroir. Elle voulait contempler l'éclat de la femme amoureuse et aimée. Ses joues étaient rosies. Ses lèvres traçaient un sourire radieux. Elle avait renoncé à la douche pour retenir l'odeur d'Éric. Puis elle l'avait retrouvé dehors. Il avait refusé de l'accompagner au lit. Elle comprenait. Ce devait être un choc pour lui de réaliser qu'il l'aimait et la désirait toujours. Qu'il souhaitait être avec elle, contrairement à ce qu'il prétendait. Il avait besoin de temps pour apprivoiser cette idée, elle le respecterait.

Au creux de son lit, elle rêve aux deux jours à venir. Pendant ce week-end, ils discuteront, se caresseront, referont l'amour, tendrement, en se dégustant. Il dira à Julien que cette toquade insensée est arrivée à son terme. Dimanche, ils iront chercher leurs filles. Elles seront folles de joie et ils formeront à nouveau une jolie famille. Mais une famille différente. Renforcée par cette expérience. Une famille unie, solidaire, à l'écoute les uns des autres, de laquelle la négligence sera bannie. Une famille debout et épanouie, qui aura résisté au tsunami. À l'avenir, elle prendra soin de son conjoint et de leur mariage. Et si quelques aventures s'avèrent nécessaires à l'équilibre de leur couple, elle s'y conformera. Même avec des hommes, si Éric est effectivement bisexuel. Car elle ne sait toujours rien des préférences de son époux. Rien ne lui prouve qu'il soit réellement attiré par les hommes, l'épisode Julien pouvant se résumer à un égarement. Elle lui expliquera tout ça au cours de ce week-end.

Les yeux mi-clos, Marie attend le retour de son homme qu'elle a envie de serrer contre elle. Elle flotte. Elle considère que les sombres moments de la vie existent pour rendre les suivants plus lumineux. Que ce qui est estimé comme une épreuve se révèle être un cadeau. Qu'il ne faut jamais abandonner. Qu'il n'y a plus d'espoir uniquement si nous décidons qu'il n'y en a plus. Qu'il y a de l'espoir tant que l'on continue d'y croire et d'avancer. Que tout a un début et une fin. Et que la fin de sa souffrance vient de sonner. Parce qu'elle n'envisageait pas d'autre issue que celle-ci.

Pas sans lui. C'était une évidence.

Paola avait tort. Elle n'est pas cette femme qui dort sur un paillasson à attendre un signe de son ex-compagnon. Son histoire avec Éric est au-delà de ça. C'est une histoire qui peut tout supporter, tout encaisser et revivre à nouveau. Elle a eu raison de s'entêter à le reconquérir. Ce n'est pas de la dépendance, c'est de l'amour. Tout simplement. Rien de plus. Un amour qui l'apaise, qui fait taire ses angoisses, qui la porte, la fait se sentir vivante.

Rêvassant à leur avenir, apaisée par l'alcool et les hormones du plaisir, elle finit par sombrer, sans avaler le moindre médicament.

***

Marie a préparé des gaufres, une salade de fruits, pressé des oranges fraîches, fait couler du café. Elle a dressé la table du petit-

130

déjeuner dans la cuisine où brûle un bâton d'encens. Elle souhaite que l'atmosphère de ce réveil prolonge leur « nuit d'amour ». Elle attend son époux, vêtue d'une nuisette rouge transparente achetée la veille. Les piaillements des oiseaux inondent la pièce, accompagnés d'un soleil lumineux. Elle adore cette saison, symbole du renouvellement, en harmonie parfaite avec cette journée.

Quand il se lève, elle l'accueille tout sourire.

— Bonjour mon amour, susurre-t-elle se collant contre son torse.

Il recule sans répondre ni la regarder, mais elle n'en prend pas ombrage. À la fin du week-end, après quarante-huit heures à se reconquérir, l'évidence de leur couple s'imposera à lui et il l'acceptera sans états d'âme.

— Gaufres et jus d'orange maison. Que désires-tu ?

— Rien, je me servirai.

— Non, installe-toi mon amour. Je veux m'occuper de toi, insiste Marie d'une douce voix.

Éric abdique et s'assied. Il attend ce moment avec impatience et angoisse, d'autant plus qu'il a peu dormi et qu'il a la gueule de bois. Raisonner son épouse sur l'échec de leur relation s'annonce ardu. Mais il refuse de rejouer les simagrées de la veille au soir. Impossible.

— Tiens mon chéri. Régale-toi.

Elle dépose une assiette devant lui et un baiser dans son cou. Il la repousse d'une main. Elle le dégoûte et le souvenir de leurs ébats l'écœure. Il déteste la voir se trémousser en petite tenue devant lui, minaudant, roucoulant.

— Laisse-moi, exige-t-il, accompagnant son geste de mots secs.

— Mais, mon chéri, qu'est-ce qui t'arrive ?

— Assieds-toi, il faut qu'on parle.

Le sourire de Marie s'évanouit, ses yeux se voilent. Elle fait glisser la chaise face à celle de son conjoint et s'y installe, obéissante. Son cœur a subitement cessé de battre. L'attitude de son époux ne présage rien de bon.

— Parler de quoi ? demande-t-elle d'une voix blanche.

— De nous.

— Mais quoi nous, Éric ? Quoi nous ? C'est bien, nous !

— Faux. Ça peut plus durer et tu le sais.

— Mais si, on peut continuer. Bien sûr que si. Hier soir, on s'est retrouvés. C'est tout ce dont on a besoin. De temps pour nous retrouver. S'il te plaît.

— Hier soir, c'était une erreur.

— Non, non, s'oppose Marie qui commence à monter dans les aigus. Désolée mais je ne comprends pas. Ce n'était pas une erreur. L'erreur c'est tout ce qui s'est passé avant. Toi et Julien. Mais ça s'efface. Moi j'arriverai à tout oublier, tout pardonner. J'accepte tes aventures si tu as besoin de ça. Tout, pourvu qu'on reste ensemble.

— Mais je ne t'aime plus Marie. Je ne t'aime plus, insiste Éric, en haussant le ton et en détachant chacun des mots.

— Tu te trompes. Tu mens. Tu m'aimes encore. Tu refuses de le voir, mais c'est moi que tu aimes. Pas lui. La preuve : hier soir, tu m'as fait l'amour.

— Je t'ai pas fait l'amour, je t'ai baisée. Tu saisis la nuance ?

— Comment oses-tu dire ça ? sanglote Marie. C'était beau, c'était tendre, on se retrouvait.

— C'était pas tendre. Toi ou une autre, ç'aurait été pareil.

— Salopard.

Elle lui jette un verre d'eau à la figure. Éric s'essuie le visage avec un torchon posé sur la table. Il lui lance un regard noir :

— Si tu n'arrives pas à te maîtriser, je pars et tu me revois plus.

— Non, désolée. S'il te plaît, pardonne-moi, implore-t-elle, tremblante, en essayant de lui attraper la main par-dessus la table, main qu'il retire instantanément, comme brûlée par le feu. On y arrivera, on trouvera des solutions pour Lilas et Manon. Pour nous. Moi je t'aime et j'aimerai pour deux. Si tu as besoin de voir Julien ou un autre de temps en temps, pourquoi pas ?

Elle perd la maîtrise de ses mots et de son corps. Acculée, assoiffée d'amour, elle est disposée à endurer l'inadmissible.

— On continue de vivre ensemble et tu vois Julien si ça te rend heureux. Mais aime-moi. Ne m'abandonne pas, là. Pas toi. Ne me quitte pas. Prends-moi dans tes bras s'il te plaît, prends-moi dans tes bras, le supplie-t-elle en s'approchant de lui. Je ne peux pas vivre sans toi.

Éric frotte son visage de lassitude et respire amplement pour recouvrer son calme.

— Non. Retourne t'asseoir, ordonne-t-il à Marie, agenouillée devant lui.

— S'il te plaît mon amour, aime-moi, serre-moi, insiste-t-elle s'accrochant aux jambes du militaire.

— Tu veux mon bonheur ?

— Oui. Je ne veux que ça.

— Alors retourne t'asseoir et discutons, j'ai une proposition à te faire.

Marie essuie ses larmes d'un revers de main. Elle obtempère et regagne sa place, pleine d'espoir.

— Admets que la situation ne peut pas durer. Notre vie commune et ton comportement. Tu vas mal en ce moment.

— Mais ça ira tu sais, le coupe Marie, toujours convaincue que la solution viendra d'elle. J'ai vu Pierre jeudi, il m'a donné plein de médicaments. Je peux les prendre maintenant.

Elle se lève pour lui prouver sa bonne volonté.

— Reste assise, ordonne-t-il, en l'attrapant vivement par le bras pour la maintenir à sa place.

— D'accord. Mais je vais aller mieux. Je te le promets. J'ai juste besoin de toi. Si tu restes avec moi, je retrouverai ma santé, ne t'inquiète pas pour ça. C'est juste toi qui me manques.

— J'ai décidé de partir et de demander le divorce. Je souhaite simplement que tu gardes le silence à propos de Julien et moi. Ce n'est pas à toi de parler de tout ça aux autres.

Les mots parviennent floutés à la jeune femme qui ne les décode pas. « Partir ». « Divorce ». « Silence ». « Julien et moi ». Elle fixe Éric sans déchiffrer ses propos. Elle a mal entendu. Son cerveau défaillant, à cause du manque de sommeil, de l'abus d'alcool, interprète de façon inexacte son environnement. Il ne peut pas les quitter, elle et leurs enfants, pour un gamin de moins de dix-sept ans. Un garçon. Son neveu. Cette décision absurde, dénuée de sens, est une monumentale erreur. Son mari a perdu la raison. Devant son absence de réaction, Éric surenchérit :

— Marie ? Tu m'as entendu ? Je veux qu'on se sépare.

Six mots qui claquent telle une sentence, ressuscitant l'épouse accablée.

Mue par une force subite, comme si quelqu'un s'était emparé de son corps, Marie se jette soudainement sur Éric. Elle clame d'une voix sortant d'outre-tombe, saisissant enfin la requête de ce dernier :

— Tu me quitteras pas. Tu m'entends ? Je te l'interdis.

Elle attrape le militaire par son tee-shirt et le secoue violemment. Elle l'empêchera de mettre à exécution ses projets. Surpris par ce brusque sursaut d'agressivité, il se fige quelques secondes. La douce amante s'est métamorphosée en une harpie incontrôlable. Éric la repousse d'un geste vif, elle recule de quelques pas et revient en courant vers la table, jetant au sol ce qu'il y a dessus. Elle hurle :

— Tu t'es servi de moi. Tu m'as traitée comme une merde. Tu ne m'as jamais soutenue. Et aujourd'hui tu veux t'enfuir avec ton amant et tu veux que je me taise ! Désolée mais jamais, tu m'entends, jamais ! Si tu pars, je raconte tout. TOUT. Je vous détruirai, toi et ton gigolo.

Éric, sous le choc, ignore comment calmer son épouse. Elle tremble, elle parle d'une voix étrange, rauque, grave, ses yeux lancent des éclairs. Elle devient agressive, insultante et violente. De la vaisselle brisée est répandue sur le sol, elle s'est entaillé les pieds, elle saigne et ne s'en est même pas aperçu. Elle ressemble à une folle avec ses cheveux ébouriffés, les traces de rimmel sous ses yeux cernés, sa nuisette tachée de nourriture. Sa femme est malade. Malade d'amour sûrement, mais il ne peut rien pour elle. Leur couple a basculé dans l'irréparable. Il souhaite en finir.

— Ne fais pas ça. Ne dis rien aux autres, insiste-t-il d'une voix blanche.

— Pourquoi je me tairais ? Pourquoi je vous rendrais service ? Ma vie est devenue un cauchemar à cause de vous. Et tu voudrais que je vous protège, là ? Désolée mais non, tu crois au père Noël, ricane-t-elle.

— Tu le regretteras.

— Et pourquoi ?

À court d'arguments, Éric se lève et se dirige vers la chambre où il rassemble des affaires dans un sac. Marie, immobile, hagarde, observe autour d'elle. Elle remarque les tessons de vaisselle qui brillent à terre sous les reflets du soleil, le sang qui coule de ses pieds. Son corps tremblant s'amollit. Elle compresse sa tête entre ses mains. Les larmes recommencent à rouler. Les oiseaux, indifférents à son désarroi, continuent leur concerto. Comment en sont-ils arrivés là ? Elle reprend peu à peu ses esprits.

— Qu'est-ce que j'ai fait ? Mais qu'est-ce que j'ai fait ? murmure-t-elle.

Elle découvre la scène qui vient de se dérouler. Elle en était la protagoniste pourtant, elle a la sensation de l'avoir vécue de l'extérieur. Elle grelotte. Des haut-le-cœur secouent sa poitrine. Ses pieds saignent. Son âme saigne. Éric la fuit. Cette pensée cogne dans son esprit, aussi elle se dirige vers la chambre, lentement. Sa colère est retombée. La béance a repris sa place, un vide effroyable la pétrifie lorsqu'elle réalise qu'il met sa menace à exécution. Elle s'arrête à la porte et chuchote :

— Reste. S'il te plaît, reste.

Éric interrompt son tri de vêtements, atterré par le spectacle qu'elle renvoie. Il tranche avec douceur et fermeté :

— Non, Marie. On se détruit tous les deux. Notre histoire ne ressemble à rien. J'ai bientôt quarante ans, il faut que je commence à vivre. Et toi aussi.

Marie pleure en silence, immobile, apathique. Elle le regarde effectuer ses préparatifs. Il a fini son sac, il l'attrape.

— Je pars quelques jours. Réfléchissons chacun de notre côté pour savoir comment organiser notre divorce.

Quand il arrive à sa hauteur, il s'arrête quelques secondes :

— On s'appelle en fin de semaine prochaine. Salut.

Elle ne bouge pas. Le temps est suspendu. Elle est impuissante. Spectatrice. Tout ça, tout ce qui se passe là, ce n'est pas elle, ce n'est pas sa vie. Elle visionne un mauvais film. Rien d'autre.

Éric avance de quelques pas dans le couloir puis se retourne et l'interpelle :

— Marie ?

Elle le fixe sans répondre.

— Prends tes médicaments. Tu en as besoin.

Et il repart.

Marie, restée dans l'encadrement de la porte, entend la moto démarrer. Réalisant qu'il la quitte, elle court jusqu'au garage malgré la douleur sous ses pieds. Éric s'apprête à mettre son casque.

— Ne pars pas. S'il te plaît, ne pars pas.

— Laisse-moi. Ça n'a pas de sens.

— Non, arrête. Je ne peux pas vivre sans toi. Tu le sais. S'il te plaît, s'il te plaît, s'il te plaît.

— Putain, mais qu'est-ce que tu comprends pas ? lâche-t-il excédé. Je veux plus de cette vie. Nous deux, c'est fini. Fini ! Admets-le bordel !

— Non Éric, explique-moi comment te convaincre. Dis-moi ce que je peux faire pour nous, pour toi.

— La seule chose que j'attends de toi, c'est que tu te taises au sujet de Julien et moi.

Éric enfile son casque, monte sur la moto et relève la béquille. Marie tente de le retenir en s'accrochant au guidon, manquant de le déstabiliser. Il comprend qu'elle ne le laissera pas en paix, alors il avance en force dans un vrombissement. Elle lui court après dans la rue, lui hurlant de ne pas l'abandonner. Elle offre un piètre spectacle aux rares passants. Au bout de cinq cents mètres, la moto a disparu de son champ de vision et elle capitule. Elle s'effondre contre un arbre, les pieds aussi rouges que son déshabillé, les cheveux en bataille, des traces noires de maquillage sur son visage. Quelques minutes plus tard, une dame âgée l'approche, souhaitant lui apporter son aide. Marie rassemble toutes ses forces pour affirmer que tout va bien. Elle se lève et se dirige vers sa maison.

***

Je roule en direction des plages. On va pas s'en sortir, putain, on va pas y arriver. C'est un cauchemar sans fin. Pourquoi j'ai couché avec elle ? Et dire que j'avais décidé de régler la problématique du divorce… Tout faux mon gars.

Nager. Pour l'instant c'est tout ce que je veux. Puis je prendrai une chambre d'hôtel pour plusieurs nuits. Si elle n'alerte pas l'armada, j'aurai une sacrée chance. J'aurais dû me taper la mef[7] devant toute cette mise en scène. Quel con je suis ! Retour à la case départ. Et maintenant ? On fait quoi ? C'est de pire en pire cette histoire. Faudrait que je prévienne Julien. Mais je n'ai pas envie de lui téléphoner pour lui dire : « Au fait, j'ai couché avec Marie hier soir ! ». Ce serait lui faire du mal pour rien. Il ne comprendrait pas. Même moi je ne comprends pas. Je déteste boire.

J'accélère pour m'enfoncer au plus vite dans l'océan. Je veux forcer avec mon corps pour calmer ma tête. Je réalise à quel point je continue d'être une marionnette. La marionnette de Marie cette fois. Car la suite va dépendre de sa réaction. Si elle est en train de baver auprès de Cathy, je suis mort…

Inutile d'échafauder des hypothèses. Je verrai au fur et à mesure et je n'aurai pas d'autre choix que m'adapter. Si Marie se tait, je me laisse une semaine pour réfléchir avant d'agir. Au calme. Froidement.

Je nage deux heures sans m'arrêter. Puis je me mets en quête d'un hôtel pas trop cher sur Bordeaux. Après quelques essais infructueux, j'en trouve un qui a des dispos. Je m'installe dans une chambre glauque, qui donne sur une petite rue sombre. Quarante-cinq euros la nuit sans petit-déj, sans télé. À ce prix, faut pas espérer grand-chose. Et je suis pas en voyage touristique. Je déballe mon barda et je m'allonge sur le lit. Mon téléphone sonne sans cesse. Je l'éteins. Je sais que c'est l'autre. Mon cerveau tourne à vide. C'est pas aujourd'hui que je trouverai une solution. Alors je

---

[7] Taper la mef : se méfier en argot militaire

me déshabille et, en slip, j'enchaîne les pompes, les squats et les abdos jusqu'à épuisement, à même ce sol à moitié crade.

En fin de journée je sors acheter à manger. Je n'ai rien avalé depuis hier soir. Je suis resté barbouillé de cette beuverie. J'emporte mon repas et je me rends au bord de la Garonne. Quand le soleil se couche, je retourne dans la chambre miteuse et je m'écroule comme une bûche.

***

Arrivée chez elle, Marie se blottit dans son lit et pleure, pleure, pleure, pleure. Ses yeux brûlent. Elle appelle Éric. Encore et encore. Mais il ne répond pas. Il ne répond jamais. C'est atroce. Une plaie qui suinte, lancinante, récidivante. Elle n'avait pas atteint le terme de son supplice comme elle se l'imaginait ce matin. C'était juste une pause. Un fragment éphémère de béatitude. Une illusion du bonheur qu'elle a crue authentique. Tout ce qu'elle a vécu jusqu'à présent ne représentait qu'un extrait, un microscopique échantillon de souffrance condensée.

À présent, il est parti. Il l'ignore. C'est insupportable. C'est insoutenable. Un calvaire inconcevable. « *Ne me quitte pas… Laisse-moi devenir l'ombre de ton ombre, l'ombre de ta main, l'ombre de ton chien* ». C'est honteux, c'est douloureux, c'est laid de s'abaisser à ce point, mais oui, tout, pourvu qu'il ne la quitte pas. Même dormir sur un paillasson. Même devenir l'ombre de sa main. La petite Marie souffre, elle est seule, elle hurle mais personne ne vient la réconforter. Et Marie, l'épouse bafouée, en crèverait de cette solitude, de la fuite de son conjoint.

Elle lui laisse une multitude messages, lui envoie tout autant de SMS, tous aussi contradictoires les uns que les autres.

139

Je t'en supplie, reviens. Je ne suis rien sans toi.

Je vais te dénoncer puisque tu m'as rayée de ta vie.

Non, je ne dirai rien, je t'aime trop pour te faire du mal. J'aimerai pour deux, j'aimerai pour toi.

Je vais téléphoner à Cathy de suite et lui raconter ce qui se passe. Ordure.

Désolée, c'est une erreur, mon amour, il faut que tu oublies ce message. S'il te plaît, pardonne-moi. Oublie. Bien sûr que je n'appellerai pas Cathy. Reviens, reviens, reviens, il faut que tu reviennes.

Où es-tu ? Qu'est-ce qui nous arrive ?

On va y arriver, bien sûr qu'on va y arriver. Pardonne-moi.

L'indifférence de son époux la broie. La souffrance nue. À l'état brut. Indicible. Inénarrable. Intolérable. Au bout de trois heures de messages sans réponse, Marie, laminée, a besoin de boire. Elle veut retrouver l'effet anesthésiant de l'alcool, qu'elle a découvert cette semaine. Elle n'a pas déjeuné malgré les bons petits plats préparés le matin même, aussi le rhum agit rapidement. Au quatrième verre, grisée, elle s'assoupit.

Elle se réveille en sursaut en fin d'après-midi à cause de la sonnerie du téléphone fixe. Éric ? Elle se précipite. Trop tard, le téléphone ne sonne plus. Elle retourne à la chambre et consulte son portable laissé sur vibreur. Trois appels en absence et autant de textos. Tous de Paola. Dépitée, Marie repose son cellulaire.

Dépourvue de courage, elle préfère ignorer l'appel. Plus tard. Demain.

Elle se rend dans la cuisine chercher de l'eau, elle a soif. La pièce ressemble à un champ de bataille où les stigmates témoignent de leur dispute : de la vaisselle brisée, des taches de sang séché mouchetant le carrelage, de la nourriture qui jonche le sol. Elle rangera plus tard. Demain.

Elle se sert un verre d'eau et la scène du matin se rejoue devant elle. Éric est parti. Il l'a quittée. Il veut divorcer. Il semble décidé. Il lui a affirmé deux fois en quinze jours qu'il ne l'aimait plus et qu'il envisageait de se séparer d'elle. Elle ne peut plus rien pour eux. Il la fuit. Il la hait.

Il en aime *un* autre.

Un autre…

… mais comment ce genre de chose peut-il se produire ? Pourquoi elle ? Pourquoi tout le monde l'abandonne-t-il ? Pourquoi ? Pourquoi ? Marie serre sa tête entre ses mains. Pourquoi de telles injustices si cruelles ? Elle qui aime sans limites, pourquoi ne reçoit-elle pas en retour autant d'amour ?

Le téléphone fixe recommence à sonner, Marie court dans le salon. Le numéro de Paola s'affiche. Elle ne décroche pas. Paola. Pierre. Les médicaments. Oui, c'est ça, c'est cela qu'il lui faut. Elle part chercher les comprimés et s'installe dans le salon avec les bouteilles d'alcool, puis enclenche un CD de Guns N'Roses, son groupe fétiche. Elle veut du bruit. Elle veut assourdir ses pensées, les noyer dans le brouhaha. Elle veut les dompter et détourner leur attention. Les leurrer. Les faire taire. Oui, les faire taire. Elle veut s'étourdir. Oublier. Arrêter le tumulte cérébral, le flux et le reflux. Et mettre à la place du silence, du néant, une page blanche et immobile. Elle boit. Elle avale des médicaments au hasard. Elle bouge au son de la musique. Elle chante. Mal. Faux. Elle rit. Un peu. Elle pleure. Beaucoup. Elle boit un autre verre et se nourrit de pilules.

Boire, pleurer, chanter, boire, rire, danser, hurler, pleurer, pleurer, pleurer.

Le vide, le vide, le manque, la solitude, la lézarde, la béance.

La douleur, la souffrance, la détresse, la torture, le déchirement.

L'alcool, encore et encore un peu. Les médicaments. Un. Deux. Puis trois. Et un autre encore.

Ça tambourine, ça tape, ça frappe, ça fait mal, ça tourne, ça entraîne, ça valse, ça danse, ça glisse, ça happe, ça virevolte, ça chante.

La vie, la vie, la vie. Non. Pas la vie. Le vide, le vide, le vide. La mort. Mourir. Partir. Effacer. Ne plus ressentir. Ne plus souffrir. Glisser. Se laisser aller, aspirer, emporter.

Le vertige, le puits sans fond, la chute.

L'abîme, l'abysse, le précipice, le trou noir, le noir.

Black-out.

CHAPITRE 14

Marie se réveille au petit matin dans une chambre d'hôpital impersonnelle. Elle a froid. Elle a mal au cœur et au ventre. Pourquoi a-t-elle dormi là ? Elle tourne lentement la tête à droite et voit Paola, affalée sur un fauteuil, dormant assise. Marie rassemble ses souvenirs. Des bribes lui reviennent. Éric et Julien. Le mot fatidique : divorce. L'alcool et les médicaments. Mais Paola, comment a-t-elle su ?

— Paola ? Paola ?

— Mmmm, murmure celle-ci en clignant des yeux.

— Paola, réveille-toi.

— Ah, Marie ! Ça va ?

Paola serre la main de son amie et affiche un sourire le plus détendu possible.

— La trouille que tu nous as fichue ! Qu'est-ce qui t'a pris ?

— J'en peux plus Paola.

— Éric et Julien, c'est ça ?

— Oui. Il veut divorcer.

— Et alors ?

— Je ne peux pas vivre sans lui.

— C'est une croyance Marie, rien d'autre. Une croyance qui fout ta vie en l'air. Ne la laisse pas te diriger. Tu es pleine de ressources, tu peux y arriver sans lui, envisage-le au moins une fois. Je t'en prie. Juste une petite fois.

— Non. Ce n'est pas une croyance, c'est une vérité. Sans lui, plus rien n'a de sens.

— Marie, insiste Paola, fixant son amie droit dans les yeux, écoute ça : il ne t'aime plus. Il te l'a dit.

— Moi je l'aime.

— Arrête. Je comprends ta douleur, mais tu ne peux pas obliger quelqu'un à rester contre son gré. Si tu ne cèdes pas, ta vie deviendra un enfer.

— C'est déjà l'enfer.

— Cette tromperie est horrible, je ne le nie pas. Mais un jour tout ça sera derrière toi, sauf si tu refuses d'avancer. C'est normal de réagir comme ça. C'est tellement…

Paola réfléchit un instant pour choisir le mot le plus approprié.

— … surnaturel ce qui t'arrive. Tu ne peux pas rester stoïque. Mais ce n'est qu'un épisode et tu n'empêcheras pas l'inévitable de se produire. *Consuetudinis vis magna est.* « La force de l'habitude est grande ». Tu t'imagines incapable de vivre sans lui. Pourtant, tu y arriveras. Tu as de la ressource, davantage que tu ne le crois. Ta vie ne se résume pas à Éric.

Pâle, cernée, les traits tirés, Marie pose un regard vide sur son amie. Puis elle détourne la tête. Peu importe ce que pense Paola. Elle, elle sait ce que son cœur lui dicte, même si ça semble déraisonnable.

— Comment je suis arrivée là ?

— Je t'ai appelée hier. Plusieurs fois. Comme tu ne répondais pas, j'ai fini par contacter Éric. Il m'a dit qu'il n'était pas à la maison, sans s'attarder en explications. Je m'inquiétais de ton silence, alors j'ai décidé de passer te voir. Et je t'ai trouvée à demi inconsciente. Je t'ai fait vomir autant que j'ai pu et j'ai appelé les pompiers qui t'ont transportée ici. On t'a fait un lavage d'estomac. Tu as échappé au pire Marie. Tu aurais pu y rester.

— Désolée Paola. Vraiment désolée de ce que je t'ai infligé, s'excuse Marie, honteuse de son attitude.

— Tu n'as pas à t'excuser. L'essentiel n'est pas là. L'essentiel c'est que tu dois affronter la situation et dire la vérité à ta sœur. Ça ne peut plus durer. Tu n'as pas à protéger Éric. Il est homo ? Il assume. Il couche avec son neveu ? Il assume. Le neveu est mineur ? Il assume. Ça lui appartient, c'est son sac à ordures, pas le tien. Plus tu chercheras à le préserver, plus tu te détruiras. Regarde-toi. Tu es méconnaissable et tu as failli mourir. Ça va trop loin. Il faut que ça cesse. Aime-toi Marie. Aime-toi plus fort que tu ne l'aimes. Respecte-toi. Dépasse ta peur de le perdre. Et tout finira bien. Fais-toi aider, sors de cette dépendance qui te brise. Ça prendra du temps mais tu en es capable.

Le silence s'installe. Marie réfléchit aux propos de son amie. Elle conçoit que Paola n'a pas tort, mais songer que sa vie peut s'améliorer sans Éric est inenvisageable. Continuer de la sorte aussi. La situation mérite d'évoluer, d'une façon ou d'une autre.

On frappe discrètement à la porte, et Cathy glisse la tête par l'entrebâillement.

— Je peux entrer ?

— Bien sûr, l'invite Marie en tendant une main dans sa direction.

— Bonjour Paola. Merci de m'avoir prévenue, dit-elle, en lui faisant la bise.

— C'est normal. Je vous laisse discuter. Je crois que vous avez des choses à vous dire.

— Sûrement, approuve Cathy sans se douter de ce que Paola sous-entend par « des choses ». Au revoir Paola. À bientôt, et encore merci.

— Pas de quoi. Prends soin de toi ma belle. Et n'oublie pas, je suis à tes côtés.

Paola embrasse la jeune femme puis s'éclipse à pas de velours.

— Marie, hoquète Cathy. Pourquoi ?

— Ce n'est pas facile à expliquer.

— Tu peux tout me dire à moi. Tu le sais bien.

— Vraiment tout ?

— Mais qu'est-ce qui se passe ? Pourquoi tant de mystères ? Tu me racontes, il y a trois jours, qu'Éric et toi traversez une phase délicate, mais rien de grave, et je te retrouve sur un lit d'hôpital après avoir frôlé la mort.

La jeune femme garde le silence. Par où commencer ?

— Marie ? Qu'a-t-il fait ?

— C'est compliqué.

— Aucun homme ne mérite qu'on veuille mourir pour lui. Tu entends. Aucun.

— Même Stéphane ?

— Même Stéphane. Il est l'un de mes essentiels. Pourtant, jamais je n'envisagerais de me foutre en l'air pour lui. Parce que j'ai des enfants et que je tiens à ma vie, avec ou sans Stéphane. Tu dois faire pareil.

— Tu sais, la théorie… Parfois les enfants ne sont plus une raison suffisante. Je suis incapable d'avancer sans mon pilier. Et quand mon pilier choisit de partir, je m'effondre.

— Il veut que vous vous sépariez ?

— Oui.

— Ça va si mal que ça entre vous ? Je n'ai rien remarqué.

— Et pourtant… T'aurais dû.

— Pourquoi ?

— Eh bien, rétorque Marie, mal à l'aise, ne sachant pas comment aborder le sujet, on venait souvent chez vous. T'aurais pu relever des indices.

— Je n'ai rien noté d'anormal. Il te quitte pour une autre ?

— Non.

— Ah bon ! Je ne pensais pas que ça existait un homme qui quitte son épouse pour personne.

— Je n'ai pas dit qu'il n'y avait personne d'autre.

— Comprends pas.

— Ce n'est pas une autre femme.

Cathy dévisage sa sœur, perplexe, comme si elle craignait de traduire explicitement cette dernière information. Puis elle arrondit ses lèvres et ses yeux, signifiant qu'elle vient d'être frappée par une illumination.

— Tu veux dire que…

Cathy laisse sa phrase en suspens. Marie ne relève pas. Elle voudrait que les mots sortent de la bouche de son aînée.

— Punaise ! Tu veux dire qu'il est pédé ?!

Ce n'est pas tout à fait la réponse qu'attendait Marie, mais elle s'en satisfait.

— On peut dire ça comme ça. Mais je n'aime pas cette expression.

— C'était maladroit de dire ça. Je n'ai rien contre les homosexuels, tu le sais bien. Mais là c'est tellement… wow… C'est tellement complètement dingue ! Punaise, ahurissant ! Enfin, vous êtes mariés, vous avez deux enfants, alors ce n'est pas le genre de truc qu'on envisage.

Cathy, jusqu'alors debout et penchée sur sa sœur, s'enfonce dans un fauteuil. Elle assimile l'information. Elle marmonne des « Incroyable ! », « Ça alors ! », en roulant ses yeux de surprise et en se tortillant sur son siège.

— Ma puce, je suis désolée de ce que vous traversez. Et c'est sans retour ?

— C'est ce qu'il dit.

— Mais quelle horreur ! Tu dois terriblement souffrir. J'ai un peu de mal à me faire à l'idée, je ne suis pas sûre de bien comprendre. Quel choc ! Il veut te quitter pour de vrai ?

— C'est aussi ce qu'il dit.

— Et son travail ? L'homosexualité n'est pas bien vue dans son milieu, si ? Et les filles ? Ses parents ? Sa famille ? Il assume tout ?

Marie ne répond pas. Elle supporte aussi difficilement la compassion de sa sœur que son interrogatoire. Cathy ne détient pas l'élément majeur de cette mésaventure, que Marie souhaite lui révéler autant qu'elle le craint. Taire la situation devient intenable, Paola a raison. Dénoncer les amants pourrait bouleverser le cours de l'histoire en sa faveur. Elle est certaine que Cathy et Stéphane s'opposeront à la relation de Julien et Éric. Privé de Julien, son mari lui reviendra, sans l'adolescent, il n'aurait même pas envisagé une rupture. S'allier à Cathy et Stéphane en les en informant devient l'unique issue. Cette conclusion s'impose comme une évidence puisqu'Éric veut mettre ses menaces de divorce à exécution.

Cathy interrompt les pensées de sa cadette.

— Je suis désolée Marie. Je te pose plein de questions alors que tu es très fatiguée.

— De toute façon, on devra en parler.

— Rien ne presse. Je ne suis pas sûre d'être d'un grand secours. Je peux t'aider à quelque chose ?

— Non, je ne crois pas.

— Les filles sont chez leurs grands-parents ?

— Oui.

— Bien. Si tu as besoin, tu n'hésites pas. Tu le sais.

Marie sourit faiblement en guise de réponse. L'aînée caresse le front de sa cadette. Elles se taisent un moment puis Cathy reprend.

— Et ça dure depuis combien de temps ?

— Quelques mois.

— Il y en a eu d'autres avant ?

— Je ne sais pas. Il me dit que non. Mais il raconte ce qu'il veut, je ne peux pas le passer au détecteur de mensonges.

— Je n'en reviens pas ! C'est si… inattendu. Il cache bien son jeu. C'est dingue de penser qu'un type marié, père de deux enfants s'offre des cinq à sept avec un autre gars. Surtout Éric. Il a l'air si… si droit. Militaire en plus. J'ai peine à y croire.

— C'est pourtant la vérité.

— Mais je te crois, ce n'est pas ce que je voulais dire. Ça paraît simplement invraisemblable. Et les filles, elles savent ?

— Non. Il ne vaut mieux pas.

— S'il te quitte pour habiter avec ce mec, il faudra bien qu'elles sachent.

— Ils ne vont pas habiter ensemble.

— Pourquoi ?

Marie déglutit. Le moment fatidique où elle va devoir annoncer l'horrible nouvelle à sa sœur approche minute après minute.

— Il est mineur.

— Quoi ? s'étrangle Cathy. Mais c'est une plaisanterie ! Mineur comment ? Mineur, mineur ? Ou mineur presque majeur ?

— Il aura bientôt dix-sept ans.

— Attends, dis-moi que je rêve. Tu es en train de m'expliquer que ton mari de quarante balais couche avec un gosse de dix-sept ans. C'est du délire !

Cathy attrape la main de sa sœur.

— Marie, je ne sais pas quoi dire pour te soulager. Même s'il ne mérite pas que tu fasses ça pour lui, je comprends que tu sois à bout. Stéphane ne va pas me croire, ajoute Cathy se parlant à elle-même.

Durant un moment de silence, les jeunes femmes retrouvent les gestes d'autrefois. Marie pleure, Cathy la console en la caressant. Elle lui chuchote des paroles d'encouragement, lui explique qu'elle est présente, qu'elle peut compter sur elle. Marie a confiance, sans l'ombre d'une incertitude, même si elle se doute que la suite du récit va fortement déplaire à sa sœur. Elle doit le lui dire. Maintenant. Si elle recule, elle repoussera encore et encore. Et cette histoire durera. Comment lui dévoiler ? Elle espère que Cathy va lui tendre une perche qui lui permettra d'annoncer l'odieuse liaison le moins abruptement possible.

Cathy reprend :

— Et les parents de ce gamin, ils savent ?

— Pas encore.

— Tu vas leur dire ? Tu dois les alerter, il est mineur.

Le cœur de Marie se met à accélérer. Elle a chaud, la sueur dégouline dans son dos. Cathy remarque son mal-être.

— Qu'y a-t-il Marie ?

— C'est Julien, chuchote-t-elle dans un souffle quasi inaudible.

— Pardon ?

— C'est Julien, reprend-elle en essayant de hausser le ton et en soutenant son regard.

— Quoi Julien ? Qu'est-ce qu'il vient faire dans cette histoire ?

— Le gamin qui couche avec Éric, c'est Julien, ton fils, explique Marie en baissant la tête.

Un rire aigu, comme un tic nerveux, s'échappe de la gorge de Cathy. Puis, fixant sa sœur droit dans les yeux elle rétorque :

— N'aurais-tu pas abusé de calmants ? Déjà, ton histoire est limite crédible, mais là on nage dans la totale science-fiction !

— Non, Cathy, c'est la vérité.

Le rire de cette dernière s'interrompt net. Elle lâche brutalement la main de Marie.

— Tu délires, réplique-t-elle froidement.

Cathy ne s'est jamais adressée ainsi à sa cadette, ce qui étonne Marie. Même si la jeune femme prévoyait une réaction vive, elle ne s'attendait pas à un rejet ni à des accusations. Mais elle va lui expliquer et Cathy devra bien accepter cette triste réalité.

— Je ne délire pas. Je les ai surpris et Éric m'a tout avoué il y a plusieurs semaines. C'est pour ça qu'on ne venait plus chez vous.

Cathy se lève d'un bond et vocifère en direction de sa sœur.

— Tu racontes n'importe quoi. Tu es une menteuse, Marie. Je ne sais pas pourquoi tu racontes ça, mais je sais que tu inventes.

— Écoute-moi Cathy, je ne mens pas. Ça fait…

— Tais-toi, l'interrompt l'aînée en criant. Regarde-moi bien Marie. Mon fils ne couche pas avec ton mari. C'est clair ? Tu vas arrêter de raconter des conneries. Et même si c'était le cas, alors ce serait un viol. Julien ne peut pas être consentant d'une ordurerie pareille.

— Je comprends que tu ne veuilles pas l'entendre. Pour moi aussi c'est dur. Regarde où j'en suis. Mais c'est la vérité. La seule et vraie vérité. Ils couchent ensemble et personne n'abuse de personne. Julien est consentant.

— Tu es malade. Pourquoi tu fais ça ? crache Cathy pleine de colère.

— Je ne fais rien. Moi je subis. C'est Éric qui fait. Avec Julien.

— Tu racontes n'importe quoi. Ta gueule !

Marie sursaute. Les colères de sa sœur sont légendaires, toutefois elle n'avait jamais retourné une telle violence verbale contre sa cadette. Pour la première fois, elle doute de sa parole, l'insulte.

— Arrête, Cathy. Laisse-toi du temps pour intégrer ça. Je sais que c'est difficile. Je comprends que tu aies du mal à le croire. Mais ne m'abandonne pas. Ensemble, on peut les ramener à la raison. Aide-moi. Tu as promis que tu serais à mes côtés.

— Pas si tu cherches à nous détruire.

— Mais je ne détruis rien. Je suis une victime, comme toi. Je ne fais que te répéter ce que je sais.

— Tu mens. C'est clair ? Tu es jalouse de ma réussite familiale et sociale, alors que tu as échoué. Pour te venger tu veux nous salir.

— Mais non. Enfin, voyons, je t'aime, je vous aime toi, Stéphane et vos deux fils. Pourquoi vous ferais-je du mal ? Demande à Éric ou à Julien si tu ne me crois pas.

— Je ne demanderai rien à personne parce que j'ai confiance en mon fils. Il ne nous ferait pas ça. Pas à ses parents.

— Et en moi, tu n'as pas confiance ?

— Plus maintenant. Je crois que tu vas mal, très mal, à tel point que tu racontes n'importe quoi. Alors, ouvre grand tes oreilles : je t'interdis, tu entends bien, je t'interdis de parler de ça à qui que ce soit. Après tout ce que j'ai fait pour toi ? J'ai remplacé notre mère quand elle est partie, je t'ai hébergée, nourrie, jusqu'à ce que tu trouves un travail. Je t'ai soutenue quand tu as fait ta dépression, je t'ai toujours aidée financièrement, j'ai écouté tes jérémiades permanentes. Des années que je te porte à bout de bras, même si parfois je n'en peux plus. Parce que je suis l'aînée. Parce que tu n'avais personne d'autre. Et aujourd'hui tu racontes des trucs dégueulasses sur mon fils ? Mais tu es immonde.

Cathy fait les cent, pas, mouline des bras, parle fort. Elle occupe tout l'espace de la chambre, trop petite pour abriter sa hargne. Elle a supporté toutes les faiblesses de sa cadette même si elle ne les comprenait pas. Mais aujourd'hui, elle va trop loin. Inventer une horreur pareille pour justifier son mal-être, c'est du grand n'importe quoi !

À bout de forces, Marie recommence à pleurer. La situation lui échappe et prend la tournure opposée à celle attendue. Comment peut-elle se fourvoyer de la sorte à chaque fois depuis quelques semaines ?

— Et cesse de chialer ! Tu sais faire que ça. Comporte-toi en adulte responsable, punaise ! Tu vas mal, ton mari te trompe et veut te quitter. C'est pas une raison pour nous salir. Tu arrêtes de colporter des rumeurs abracadabrantes et j'essaierai d'oublier ta trahison. Sinon je te fais enfermer. Ta place est bien à l'hôpital, mais à l'hôpital psychiatrique. Mythomane !

— Pourquoi tu me menaces ? Je n'ai rien inventé. Le déni est plus simple, mais tu finiras par admettre leur liaison. Crois-moi, s'il te plaît. Je t'aime, en aucun cas je ne veux te nuire. Et je ne suis pas folle. Juste épuisée de ce que je vis.

— Te fatigue pas. Quiconque s'attaque à mes gosses se frotte à moi. Même toi Marie. Je t'ai protégée, j'ai toujours été présente pour toi. Et c'est comme ça que tu me remercies ? Tu n'es qu'une ingrate. Si je dois choisir entre toi et mon fils, je ne me pose même pas la question. Mes enfants comptent davantage. Alors, change immédiatement d'attitude.

— Mais je n'ai rien fait, rien, chuchote Marie dans un sanglot.

— Si, tu fais, avec tes mensonges. Tu craches sur nous. Tu nous attaques sans raison, juste parce que tu vas mal et que tu cherches des coupables.

— Cathy, rappelle-toi, tente de se défendre Marie. On venait souvent il y a quelques mois, dès qu'Éric ne travaillait pas. Julien et Éric sortaient tous les deux, je les ai surpris dormant dans le même lit, je suis sûre que tu les as vus aussi.

— Je n'ai rien vu du tout. Et quand bien même, ça ne prouve rien.

— Ça ne t'intrigue pas cette amitié entre deux hommes avec un tel écart d'âge ?

— Non. Éric voulait un fils, t'as pas été foutue de lui en donner un.

Marie encaisse le coup bas. Face à la violence des propos de sa sœur et épuisée par sa tentative de suicide, elle s'écrase. Elle n'a pas la force de la contrer. Cathy continue ses accusations sans se soucier de la peine qu'elle inflige à sa cadette. Comme si elle s'autorisait enfin à laisser exploser une colère contenue contre Marie depuis des années.

— Alors il a pris Julien sous son aile. Comme un fils. Comme il l'aurait fait avec son propre fils s'il en avait eu un. Voilà l'explication. Je ne vois pas de mal à ça. Il n'y a que toi et ton esprit tordu pour concevoir de telles cochonneries.

— Je te répète que ce ne sont pas des mensonges. Crois-moi, je t'en prie. Je t'en supplie Cathy, ouvre les yeux et accepte les faits. N'en fais pas une affaire personnelle. Rien n'est dirigé contre vous dans cette histoire. Mais si tu me quittes, je ne surmonterai pas cette épreuve. J'ai besoin de toi. J'ai aussi mal que toi. Ensemble on y arrivera. Cathy, écoute-moi, l'implore Marie.

Mais Cathy ne l'écoute plus. Elle attrape son sac et part sans lui dire au revoir. Les murs tressaillent. Marie sursaute. Une fois de plus, la situation se retourne contre elle. Elle se remémore les propos de sa sœur « Il n'y a que deux clans dans la vie : ceux qui sont avec toi et ceux qui sont contre toi ».

Ce soir, elle a perdu son époux et sa sœur. À quoi bon avoir survécu ?

CHAPITRE 15

Les talons de Cathy résonnent dans les couloirs de l'hôpital. Rapides. Secs. Elle bouscule une aide-soignante sans même s'excuser. Elle rejoint sa voiture et démarre sur les chapeaux de roue. Elle a posé une journée de repos en urgence pour ça ? Pour écouter des conneries pareilles ! Pour une menteuse pleurnicheuse incapable de se suicider dans les règles ! Comment ose-t-elle colporter de telles saletés sur son fils ? Qu'elle raconte les mensonges qu'elle veut sur son propre mari si ça l'enchante, mais qu'elle ne mêle pas Julien à ces horreurs. Ça non. Sa mère a échoué, sa sœur a échoué. Mais pas elle. Elle sait tout de son mari, de ses fils. Ils entretiennent une relation saine. Ils ont construit une famille solide. Personne ne brisera ça.

Les bouchons ralentissent sa route et achèvent d'accroître sa colère. Elle klaxonne.

— Mais tu la bouges ta caisse, oui ?

Elle arrive enfin à destination. Les pneus crissent sous le coup d'un freinage abrupt. Elle court jusqu'à l'entrée et tambourine.

— Ouvre, Éric ! Ouvre !

Pas de réponse. Elle envoie un coup de pied dans la porte. Elle recommence à frapper de ses poings.

— Ouvre. Faut qu'on parle !

Elle réalise qu'à cette heure-là, il travaille. À moins qu'il ne se soit rendu au chevet de sa femme. Elle tente de l'appeler sans succès. Elle hésite à laisser un message et décide que débattre de vive voix s'impose. Elle raccroche, remonte dans sa voiture et rentre chez elle. Le lundi, la boucherie est fermée, aussi Stéphane est à la maison.

Elle remarque l'absence de la moto de Julien. Parfait. Il a dû rejoindre des copains pour la journée. C'est mieux comme ça.

Cathy a quitté son travail précipitamment sans le prévenir de la tentative de suicide de sa sœur, alors dès qu'il voit son épouse arriver, Stéphane comprend immédiatement qu'un incident s'est produit. Il sort de la piscine et l'interroge du regard. Cathy explose et lui relate les derniers évènements. Stéphane écoute, silencieux, choqué. Le monologue est entrecoupé d'insultes à l'égard de Marie. Cathy s'est toujours montrée maternelle envers sa sœur. Il peine à croire qu'elle évoque sa cadette en ces termes grossiers. Il en conclut que l'intensité de la douleur justifie les propos de sa femme face aux calomnies de Marie.

Quand elle a fini de lui exposer la situation, il la prend dans ses bras et la serre contre son torse, lui embrassant le front.

— T'inquiète pas princesse, on démêlera tout ça.

— Comment ?

— On va faire le point avec Éric et Julien.

— Mais c'est des conneries tout ça. Punaise, Stéphane, ne me dis pas que tu la crois ?

— Bien sûr que non. Mais pourquoi raconte-t-elle tout ça ? Peut-être qu'un des deux le sait. J'appelle Éric pour qu'il passe ce soir. On discutera face à face, ça simplifiera la mise au point.

Rendez-vous est pris pour le soir même. Cathy grimpe alors à l'étage, montant les escaliers deux à deux.

— Qu'est-ce que tu fais ?

— Fouille de la chambre de Julien, explique-t-elle sans se retourner.

— Attends, tu ne vas pas faire ça !

Stéphane l'a rejointe. Elle est postée devant la chambre de leur fils, une main sur la poignée.

— Si. Je veux en avoir le cœur net.

— Mais tu viens de dire que tu n'y croyais pas.

— Oh Stéphane, je ne sais pas. Je ne sais plus. J'ai agi sous le coup de la colère, mais… et si Marie disait vrai ?

Stéphane regarde son épouse, perplexe.

— Tu crois sérieusement que Juju, notre Juju, pourrait coucher avec un homme de quarante ans ? Son oncle ?

— Je sais plus. C'est vrai qu'ils sont très proches. Plus qu'un oncle et neveu ne le devraient non ?

— Ils s'apprécient et moi je trouve ça plutôt cool. Tu ne sais pas ce que c'est qu'avoir une famille, mais regarde, tonton Jacquot et moi, c'est comme un deuxième père pour moi.

Cathy souffle, perdue. Elle appuie sur la poignée, décidée.

— Peut-être. Je ne sais pas. Regardons quand même dans sa chambre, ça nous aidera à y voir plus clair.

Cathy entre et commence immédiatement à fouiner dans les tiroirs du bureau de son fils. Stéphane, mal à l'aise à l'idée de fouiller dans l'intimité de son propre enfant, reste quelques secondes sur le pas de la porte avant d'imiter son épouse. Après tout, si ça peut la rassurer.

Plus d'un quart d'heure après une inspection minutieuse à deux, ils doivent se rendre à l'évidence. Rien dans cette chambre d'adolescent ne vient confirmer la sordide histoire rapportée par Marie. Cathy a eu raison de ne pas la croire.

***

Qu'est-ce qu'elle a fait, putain ? Elle dévisse complètement. Cette histoire est un cauchemar. OK elle est fragile, mais pas à ce point ! Elle s'est mise à boire, avec les médocs, elle a fabriqué un cocktail Molotov.

Stéphane m'a demandé de passer chez eux ce soir « On a à parler ». Ça n'augure rien de bon, ils doivent être au courant. J'ai laissé un message à Julien, je n'ai pas réussi à le joindre.

On niera tout en bloc. Il n'y a pas d'autre solution.

Après le travail, je récupère mes affaires dans l'hôtel miteux puis je me rends chez mon beau-frère et ma belle-sœur, mort de trouille. Julien n'est pas arrivé. C'est Stéphane qui m'ouvre et on rejoint le salon où Cathy attend. Elle est furieuse, et même Stéphane ne réussit pas à la calmer. Elle hurle, elle fait les cent pas, elle crie au scandale. Elle me résume la situation et finit par :

— Fais taire ta femme, elle raconte n'importe quoi. Si elle continue, elle l'emportera pas au paradis.

Elle me dit qu'elle est malade, qu'il faut la faire soigner, qu'elle a déjà fait une dépression avant que je la rencontre. Je n'en savais rien, Marie ne m'en a jamais parlé. Je sens mon téléphone vibrer à plusieurs reprises. Ce doit être Julien qui panique, je ne peux pas décrocher.

Cathy m'explique qu'elle sature de gérer sa sœur incapable de se prendre en charge. Elle a toujours pris soin d'elle, l'a soutenue en toute situation et aujourd'hui, Marie se retourne contre elle. Cathy est un flot de paroles continu qui déverse sa rage contre sa cadette. Elle tient des propos violents et démesurés, mais ça m'arrange. Elle est tellement en colère contre sa frangine qu'elle n'envisage pas une seconde qu'il y ait un fond de vérité.

Puis Julien arrive. Cathy le prend dans ses bras :

— Mon chéri, si tu savais ce que ta tante raconte sur toi et Éric. C'est odieux !

Elle s'effondre, relâchant toute la tension accumulée ces dernières heures. Julien la serre sans un mot. Stéphane attrape Cathy par le bras :

— Viens ma princesse.

Il l'emmène à l'étage pour lui permettre de se calmer. J'en profite pour expliquer les évènements à Julien. Ses yeux trahissent sa panique, il passe la main dans ses cheveux.

— Qu'est-ce qu'on va faire ? s'inquiète-t-il.

C'est plus fort que moi, je m'approche de lui et le serre contre moi. Je sais que c'est risqué, mais on en a besoin tous les deux.

— Lâche mon fils de suite ! hurle Cathy du haut des escaliers.

Je m'éloigne promptement.

— Qu'est-ce que tu faisais, sale pervers ? demande-t-elle en venant vers nous, suivi par Stéphane.

— Rien. Il était choqué par la situation, je le rassurais. Rien de plus.

— Mais maman, qu'est-ce qui te prend ? Il n'a rien fait de mal. Elle est tout près de moi, me regarde d'un air menaçant.

— Tu touches un cheveu de mon gosse, je te crève.

— Oh calme-toi Cathy ! Tu dérailles ! Je ne fais pas de mal à Julien.

— Ma princesse, stop. Éric a bien le droit de prendre Julien dans ses bras pour le réconforter. C'est son oncle tout de même !

Cathy nous fixe tour à tour, hébétée. Puis elle se prend les tempes entre les mains, secouant la tête. Elle lève vers moi son regard embué.

— Pardon Éric. C'était idiot de réagir ainsi. Mais je n'oublie pas les mots de Marie, même si ça paraît invraisemblable, elle a réussi à semer le doute en moi. Je ne saisis pas le but de ses mensonges. Pourquoi elle raconte ça ?

Je pose ma main sur son bras.

— T'inquiète pas Cathy, je comprends ta réaction. Je ne sais pas non plus pourquoi elle a pété un plomb et raconte ces âneries.

— Éric, Julien, promettez-moi que Marie ment.

Je retire ma main et la fixe sans sourciller.

— Bien sûr qu'elle ment ! Qu'est-ce que tu t'imagines ?

Mon ton sec alerte Cathy. Elle me défie du regard.

— Rien, je n'imagine rien. Explique-moi simplement pourquoi ta femme raconte ça.

— Maman, arrête, intervient doucement Julien resté jusqu'à présent silencieux. Marie ment, je te le promets. T'en prends pas à nous.

— Il a raison ma princesse, renchérit Stéphane. Je comprends ta colère, et moi aussi j'en veux à Marie de jeter le trouble dans notre famille, pour des raisons qui nous dépassent tous. Mais accuser Julien et Éric n'a pas de sens. Tu réalises l'absurdité des propos de ta sœur ? Toi-même tu dis que tout cela est impossible.

Cathy se radoucit à nouveau.

— Tu as raison. Pardon, Juju, d'avoir douté de toi. Elle ment. Bien sûr qu'elle ment.

— Oui, maman. Bien sûr.

— Je ne sais pas ce qui se passe dans sa tête en ce moment, mais je ne la laisserai pas nous séparer.

Je saisis la balle au bond.

— Elle va mal depuis quelque temps. Quant à savoir pourquoi elle a inventé toute cette histoire, c'est un mystère.

Cathy prend à nouveau Julien dans ses bras, puis Stéphane les enlace tous les deux. La tension a baissé d'un cran. Nous allons nous asseoir sur les canapés et la conversation reprend. Cathy affirme qu'il faut interner Marie en hôpital psychiatrique. Qu'elle perd la tête. Qu'il faut la faire soigner. La faire enfermer… Je ne sais pas… Cette solution est si abrupte et tellement éloignée de ce que j'avais envisagé. Je savais que Cathy serait en colère si elle découvrait la vérité. Je pensais qu'elle serait en colère contre moi, pas contre sa sœur ! Je dis à Cathy que je vais y réfléchir.

Nous passons à table mais ni l'appétit ni l'entrain ne sont de la partie. Le dîner est vite expédié. Tout au long du repas, je sens bien les regards suspicieux que ma belle-sœur pose sur moi. Quant à Julien, il m'ignore tout aussi soigneusement que j'évite de croiser ses yeux. Il quitte la table avant la fin du dîner, prétextant la fatigue. Cathy le serre contre elle encore une fois. Les bises qu'il dépose sur mes joues sont désagréables. Il ne me regarde pas, moi non plus. Je lui dis sur un ton neutre « Bonne nuit, Julien ». Je pars peu après, promettant à Cathy de penser à sa proposition, et je rentre chez moi.

Je suis stoppé net par l'odeur dès l'entrée. J'avance et je trouve une cuisine et un salon sens dessus dessous. Du sang séché, de la vaisselle cassée, de l'alcool, l'odeur de vomi. Quel spectacle nauséabond. J'ai vécu la guerre, les morts, le combat. Mais là, ça n'a rien à voir. Ce champ de bataille appartient à l'histoire de ma vie. C'est minable. C'est ça ma vie ? Sans réfléchir, j'envoie un SMS à Julien.

J'ai besoin de lui, pour savoir que toute cette merde n'existe pas pour rien. J'ai besoin qu'on se parle après cette soirée de mensonges. Je reste figé quelques instants à regarder ce spectacle de désolation, puis mon téléphone vibre.

J'efface moi aussi les trois messages échangés puis je dépose mon sac dans la chambre, qui est dans son état habituel, c'est déjà ça. Je me change et j'entreprends de nettoyer tout ce bordel.

Il est presque une heure du matin quand Julien arrive. Sans un mot, nous allons directement à la chambre et commençons à faire l'amour. Dans ce même lit et ces mêmes draps où Marie et moi avons joué au simulacre du couple. Cette pensée m'écœure et me stoppe net dans mon désir, ce qui étonne Julien. Je ne peux pas lui expliquer pourquoi, aussi je prétexte la fatigue.

On s'est assoupis depuis peu quand le téléphone de Julien sonne. « Maman » s'affiche sur l'écran. Il ignore l'appel. Je regarde le réveil qui indique cinq heures. Cathy insiste, je lui conseille de décrocher. Elle parle si fort, la voix pleine de colère, que j'entends ce qu'elle dit :

— Où es-tu ?

Julien me regarde, paniqué. Il hésite une seconde de trop avant de se ressaisir.

— Je suis chez Thomas.

— Chez Thomas ? À cinq heures du matin ? Tu te fous de moi Julien ?

— Mais maman, j'arrivais pas à dormir.

— Et tu es allé chez ton ami en pleine nuit, sans prévenir ?

— Oui. Je l'ai appelé et il m'a proposé de venir faire quelques jeux vidéo avec lui.

— Tu aurais pu nous le dire avant de partir.

— Vous dormiez, je voulais pas vous réveiller.

— Je ne vais pas chercher à savoir si c'est vrai ou faux. Mais tu rentres. Immédiatement.

— Mais maman…

— Immédiatement, l'interrompt Cathy.

Et elle raccroche. Julien se lève, enfile ses vêtements lentement. Une fois habillé, il me regarde en mâchonnant sa lèvre inférieure. Ses yeux humides brillent davantage. Il frissonne, se frotte les bras puis il part sans un mot, sans un baiser. J'ai l'impression qu'il me fuit et que je ne le reverrai plus. Je m'en veux de l'entraîner dans cette galère. Et si mes sentiments pour lui détruisaient sa vie ?

***

Quand Julien arrive chez lui, Cathy l'attend dans le jardin malgré l'heure matinale. Il enlève son casque et s'apprête à faire une bise à sa mère qui s'est approchée de lui. Mais elle ne l'embrasse pas et ordonne sèchement en tendant une main :

— Donne-moi ton téléphone.

— Quoi ?

— Tu as parfaitement entendu. Ton téléphone, insiste-t-elle, agitant sa main.

— Je suis plus un gosse, t'as pas à me fliquer comme ça.

— Tu as quelque chose à te reprocher ?

— Non.

— Alors prouve-le.

Julien lui remet l'objet convoité. Cathy survole en premier les textos, s'arrêtant quand un nom inconnu s'affiche. Ils pourraient utiliser un code, sait-on jamais. Mais aucun des textos ne contient des messages suspects. Elle regarde dans le répertoire, Éric s'y trouve bien. Toutefois ils n'ont visiblement échangé aucun appel ni aucun SMS. Ils semblent ne pas communiquer en dehors des moments passés tous ensemble. Elle entre ensuite dans le dossier photos. Rien d'anormal là non plus. Elle y découvre quelques clichés de son fils avec des camarades, des garçons, des filles, prenant des pauses parfois grotesques. Une vie ordinaire d'adolescent.

Quand elle a fini sa perquisition, elle le lui rend. Julien soutient son regard.

— Rassurée ?

— Désolée mon Juju, je suis un peu sur les nerfs avec toute cette histoire.

— Fais-moi confiance maman. Si je te dis qu'il ne se passe rien avec Éric, tu peux me croire !

— Sans doute. Mais tu es parti en pleine nuit, sans prévenir. Tu n'as jamais fait ça.

— Hey je vais avoir dix-sept ans, là, relax ! Tu vas pas me couver jusqu'à la fin.

— Pardon mon Juju, s'excuse Cathy en ébouriffant les cheveux de son fils. Pour moi, tu resteras toujours le petit dernier. Je veille sur toi, c'est normal.

— Ouais enfin là, c'est pas veiller, c'est fliquer.

Cathy grimace.

— J'avais besoin d'être rassurée.

Elle attrape son fils par le cou. Il a bien grandi, il la dépasse à présent. Elle n'a pas à le traiter de la sorte mais les propos de Marie ont semé le doute. Cathy se met en colère et réfléchit ensuite, c'est son fonctionnement depuis qu'elle a appris à parler. Aussi, depuis les aveux de sa sœur, elle a vaguement envisagé qu'il y ait une part de vrai. Elle souhaitait juste remettre les choses à leur place. Et elle avait raison : sa sœur a menti. Elle n'a trouvé aucun d'indice de la supposée relation entre les deux hommes ni dans la chambre ni dans le téléphone de Julien.

Elle embrasse son fils et l'entraîne dans la maison.

— Allez, va te coucher. Je suppose que tu n'as beaucoup dormi chez Thomas.

Julien lui lance un clin d'œil et ne se fait pas davantage prier. Arrivé dans sa chambre, il s'appuie contre la porte fermée. Il expire longuement, fermant les yeux. Ses muscles se détendent peu à peu. Si ses propres parents se mettent à le surveiller, les semaines à venir s'annoncent compliquées. Il redoublera de vigilance. Ses parents sont trop en colère actuellement pour entrevoir ce qu'il y a de beau entre lui et Éric. Il est préférable dans l'immédiat de continuer à nier. Et d'effacer toute trace au fur et à mesure. Peut-être même de créer quelques subterfuges pour brouiller les pistes…

***

Les deux jours qui suivent, je réfléchis à la proposition de Cathy. Je crois qu'elle a raison. On a tous besoin d'une pause. Et Marie est au plus mal. En quelques semaines elle a sombré. Elle part en vrille, je ne sais pas où ça va s'arrêter. Alors j'appelle Cathy et je lâche, laconique :

— OK pour l'hôpital.

— D'accord, on s'occupe de la procédure d'admission au plus vite, il faut la protéger d'elle-même et nous protéger d'elle.

Cathy s'est démenée et a trouvé une place dans une maison de repos qui prend en charge les dépressifs. Maintenant faut que j'annonce ça à Marie.

Je ne suis pas encore allée la voir. Je ne pouvais pas. J'ai une colère monstrueuse contre elle. Je lui en veux d'avoir tout balancé. Elle a dépassé les bornes. Elle ne se rend pas compte du mal qu'elle fait à Julien, à Cathy et Stéphane. Et à moi aussi. Ce n'est pas à elle de décider où, quand et comment. On dirait qu'elle croit pouvoir décider de ma vie. Mais je ne lui appartiens pas. Elle ne peut pas m'obliger à rester avec elle, ni à avouer ma relation avec Julien.

167

Elle n'a pas le droit de faire n'importe quoi et de briser nos familles sous prétexte qu'elle m'aime. Elle déraille : l'alcool, les médocs. Oui, elle doit se faire soigner.

***

Éric se présente pour la première fois au chevet de sa femme en fin d'après-midi du quatrième jour. Il entre dans la chambre sans frapper et s'adresse à Marie sans s'embarrasser des politesses d'usage. L'épouse meurtrie avait rêvé d'autres retrouvailles. Le comportement d'Éric, resté silencieux depuis la tentative de suicide, l'irrite dès son arrivée.

— Ta sœur m'a appelé. Elle et Stéphane sont furieux contre toi. Mais qu'est-ce qui t'as pris bordel ?

— Tu plaisantes Éric ? Je n'ai rien fait moi, j'ai juste dit la vérité.

— Et tu pouvais pas la boucler ?

— Et tu pouvais pas retenir les ardeurs de ton pénis ?

— C'est pas le problème.

Marie a un rire cynique.

— Pas le problème ? Un peu quand même !

— Ta sœur et moi pensons que tu vas mal. Ta tentative de suicide le prouve. Tu t'es mise à boire, pas la peine de nier, même Cathy s'en est aperçue.

— Excuse-moi de montrer des difficultés à ingérer puis digérer ce qui se passe. Mais la prochaine fois que tu me trompes, avec un jeune homme, mineur, de ma famille, c'est promis, j'organiserai une super fête en ton honneur avec tous tes potes homosexuels pour montrer ô combien je suis une épouse compréhensive et tolérante. Préviens-moi par recommandé avec accusé de réception que j'aie le temps d'encaisser en cachette, ensuite j'exposerai ma mine réjouie à tout le monde. Ça te convient comme ça ? explose Marie.

168

— Arrête ton cirque. On a pris une décision.

— Ah ! Laquelle ?

— Tu vas partir en maison de repos.

Marie accuse la nouvelle. Elle ravale sa colère qu'elle suppose vaine.

— De quel droit ?

— Du droit que nous sommes mariés. Pour la sécurité de notre famille, je t'impose des soins adaptés, dans un lieu approprié à ton cas.

— À mon cas ? ironise Marie. Ne va pas trop loin. Parce que le lieu convenant à ton cas, tu sais ce que c'est ? La prison.

— Pas de risque, Cathy et Stéphane ne croient pas un mot de ce que tu racontes. Et Julien dira rien.

— Moi je peux porter plainte !

— Un mari qui trompe sa femme, pas de quoi affoler un tribunal. Julien a la majorité sexuelle. Et comme tu es alcoolique, dépressive et suicidaire, ta sœur et moi avons demandé ton placement en maison de repos psychiatrique.

— Espèce de salaud. Tu crois te débarrasser aussi facilement de moi ?

— Je prends soin de toi, nuance ! Tes filles ne peuvent pas te retrouver, pas dans cet état. Il te faut un suivi médical spécifique.

— Je ne suis pas dépressive. Tu ne m'aimes plus et tout ce dont j'ai besoin pour me sentir bien, c'est de toi, dit-elle en tendant une main vers lui. Reviens-moi et j'irai mieux.

Éric ignore la main tendue et continue sur sa lancée.

— Tu vois, tu confirmes ce que je dis. Tu as besoin d'aide. Arrête de te faire du mal en espérant l'impossible. Et au passage, arrête de faire du mal à tout le monde.

— Si tu me reviens, tout rentrera dans l'ordre, je te le promets.

Éric devine la suite du dialogue, aussi préfère-t-il en rester à des considérations pragmatiques et ignorer les sempiternelles requêtes de son épouse.

— Demain, je t'accompagnerai à la maison de repos. Mais je te préviens, pas un mot à quiconque concernant Julien et moi.

— Va-t'en Éric, murmure-t-elle, désespérée, repliant sa main vers elle et détournant le regard de son mari.

— C'était mon intention. Salut !

« Julien et moi, Julien et moi », il récite sans cesse ces mots. Des mots et des visages qu'elle ne supporte plus de visualiser accolés. Comment a-t-elle pu manquer d'autant de sagacité dans le choix de son époux ? Quelle claque de réaliser qu'ils ont vécu dans le mensonge, la tricherie, tous les jours, pendant des années ! Et aujourd'hui leur couple se réduit au chantage et aux menaces, une dérive amère de sa belle romance.

À moins qu'Éric n'ait raison, pense Marie. Peut-être qu'elle souffre tellement qu'elle évalue incorrectement la situation et la dramatise. Peut-être qu'elle est dénuée de discernement tant la douleur vive l'emporte sur le reste. Elle capitule face à leur décision, elle ne possède ni la force ni les moyens de se battre. Jusqu'à présent, elle s'est distinguée par ses mauvaises appréciations de l'avenir, prenant les pires initiatives, s'enlisant dans la détresse.

CHAPITRE 16

J'ai demandé un quartier libre exceptionnel pour accompagner Marie à la maison de repos. La météo s'en mêle, le temps est à l'orage. Une belle journée bien pourrie. Ça roule mal. Ça me gonfle. J'ai hâte de la déposer. De fermer la porte de la maison de repos et d'avoir quelques semaines de liberté, sans Marie, sans les filles.

La pluie s'intensifie. Je consulte ma montre. J'espère qu'on sera à l'heure pour le rendez-vous d'admission. Marie ne parle pas. Moi non plus. Pour nous raconter quoi ? Elle regarde par la fenêtre, immobile, blafarde, cernée. On croirait qu'elle est sans vie. Pourvu que cette hospitalisation l'aide à retrouver la raison, qu'elle arrête de nous détruire !

On est presque arrivés, le ciel se dégage un peu. Il pleut moins fort, la circulation se fluidifie. Maintenant, faut que je me coltine la paperasse. Pas le choix, Cathy refuse de voir sa sœur, de gérer son entrée. Elle a trouvé l'endroit, c'est déjà bien. J'espère que je ne vais pas avoir besoin de répondre à des questions tordues. Mentir OK. Mais mentir devant Marie qui est au courant de tout, je ne sais pas comment elle pourrait réagir…

On y est. J'aperçois le panneau qui indique l'accueil. On respire un bon coup, on avance.

***

À leur arrivée, ils découvrent un environnement séduisant malgré la pluie : à cette saison les arbres verdoyants et les parterres fleuris apportent quelques notes de gaieté. Ils se dirigent vers l'accueil où ils patientent quelques instants. Puis la secrétaire, du moins, ce que Marie suppose être une secrétaire puisqu'elle ne se présente pas, remplit son dossier d'admission. Éric se charge de fournir l'ensemble des documents indispensables à l'inscription. Il se montre organisé, aucun papier ne manque à l'appel. Il a tout anticipé et gère la situation note la jeune femme, habituée à assumer seule l'intendance de leur foyer.

Une infirmière les conduit ensuite à la chambre attribuée à Marie pour la durée de son séjour.

— Vous êtes ici comme chez vous, précise-t-elle. Installez-vous, je viendrai vous chercher dans une demi-heure pour faire connaissance et vous présenter l'établissement. Vous disposez d'un coffre pour déposer vos affaires de valeur. Nous ne sommes pas responsables des vols. À tout à l'heure.

Discours d'accueil mécanique et rodé.

Marie ouvre la valise que lui a apportée Éric et défait ses bagages avec minutie. Elle s'imprègne de chaque objet et de la place qu'elle choisit de leur allouer dans ces quinze mètres carrés qui regarderont s'égrener les prochains jours de son existence. Excepté un vague « bonjour » de pseudo-courtoisie, ils n'ont échangé ni un mot ni un regard.

Éric s'est appuyé nonchalamment près de la fenêtre qu'il ouvre, regardant dehors, sans proposer d'aide à son épouse. Le mobilier se résume au strict minimum : un lit une place, un bureau, une chaise fatiguée. Sur le téléviseur est collée une étiquette spécifiant « Merci de vous adresser à l'accueil pour la mise en route ». Idem pour le téléphone. L'extérieur paraît plus prometteur que la chambre. Dommage. Ou tant mieux, avec un parc agréablement aménagé et un espace personnel si peu convivial, Marie pense qu'elle sera davantage motivée pour sortir et partir à la rencontre des autres patients.

Quand elle a fini de ranger ses affaires, elle attrape une feuille plastifiée déposée sur le pupitre et entreprend de la lire. Celle-ci résume le règlement intérieur : les heures de repas, le fonctionnement des services de soin, les heures de visite…

Éric rompt le silence.

— Contrairement à ce que tu penses, je ne te veux pas de mal.

— Je ne pense rien. Je constate. Je constate que Cathy et toi m'avez enfermée contre mon gré.

— Tous les gens sont là contre leur gré. Et regarde autour de toi. Ça ressemble à une prison ? Il n'y a ni barrières, ni miradors, ni gardiens. Tu es libre de bouger à ta guise.

— On est en rase campagne, à des kilomètres de toute civilisation. Que veux-tu que je fasse ?

— Que tu te soignes. Tu es ici pour ça.

— Mais je vais bien.

— C'est faux. Arrête de te mentir.

— Aime-moi mieux et j'irai mieux.

— Tu sais bien que ça n'a pas de sens.

— Tu vas me quitter ?

— Je n'en sais rien.

— Mais la semaine dernière tu as dit que…

— On a tous besoin de recul avant de décider de la suite. La précipitation ne nous réussit pas.

— Alors tu ne vas pas partir ?

Éric s'abstient de répondre. Marie vogue entre déception et espoir. Les propos d'Éric, en contradiction avec son attitude des jours passés, émaillent ses peurs d'une lueur d'optimisme. Elle se dirige vers lui pour l'embrasser. Il détourne la tête.

— Me demande pas l'impossible.

— Pardon. Accorde-toi le temps nécessaire. Je t'attendrai. Je n'ai jamais cessé de t'aimer, je n'imagine pas vivre sans toi.

Un coup à la porte interrompt la conversation et sauve Éric d'un mauvais pas.

— Entrez.

L'infirmière vient les chercher comme convenu.

— Si vous êtes prêts, nous allons descendre.

Marie et Éric la suivent au rez-de-chaussée. La soignante profite de cette excursion dans les couloirs pour retracer l'historique du manoir, commué en maison de convalescence il y a vingt ans. Marie écoute d'une oreille distraite ce verbiage qui remplit le silence et abaisse la pression, détournant l'attention des candidats au repos sur des propos futiles. Elle focalise son esprit sur son mari. Elle ne se lasse pas d'admirer les courbes de son corps et de son visage. Il l'hypnotise autant qu'à leurs débuts, il conserve ce pouvoir magnétique sur elle.

À leur arrivée au bureau, elle leur désigne les sièges.

— Asseyez-vous, je vous prie. Je suis madame Rivabot, l'infirmière en chef de la section où vous allez séjourner. Je vais vous poser quelques questions pour apprendre à vous connaître, puis nous ferons le tour des lieux.

L'infirmière continue, lui assénant cette fois mille questions. Elle l'interroge sur ses goûts et aversions alimentaires, ses loisirs et passe-temps favoris, son parcours professionnel, sa famille. Elle passe tout au crible. Marie répond impassiblement au rouleau compresseur. Puis elle débite une litanie sur les bienfaits du séjour à « Beauregard ». Elle l'encourage à participer aux soins et aux activités, pour tirer profit des bénéfices de sa « cure ». Ce doit être le substantif qu'il convient d'employer afin de ne pas froisser la susceptibilité des résidents, car elle y a recouru à maintes reprises.

Ensuite elle les invite à l'accompagner pour leur faire découvrir le manoir.

À la fin de cette visite, Éric annonce qu'il prend congé. Il embrasse furtivement son épouse sur la joue et salue l'infirmière. Il ne précise pas quand il reviendra. L'absence de complicité entre les conjoints n'échappe pas à madame Rivabot.

Elle propose à Marie de l'escorter jusqu'à sa chambre, car celle-ci craint de s'égarer dans le dédale des nombreux couloirs.

— Une tentative de suicide, ce n'est jamais anodin, madame Villenave.

— Je n'ai pas dit que ça l'était.

— Parfait. Quand l'hôpital a appelé pour votre admission, ils ont mentionné que votre mari avait signalé une tendance à boire. Est-ce vrai ?

Marie hausse les épaules.

— Madame Villenave, n'esquivez pas. Est-ce vrai ?

— Je me suis enivrée un soir. Pas de quoi alerter les alcooliques anonymes. Je ne tiens pas l'alcool, je suis saoule avec trois verres.

— Il n'y a pas d'alcool dans le manoir. Ça vous aidera à résoudre ce problème.

— Ce n'est pas ça mon problème.

— Profitez pleinement de votre cure pour repartir du bon pied. Les places sont chères, on ne peut pas admettre tout le monde. C'est une opportunité que vous ne devez pas gâcher, madame Villenave.

« Oui maîtresse Ravibot » s'abstient d'ironiser Marie, tant l'infirmière parle d'un ton supérieur. Insuffisamment armée pour engager une bataille avec celle qui appartient à l'unité de soin censée la réconforter, elle choisit de se taire. Inutile de se la mettre à dos à peine arrivée. Toutefois elle aurait préféré de la bienveillance à de la condescendance. Son séjour s'annonce sombre si c'est là la façon de soutenir les patients…

— Vous voici chez vous, ajoute-t-elle en s'arrêtant sur le seuil d'une porte identique à toutes les autres. Le dîner est à dix-neuf heures précises. Vous retrouverez votre chemin ?

— Oui, je pense.

— Très bien. Profitez-en pour vous reposer. Tenez, voici le code d'accès pour le téléviseur et le téléphone, dit-elle en lui tendant un papier sur lequel Éric a apposé sa signature.

L'infirmière affiche un sourire dénué de sincérité, puis elle se retire, au plus grand soulagement de Marie. Celle-ci enfonce la clé dans la serrure et pénètre dans son nouveau « chez elle » pour une durée non déterminée. Elle s'adosse à la porte et libère un soupir. Cette chambre sinistre ternit davantage son humeur morose. On l'a enfermée ici pour son bien, paraît-il. Elle admet ne pas se sentir au mieux de sa forme, mais en quoi être confinée avec des gens qui se portent mal pourrait l'épauler, tout aussi superbe soit l'endroit ? La pertinence du concept lui échappe.

Le goût âpre de la solitude qui l'avait envahie le soir de sa tentative de suicide reprend possession de son corps et de son esprit. Un immense vide, creusé par un sentiment d'abandon, l'habite à nouveau, tout puissant. Elle déteste ce terme, et pourtant, si elle dresse le bilan affectif, il lui colle à la peau depuis toujours. Les êtres chers à son cœur l'abandonnent tour à tour, cette cruelle réalité dessine les méandres de son existence. La jeune femme ne s'explique pas comment les gens peuvent réagir de la sorte. Où se situe l'amour dans de tels actes ? Ils doivent ressentir à son égard un amour infinitésimal pour se comporter ainsi, alors que le sien n'est borné par aucune frontière. Elle donne sans limites et reçoit avec parcimonie. Jusqu'à ne plus recevoir du tout.

Plus - rien - du - tout.

Quatre petits mots effroyables qui en appellent un autre tout aussi douloureux : abandon.

Abandonnée. Une fois. Deux fois. Trois fois. Et puis quatre. Jusqu'à quand ? Combien de fois encore ? Quand cela cessera-t-il ?

Le tourbillon des pensées impulse une valse étourdissante. Son souffle devient court, sa respiration s'accélère. Elle voudrait crier son sentiment d'injustice. Elle voudrait un mojito. Elle voudrait une pilule bleue ou blanche ou ronde, mais quelque chose qui anéantisse la logorrhée qui cascade dans sa tête. Quelque chose qui remplisse aussi le vide funeste de ses tripes. Quelque chose qui extermine les souvenirs et abat les projections. Plus de passé ni d'avenir. Quelque chose de semblable à la mort. Mais on lui a confisqué le droit de mourir. On l'a dépouillée de son droit à décider de sa propre fin. Une marionnette dénuée de tout pouvoir, qu'on a enfermée contre sa volonté. Voilà à quoi elle est réduite !

Elle se jette sur son lit et comprime l'oreiller sur sa tête pour étouffer le tintamarre cérébral, tel un boomerang qui se fracasse contre le silence des murs et qui lui revient inlassablement.

***

Le dîner est l'occasion de rencontrer d'autres membres du personnel plus empathiques que madame Ravibot, ainsi que les résidents. Le nombre de femmes prévaut celui des hommes, car, paraît-il, ces derniers n'étalent pas leurs humeurs et maîtrisent leurs émotions jusqu'au bout. Ils ne font pas des tentatives de suicide. Ils se suicident. Mais ce qui frappe Marie, c'est l'âge des malades : certains sont jeunes, trop jeunes pour être déjà déçus de la vie au point de se retrouver « confinés » dans ce type d'établissement. D'autres sont âgés, et pourtant la sagesse acquise au gré des expériences ne les a pas préservés des turpitudes de l'existence. Marie en conclut que chacun, à tout âge, peut sombrer.

Les pensionnaires s'installent où ils le souhaitent, aussi elle s'attable là où elle trouve une place libre. Deux femmes et un homme devisent tout en mettant le couvert.

L'établissement fonctionne sur le système participatif. Pour éviter d'enfermer les patients dans la passivité et l'oisiveté qui conduisent à l'ennui, voire au sentiment d'inutilité, les pensionnaires sont priés de donner la main. Ils mettent et débarrassent la table à chaque repas, ils rapportent les plats sur un chariot quand ils ont fini de se servir. Ils prennent en charge leur chambre. Une femme de ménage leur fournit les produits d'entretien et le matériel nécessaire et supervise le nettoyage, en aidant au besoin. Puis elle repart avec les flacons… au cas où certains auraient l'idée d'en ingérer. Ceux qui le souhaitent peuvent collaborer au jardinage. En plus des activités de loisirs et des soins, les journées s'écoulent ainsi plus vite et plus agréablement.

Marie se joint timidement au groupe, chacun se présente succinctement. Tous paraissent sains d'esprit. Elle redoutait de se trouver mêlée avec des gens atteints de troubles psychiatriques sévères, même si madame Rivabot lui avait assuré que seuls des dépressifs se trouvaient dans cette unité. Elle se maintient en retrait et se contente d'écouter les conversations. Elle n'a pas faim, aussi elle picore plus qu'elle ne mange malgré la qualité de la nourriture. Une infirmière administre les traitements et veille à la prise de ce qui est prescrit. Quand le repas est terminé, les tables nettoyées, chacun vaque à ses occupations. Certains regagnent leur chambre, d'autres, plus rares, restent en groupe autour d'un jeu ou d'un café.

Marie préfère s'aérer dans les allées du jardin. En juillet, la nuit tombe tard, et à cette heure-ci les fleurs embaument l'air. Elle s'assied sur un banc, admire l'environnement, hume les effluves floraux diffusés par la chaleur vespérale. Puis ses pensées dévient vers Éric.

Quel gâchis !

Cependant, tout n'est pas perdu. Ses dernières paroles lui ont redonné de l'espoir.

Demain, elle pourra tout raconter, son enfance, son mariage, Lilas, Manon… Et ses filles dans tout ce tumulte ? Elle n'y songe plus. Elle les a reléguées au second plan. Est-elle une mère si minable qu'elle en vient à négliger la chair de sa chair ? Absorbée par ses différends avec sa sœur et son époux, elle s'enlise dans les malheurs et occulte les seules raisons qui pourraient lui permettre de tenir debout et la motiver à se battre.

Elle décide de remonter dans sa chambre, et avant cela, elle fait un détour par la bibliothèque. Les livres sont sous clé, elle doit s'adresser à la cafétéria pour en emprunter un. La serveuse est occupée avec les expressos du soir, elle n'ose pas la déranger. Elle rentre dans son « nid » sans ouvrage pour se distraire. Alors elle téléphone à Paola.

— Marie ! Quelle bonne surprise ! Tu vas bien ?

— Ça va. Même si être seule dans cette chambre sinistre, ce n'est pas terrible.

— J'imagine. Je suis désolée de ce qui t'arrive. Le procédé est minable, d'un autre côté, c'est l'occasion de te refaire une santé.

— Tu crois ?

— J'en ai discuté avec Pierre. Il dit que tu fais une dépression plutôt sévère, on est loin de la petite déprime passagère, tu as besoin de soins.

— Moi, j'ai plutôt l'impression qu'on essaie de me tenir à distance.

— Je ne nie pas les intentions cachées d'Éric.

— Et de Cathy.

— Oui, et de ta sœur. Cela doit être douloureux, ma belle. Je suis de tout cœur avec toi. Si je peux faire quoi que ce soit…

— Je sais, merci. À part être à mes côtés, je ne crois pas que tu détiennes la solution miracle pour me sortir de ce pétrin.

— Tu devrais te faire à l'idée du divorce. Quelle autre solution peux-tu envisager ?

— Je n'en sais rien. Et je n'ai pas envie de parler de ça. Je ne peux pas me résoudre à le perdre. Je ne veux plus qu'on me tourne le dos. Je veux juste être aimée, tu comprends ?

— D'accord, je ne voulais pas te blesser.

— Au point où j'en suis…

— Tu tiens le coup ?

— On me donne ce qu'il faut pour.

— Je m'en doute. Ne néglige pas la psychothérapie. Tu as besoin de libérer tout ce qui te fait du mal depuis tant d'années.

— Merci du conseil. Tu me manques. Tu viendras me voir ?

— Bien sûr ! Je passerai dans la semaine. En attendant, repose-toi. Et si tu as besoin de quoi que ce soit, tu m'appelles.

— Merci.

— Avec plaisir ma belle. Je t'aime. Bonne nuit.

— Bonne nuit, chuchote Marie.

Paola raccroche. Marie garde le téléphone en main quelques secondes l'air pensif. Puis elle le dépose sur sa table de chevet et allume la télévision pour rompre le silence. Elle s'endort tardivement, tout habillée, éclairée par la lumière bleutée de l'écran, le visage baigné de larmes, envahie par le gouffre de sa solitude, le cœur suffoquant dans sa poitrine.

***

Le lendemain matin, elle se réveille à l'aube, les premiers rayons du soleil inondant généreusement sa chambre. Elle fait sa toilette, s'habille et décide de retourner dans le parc en attendant le petit-déjeuner. Cette chambre lui est insupportable. Elle demandera à Paola d'apporter le nécessaire pour la personnaliser au mieux.

Dans le jardin, elle observe les oiseaux, les insectes butinant, une vie active et sereine. Elle ôte ses sandales et marche pieds nus dans l'herbe tout humide de cette rosée matinale que le soleil n'a pas asséchée. Elle se surprend à apprécier ce contraste de perceptions : des pieds mouillés et frais, un buste chaud, dorant sous l'effet de l'astre lumineux. Un certain bien-être émerge en elle, et elle se sent apaisée dans le calme de l'aurore, découvrant des sensations agréables. Une pause. Pour une fois, sa tête ne gouverne pas, éclipsée par son corps qui a pris le dessus. Ses pieds humides et ancrés lui procurent une touche de satisfaction. Elle ne pense pas. Elle ressent. Elle dispose de temps pour elle, rien qu'à elle. S'adonner à des plaisirs personnels, même dérisoires, n'est pas dans ses habitudes. Et là, dans cette habitation qui lui est d'abord apparue en ennemie, elle réalise dans la douceur de cette matinée estivale que tout n'est pas négatif dans cette hospitalisation. Si Paola et Pierre estiment que c'est une bonne chose, elle peut leur faire confiance. Pour la première fois, elle pressent une toute petite note de sérénité en son for intérieur. Infime, mais présente. Un rai de lumière dans les ténèbres. Une contrainte qui revêt peu à peu un caractère un brin plus plaisant. Une parenthèse qui l'oblige à ralentir et à regarder au plus profond d'elle-même, à ressentir. Une parenthèse apaisante, vitale même qui s'impose en pleines turbulences, où le rythme trépidant des évènements dominait Marie qui a failli en commettre l'irréparable. Éric éprouve sûrement quelque chose pour son épouse, sinon il n'aurait pas cherché à la sauver malgré elle. Cette pensée effleure la jeune femme qui s'y agrippe pendant quelques minutes.

Elle avance dans les allées, profitant du silence de l'aube. Elle remarque que les grilles de l'entrée sont fermées. Ils sont libres de leurs mouvements, mais pas autant qu'ils le désirent manifestement. Sur un banc, une pensionnaire est assise. Marie passe devant elle, la salue. Elle lève la tête et lui présente un visage ruisselant, les yeux rougis. Marie ignore si elle doit s'arrêter et lui parler ou si elle doit la laisser à son malheur. Sa faiblesse ne lui donne pas le courage de tendre une oreille bienveillante, même si l'on dit que la compassion permet de se détourner de ses propres tourments. Par conséquent elle continue son chemin. L'inconnue reprend ses pleurs silencieux. Par pudeur et respect, Marie choisit le banc le plus éloigné. Elle remonte son jogging jusqu'aux genoux, puis s'allonge, enveloppée par la quiétude ambiante. Elle offre ses membres aux caresses des premiers rayons. Les feuilles des arbres ondulent dans un léger bruissement, au passage d'une brise. Dans une douce torpeur, elle s'abandonne imperceptiblement aux bras de Morphée.

Marie se réveille en sursaut. Les minutes ont coulé sans qu'elle s'en soucie. À présent, l'agitation dans le manoir lui parvient. L'heure de rejoindre la civilisation des déprimés et sa cohorte de bienfaiteurs médicaux a sonné.

Après le petit-déjeuner, elle rencontre son médecin référent. Une femme. Tant mieux, ce sera plus simple.

Elle est décidée à saisir l'occasion de se délester du poids amassé depuis sa naissance. Elle n'a pas réglé tous les problèmes de son enfance et de sa jeunesse, et s'y additionne la tromperie d'Éric. Sa tentative de suicide lui a ouvert les yeux sur son mal-être et sur la nécessité de se faire aider.

— Madame Villenave, installez-vous. Je suis le docteur Dupois, votre médecin référent. Nous allons discuter des raisons de votre présence ici puis on décidera de la prise en charge. Cela vous convient-il ?

— Oui, très bien.

— Pouvez-vous vous présenter ?

— Je m'appelle Marie Villenave, je suis mariée, j'ai trente-huit ans et j'ai deux filles. Je suis aide-cuisinière dans une maison de retraite. Enfin, j'étais, car j'ai arrêté de travailler pour m'occuper de mes enfants et de mon époux.

— Savez-vous pourquoi vous êtes ici ?

— J'ai découvert que mon conjoint me trompait avec mon neveu de moins de dix-sept ans depuis environ six mois. J'ai sombré.

Voilà, tout est dit. En moins de trente mots et soixante secondes, elle avait résumé l'atrocité de ce début d'année.

La psychiatre accueille ses propos en totale neutralité. Des histoires sordides, elle en a entendu une multitude tout au long de sa carrière, chacune se distinguant par sa singularité. Elle lui pose plusieurs questions sur les faits, son ressenti, sa famille, son enfance. Elle trace un portrait de la situation et, au terme d'un entretien qui a duré près de deux heures, elle décrète qu'elle la recevra de façon hebdomadaire. En parallèle, Marie intégrera des séances de groupe avec une psychologue qui travaille autour du « deuil », afin que Marie se détache de ses rêves et qu'elle accepte ce qui est. Accepter l'abandon de ses parents, accepter l'échec de son union, et plus largement, accepter qui elle est. Par ailleurs, elle conseille des soins avec la sophrologue ainsi que la participation à des ateliers qui l'aideront à habiter son corps, à l'aimer, à l'écouter. Elle lui recommande de consulter la diététicienne et l'encourage à prendre rendez-vous avec la socio-esthéticienne, afin d'améliorer son image et son estime de soi, et aussi pour avoir des moments de plaisir rien qu'à elle et pour elle. En outre, elle prolonge la prise des antidépresseurs et des anxiolytiques. Elle préconise un programme complet, psychique, physique, à la jeune femme qui approuve. Elle se sent prête. Elle en a besoin. Elle a beaucoup pleuré, mais elle a affronté le regard du médecin. Elle lui a raconté sa vie sans sourciller, crûment. Elle s'est livrée au grand déballage avec une aisance qu'elle n'avait pas envisagée. À présent, elle est allégée de quelques grammes de son fardeau et souhaite cheminer dans cette direction. Puisqu'elle est contrainte de vivre ici pendant un certain temps, autant le mettre à profit. Et ressortir au plus vite pour retrouver son mari…

Pour la psychiatre, le diagnostic ne fait pas de doute, Marie est en état de dépendance affective, même si sa patiente le nie. Elle demeure cependant dubitative concernant Éric : manipulateur ou homme perdu ? Elle projette de le rencontrer pour en avoir le cœur net. Marie représente une proie facile pour les prédateurs.

CHAPITRE 17

La psychiatre veut me voir. Elle m'a dit au téléphone « Pour aider votre femme ». Je n'ai pas pu me dérober.

Je n'aime pas être là, dans son bureau. Je suis en face d'elle. J'ai l'impression de tomber dans une embuscade. Elle me regarde droit dans les yeux. J'en fais autant et je me redresse. Je réalise que mon pied droit tapote le sol. Je le stoppe. Je ne veux pas qu'elle remarque ma nervosité. Elle me fixe et précise qu'elle voudrait comprendre pourquoi Marie est ici. Je réponds que je ne sais pas trop. J'explique qu'elle fait une dépression, qu'elle boit. Elle me demande pourquoi. Elle insiste. Pourquoi Marie boit et pourquoi elle est dépressive. J'aime pas sa façon de me regarder fixement. Je suis mal à l'aise. Elle sait. Bien sûr qu'elle sait. Sans me lâcher des yeux, elle me dit :

— Monsieur Villenave, est-ce vrai que vous souhaitez quitter votre femme pour vivre avec votre neveu mineur ?

Sa voix est neutre. Elle énonce un fait. Mais son regard… Il me transperce. Elle attend des réponses.

Je craque. Je n'ai rien vu venir. Je chiale jamais. Et là, des larmes. Oh, pas beaucoup ! Mais assez pour me sentir minable une fois de plus. Le raté de la famille. Elle m'accuse. Mais moi aussi j'ai mal. Moi aussi je souffre. Elle ne le voit pas, la psychiatre, que je suis une victime ? Une victime du regard des autres. De leurs jugements. Du conformisme. Parler de moi, de mon homosexualité, je sais pas faire. Non. Je peux pas. Mon pied reprend son agitation.

Sa phrase m'a poignardé. Quelques mots qui transforment les faits en réalité. Elle n'a pas prononcé « homosexuel ». Mais elle l'a pensé. Tout comme elle a pensé que cette homosexualité était en train de tout détruire. Et implicitement elle énonce que je suis un pédophile. Mais c'est faux ! Je ne suis pas un pédophile. J'aime Julien et uniquement Julien. Je n'ai jamais aimé un seul autre mineur avant lui. De toute façon, je n'ai jamais aimé. Je n'ai jamais été attiré par les enfants ou les adolescents. J'aime Julien ! Putain vous comprenez ça ? Je l'aime. C'est tout !

Alors je laisse glisser les quelques larmes qui veulent bien sortir. Pas pour l'apitoyer. Mais parce qu'elles l'ont décidé sans que je les maîtrise. Cette douleur que j'étouffe depuis toujours a lâché. Sans bruit. Et à petite dose. Parce que je n'arrive pas à tout laisser exploser. C'est dur de se voir comme ça. Mon pied droit bat de plus en plus vite. Mes dents se serrent. Je sens mon menton qui tremble. Je sens ces six ou sept putains de larmes qui roulent. Je cligne des yeux pour les arrêter. Mais il semblerait que ce soit elles qui commandent. Je les essuie d'un revers de main. Elle les a vues.

Cette souffrance, je n'en ai jamais parlé à personne. Même pas à Julien. Ce déchirement en moi depuis que je sais qui je suis, personne n'en sait rien. Depuis vingt-cinq ans j'emmure tout. Elle me tend un mouchoir en silence. Je lui dis « Pardon ». Cette fois encore, la honte a le dessus. Je voudrais me carapater. J'aurais dû refuser ce rendez-vous. Après tout, personne ne pouvait m'y contraindre.

— Ne vous excusez pas. Je suis là pour vous, si vous le souhaitez.

Je murmure :

— Non.

Non, je ne veux pas de son aide. Elle ne peut rien pour moi. C'est trop tard. Toute cette supercherie, voilà où ça mène. J'aurais dû agir plus tôt. Je le sais que je me suis trompé de voie en n'assumant pas. Mais aujourd'hui qu'est-ce que je peux faire ? Elle le sait, la Dupois, ce qu'il convient de faire ? Non, elle ne le sait pas. Alors qu'elle me foute la paix. C'est facile quand on est à l'extérieur. Mais elle ne peut rien pour moi. À part me faire chialer. Et je refuse d'être vulnérable. J'ai assez d'emmerdes à gérer. Pas le moment de flancher. C'est pratique de me faire passer pour le méchant de l'histoire. Ah non ! Erreur. Elle me veut du bien puisqu'elle insiste.

— J'insiste, monsieur Villenave, je suis là pour vous aider si vous le souhaitez.

Je me lève. Je recule la chaise. Je glisse le mouchoir dans la poche de mon jean. Je soutiens son regard autant que je le peux. Je lui tends la main :

— Merci. Au revoir.

Et je pars. Je quitte cet endroit sans même aller voir Marie. Pas envie.

Je rentre à la maison, j'enfile mes baskets et je vais courir. Je regarde le bitume défiler sous mes pieds. J'accélère. Je sens mon cœur qui cogne au rythme soutenu de mes pas. Cette fois le goût du sel dans ma bouche est celui de la sueur. De retour chez moi, je tape de toutes mes forces dans le sac de frappe installé dans le garage. Quand ma mâchoire se desserre et que mes poings fatiguent, je sors et je m'écroule sur la pelouse, en nage.

***

Au fil des jours et des activités, Marie prend ses repères dans le manoir. Ce rempart la protège du monde extérieur, elle y panse ses blessures. Paola lui a apporté des dessins de Lilas et de Manon, des revues de mode et people, un boutis bigarré, des fleurs pour personnaliser sa chambre et la rendre moins austère. Des parements pour borner l'attente d'un retour au quotidien dont la date demeure une inconnue.

Sa confidente est venue à deux reprises en trois semaines, la première fois avec ses filles. Ces retrouvailles ont dynamisé la jeune femme qui n'avait pas serré ses enfants dans ses bras depuis plus de quinze jours. Les deux sœurs ont éprouvé de la peine en découvrant leur maman, affaiblie, fatiguée, amaigrie. Marie avait tu sa tentative de suicide, elle leur avait expliqué qu'elle avait besoin de soins suite à une grosse fatigue. Cette rencontre avait aussi rassuré les enfants, troublées par le mystère entretenu autour de l'absence de leur mère et de leurs vacances imprévues chez leurs grands-parents. Éric s'était contenté d'un appel succinct depuis qu'il l'avait déposée à Beauregard, et n'avait pas évoqué une quelconque envie de venir.

Marie a évolué dans son jugement. Elle ne subit plus cette hospitalisation d'office, elle en tire profit. Les premiers jours, elle ingurgitait du hard rock en perfusion auditive via des écouteurs, se coupant de son environnement, cachée derrière ses lunettes de soleil. Elle compulsait ces magazines dont elle raffolait, enviant la vie de ceux qui jouissent du « dehors », amoureux, joyeux, durcissant davantage la réalité de son triste sort. À présent, elle apprécie de rêvasser, les oreilles libérées des accords de basse pour écouter la nature. Allongée sur le gazon, elle observe l'aquarelle des nuages qui se fondent dans l'azur, caresse les herbes folles, déguste le chatouillement des odeurs florales. Elle éveille ses cinq sens, les stimule et saisit chaque occasion de se repaître du calme pour ressentir tout ce qui s'ébat en elle et autour d'elle.

Elle se joint peu aux autres résidents. Elle bavarde avec eux au détour d'un repas, d'une rencontre dans le parc. Mais elle évite les conversations qui finiraient par l'entraîner vers le récit de ses tumultes. Certains racontent leur histoire et elle écoute. Quand on lui demande « Et toi ? », elle survole les remous qui l'ont portée jusqu'ici. Excepté avec la psychiatre et la psychologue, elle ne réussit pas à verbaliser la trahison de son conjoint, même ici où elle se trouve sur un pied d'égalité avec ces personnes amochées. La rengaine se rejoue de l'un à l'autre : disparition d'un être cher, décès, séparation ou divorce, ou bien perte d'un travail, d'une maison et soudain, le trop-plein. La goutte d'eau ou la traîtrise ultime qui provoque la chute et anéantit le goût de vivre. Un moment de colère, de tristesse infinie, où tout perd sens, excepté la mort. Et ce jour-là, ils n'arrivent même pas à acter la résolution. Marie pense qu'ils sont faibles, incapables d'aller au bout. Elle et tous les autres se satisfont d'une tentative, ils prennent soin de se rater. Ils désirent juste attirer l'attention, peut-être la pitié, et espèrent blesser celui qui leur a fait du mal. La jeune femme considère que cette TS[8] comme ils l'appellent, symbolise la lâcheté qui les distingue. Elle juge tous les pensionnaires, elle y compris, comme des moins que rien. Des sans caractère même pas fichus de se foutre en l'air dans les règles, inscrivant un échec supplémentaire dans le cahier de brouillon de leur survie.

Toutefois, au gré des soins, elle apprend à observer la situation sous un angle nouveau. Elle reconnaît ses aptitudes, ses ressources, ses forces. Elle réalise qu'elle dispose de qualités sur lesquelles s'appuyer. Elle reprend goût à la vie et gagne de la confiance en elle. Cependant, ces avancées restent précaires et parfois cet équilibre ténu vacille sous l'effet d'un rien. Et cette conversation téléphonique avec ses filles réveille cette douleur, là, juste au niveau du cœur. Elle sent que la colle qu'elle a instillée depuis son hospitalisation ne glisse pas dans tous les interstices pour les colmater. Elle perçoit les craquèlements puis les fragments. Son cœur se délite à nouveau. Elle raccroche. Elle ne veut pas en savoir

---

[8] TS : tentative de suicide

davantage. La lézarde ressurgit quand elle apprend qu'Éric, Lilas et Manon, ont passé la journée chez Cathy, en compagnie de Stéphane et Julien, à griller de la viande, à rire, à arbitrer des concours de salto dans la piscine. Entendre les sourires dans la voix de Manon qui lui conte cette scène familiale qu'elle visualise si bien, lui arrache les tripes et la renvoie à son sentiment d'abandon. La petite Marie hurle dans sa tête. Marie l'adulte entre dans son jeu et souffre avec elle de se savoir si seule, si mal aimée, alors que tous les siens partagent un moment de plaisir. Elle est la grande oubliée et ils n'en ont que faire. Cette fois encore, personne ne viendra la consoler et elle n'a pas encore appris à se soulager elle-même, à puiser force et réconfort dans ses propres ressources.

CHAPITRE 18

Je n'ai pas revu Cathy et Stéphane depuis le fameux soir… Elle m'a appelée la semaine dernière parce qu'elle veut nous inviter à manger. J'ai dit OK. Je suis en perm[9]. Je profite de Julien dès que possible. Mais Cathy le flique. Maintenant qu'il n'y a plus Marie, sa sœur s'y colle. Elle le questionne sur les messages qu'il reçoit, lui demande où il va, avec qui il a rendez-vous. Elle a des doutes, aussi on fait gaffe. On se voit moins qu'on aurait pu si Marie n'avait pas tout balancé. Cette invitation, ça cache un test. Je pense que la belle-sœur veut nous observer. Elle a prétexté l'envie de voir Lilas et Manon, pour qu'elles profitent de la piscine. Je suis donc allé les chercher aujourd'hui chez mes parents.

Quand on arrive à la villa, Julien se pavane au bras d'une gamine dans le jardin, tous les deux en maillot. Qui c'est celle-ci ? Elle glousse, elle se trémousse, c'est indécent. Comment une nana de son âge peut se comporter comme ça ? Julien croise mon regard noir, il détourne les yeux. Les filles se dirigent vers lui, l'embrassent. Puis il me fait une bise rapide et ouvre enfin la bouche pour nous présenter Mélissa, sans préciser qui elle est.

— Éric ! lance Cathy en sortant de la maison, les bras chargés d'un plateau apéritif. Comment vas-tu ?

— Bien, et toi ?

— Impec ! Tu as vu, Juju a invité sa petite copine !

---

[9] Perm : permission

Cathy jubile.

— Mélissa, c'est ça ?

— C'est ça, confirme Cathy posant le plateau. Elle est belle hein ?

— Sûrement.

— Il nous l'a présentée avant-hier, ils sont inséparables depuis. Quel joli couple !

Elle affiche un sourire satisfait : son fils n'est pas pédé. Elle n'aura pas besoin de nous surveiller durant la journée. Puis elle se détourne de moi.

— Ah ! mes princesses, dans mes bras !

Lilas et Manon se précipitent vers leur tante et une partie de bavardages et de rires démarre. Je rentre et m'enferme dans les toilettes. J'envoie un SMS à Julien.

Je patiente un moment mais aucune réponse ne me parvient. Je ressors. Stéphane s'est joint au groupe avec Cédric, leur fils aîné. Il est rarement là car il étudie en région parisienne. Je discute distraitement avec eux. J'évite de regarder Julien et Mélissa. Ils partent se rhabiller avant de prendre l'apéritif. Mon téléphone vibre. Je le consulte rapidement. C'est lui. Je m'excuse auprès de Stéphane et m'isole pour lire le message.

Pas de réponse. J'insiste.

La réponse fuse, cinglante. Je n'arrive pas à déterminer ce qui m'irrite le plus : qu'il ne m'ait pas prévenu, qu'il ait dormi avec une gonzesse pour rassurer sa mère, qu'il soit obligé de mentir comme moi. J'efface l'échange et je remets le téléphone dans ma poche. Je retourne auprès des autres. Julien revient, Mélissa pendue à son cou. Je ne sais pas si elle simule, si c'est le cas, elle mérite un oscar. On la jurerait follement amoureuse.

Toute la journée, Julien et moi gardons une distance raisonnable. À table, je le questionne sur ses vacances, histoire de ne pas l'ignorer. Cathy trouverait ça bizarre. Il ne sourit pas. Il n'est pas heureux. Je m'intéresse rapidement à Mélissa. Cathy semble conquise par sa « belle-fille ». Elle est ravie de voir son fils en bonne compagnie. J'imagine son soulagement. Le stratagème de Julien fonctionne. Au cours du repas, personne n'évoque Marie.

Après le déjeuner, j'enchaîne les longueurs de crawl pendant une partie de l'après-midi. Ça m'évite de parler, d'admirer le jeune couple « d'amoureux », ça me défoule. Quand je sors de la piscine, Julien me regarde un instant puis baisse les yeux. Où est passée son insouciance ? Il se lève.

— Je vais chercher le goûter, tu m'aides ?

Cathy somnole sur un transat. Stéphane et Cédric ne sont pas dans les parages. Les filles jouent dans l'eau avec une bouée. Mélissa se dore la pilule. La voie est libre.

— OK.

On s'engouffre dans la maison, direction la cuisine. Je me poste face à lui.

— Pourquoi tu as fait ça ?

— Parce que j'en ai marre. Maman est sur mon dos en permanence depuis que Marie a tout craché. Elle passe son temps à me fliquer. Qui je vois ! Où je vais ! À quelle heure je rentre !

— Je sais, mais c'est pas une raison.

— Si Mélissa était pas avec nous, elle nous aurait pas lâchés.

— Fais pas ça. Ne fais pas la même connerie que moi.

— Ah ouais et tu proposes quoi ?

Je ne sais pas quoi dire. Je réalise dans quelle situation je le mets. Il s'agace, monte le ton.

— Tu veux que je dise la vérité ? Tu trouves que c'est une meilleure solution ?

Je l'attrape par le bras. J'aimerais le serrer contre moi, mais la porte d'entrée claque. Mélissa l'appelle.

— Juju, tu es où ?

Je chuchote et m'éloigne de lui.

— Tu es sûr que c'est qu'une copine ? Elle est courant pour nous ?

Il hausse les épaules.

— Bien sûr que non.

Il ignore ma première demande.

— Ah ! Tu es là ? Vous faites quoi ?

Elle entre et se colle à Julien avec une assurance incroyable puis l'embrasse. Zéro gêne, alors qu'elle me connaît à peine. Je ne sais pas d'où il la sort, mais il l'a bien choisie.

— On prépare le goûter, dit-il.

— Je vous aide !

Ce n'était pas une question. Aussi je décide de m'épargner leur numéro de cirque. Je retourne au bord de la piscine sans un mot.

Nous restons encore une heure. La tristesse de Julien est palpable. Comment Cathy peut-elle se réjouir du bonheur de son fils ? Elle se jette sur la première preuve qu'il lui donne, sans remarquer qu'il triche. Il est normal. Il aime les filles. Les problèmes sont réglés. Aussi aveugle que sa sœur.

Je ramène mes filles chez mes parents. Leur quatuor fonctionne bien. Ils ont appris à se connaître et une certaine complicité est née entre eux. Je suppose que c'est une bonne chose. Je reste silencieux pendant le repas. J'écoute le colonel refaire son monde.

Je file dans ma chambre après le café. Je m'allonge nu sur mon lit, volets entrebâillés. L'air océanique me rafraîchit. Un message entre. « Julien » s'affiche.

Je repose le téléphone et croise les bras derrière ma tête, fixant le plafond pour mieux réfléchir. Jusqu'à présent je n'ai pensé qu'au bonheur qu'il m'apporte, à la force qu'il me donne. Je comprends que je l'entraîne dans la même direction que moi : déni de qui il est, mensonges, simulations, trouille, vie de merde. Tout ce que je regrette d'avoir vécu, je le lui offre. Un cadeau bien pourri. Je n'avais pas réalisé avant aujourd'hui. S'il aimait un garçon de son âge, il pourrait avouer son homosexualité. Avec moi, il s'enferme dans ce putain de piège qui me bouffe. Et je resserre le mien. Personne n'acceptera notre relation.

Pour moi il est trop tard. Pas pour lui. Je peux peut-être lui éviter ça, quoi qu'il m'en coûte.

À l'aube, j'embarque mes affaires et je pars nager dans l'océan jusqu'à m'écrouler. Puis je rentre chez moi. J'enfourche la moto et je roule sans but toute la journée, sans téléphone. Quand je reviens, il affiche deux textos de Julien. Je réponds :

Je coupe mon portable, je chausse mes baskets pour un footing suivi de pompes, squats, gainage et frappes dans le sac. Je m'envoie une dose d'endorphines jusqu'à épuisement. Je me couche sans rallumer mon téléphone. Peu importe la réponse de Julien. Ma décision est prise. Je pèse le pour et le contre depuis ce matin. Je lui dirai tout face à face demain.

***

En ce début de quatrième semaine d'hospitalisation, Éric rend visite à Marie en fin de journée. Elle lit, assise sur un banc extérieur. Il l'interpelle, elle lève la tête et soudain, l'univers rayonne. Elle le trouve encore plus séduisant qu'à l'accoutumée, bronzé, rajeuni. Face à son époux resplendissant, elle se juge laide, repoussante. S'il l'avait informée de sa venue, elle aurait tenté une mise en beauté avec la socio-esthéticienne.

Elle pose son livre sur le banc et lui offre un sourire radieux. Il s'assied à ses côtés. Elle s'approche lentement de lui mais il lui adresse un sourire forcé et détourne la tête. Le baiser de Marie s'écrase sur la joue de son époux.

— Salut Marie.

Cette dernière ne répond pas, occupée à masquer sa déception. Il brise le silence.

— Ça va ?

— Oui, merci. Les filles ne t'ont pas accompagné ?

— Te voir fatiguée quand elles sont venues la première fois leur a fait de la peine.

— Je comprends, mais elles me manquent tellement. J'ai besoin de les sentir, de les toucher. Amène-les-moi s'il te plaît.

— J'ai peur que ça les perturbe.

— Ne pas me voir doit les perturber davantage. S'il te plaît…

— OK, je vais y réfléchir.

— Quand ?

— Je sais pas. Dans le week-end peut-être.

— Merci, mon chéri, vraiment merci. J'ai besoin d'elles. Elles me manquent trop.

Un silence s'installe. Éric affiche une mine sombre, le regard lointain, balayant la terre du bout de sa chaussure. Marie remarque son air fatigué. Il rayonne par son bronzage tout en dégageant une certaine morosité. À moins que l'environnement ne déforme sa perception ? Entourée de dépressifs, la jeune femme finit par ne déceler que la part sinistre des autres. Elle reprend :

— Et toi mon chéri, comment te sens-tu ?

— Bien.

— Parfait. Moi aussi. Pour de vrai. Ils disent que je vais mieux.

— Je suis au courant. J'ai parlé au téléphone avec un toubib hier.

— Ah bon ? Je ne savais pas.

— Tu ne sais pas tout.

— C'est-à-dire ?

— Il y a les faits et il y a ce que tu imagines. Je ne suis pas malintentionné.

— Vu de ta position, tu peux l'interpréter ainsi, mais crois-moi, ma place est loin d'être confortable.

— La mienne ne l'est pas davantage.

— Alors, oublions tout. Balayons le passé et recommençons à zéro. Je t'aime. Aujourd'hui, personne n'est heureux. Ni toi ni moi.

Je me suis brouillée avec ma sœur et mon beau-frère et si les filles découvrent cette histoire, ça les détruira. Pourquoi s'entêter dans une situation qui sème le malheur ?

Tout en prononçant ces paroles, Marie prend les mains d'Éric entre les siennes. Il ne la repousse pas. Mais il se tait. Elle le fixe sans sourciller. Lui se concentre sur le pied qu'il agite toujours dans la terre, tentant de déloger un petit caillou de son emplacement. Il reste silencieux.

— Éric ? Qu'est-ce que tu comptes faire ?

— Je ne sais pas.

— Mais encore ?

— Pour moi non plus ce n'est pas simple.

— C'est toi qui as voulu tout cela. En ce qui me concerne, notre vie me convenait parfaitement. Donc, tu proposes quoi ?

— Pour l'instant, on change rien. Tu es ma femme et tu vas rentrer chez nous.

— Et Julien ?

— Quoi Julien ?

— Tu le vois toujours ?

— Ça te regarde pas.

— T'es gonflé, là. C'est à cause de votre amourette, dit Marie sur un ton ironique, lâchant les mains de son époux, que je suis enfermée ici.

— Ce n'est pas lui qui t'a gavée de cachets et d'alcool.

— Il a sa part de responsabilité.

— Il n'y est pour rien. Laisse-le tranquille.

— Et toi, tu vas le laisser tranquille ou tu continueras de le voir ?

— Je te dis que ça te regarde pas.

— Désolée mais je ne suis pas d'accord ! Tu veux que je revienne à la maison, mais tu ne veux pas me garantir d'arrêter tes supercheries. Vous allez fricoter en cachette et je dois fermer les yeux ?

— Ce n'est pas ce qui est prévu.

— Mais qu'est-ce qui est prévu ? s'agace Marie. Tu me prends pour qui dans cette histoire ?

— Si tu t'énerves, je m'en vais.

— Non, ne pars pas, excuse-moi, se radoucit-elle. Mais tu peux admettre que je suis en droit de savoir.

— Tu rentres à la maison et on ne divorce pas. C'est ce que tu veux donc je vois pas de problème.

— Bien sûr, je suis contente. Mais si tu continues avec Julien, ça ne sert à rien.

— Laisse Julien à sa place et concentre-toi sur nous.

— Et Cathy ? Elle dit quoi ?

— Elle attend que tu t'excuses.

— Que je m'excuse ? Mais de quoi ?

— Tu l'as blessée avec tes remarques.

La jeune femme se raidit. Elle est dépassée par les évènements. Elle aurait dû être la victime. Non, elle EST la victime. Et pourtant, tous l'accusent. De plus, elle ignore ce qui s'est tramé ces dernières semaines dans son dos. Assommée par l'alcool puis par les médicaments, évoluant dans une nébuleuse, elle doute d'avoir été informée de tout. D'ailleurs, la fatigue commence à poindre, cesser cette conversation s'avère préférable. Sa position ne lui permet pas de négocier. Elle change de sujet et l'interroge sur Lilas et Manon.

Le soleil devient discret derrière les arbres. La sonnette retentit, signalant l'heure de rejoindre le réfectoire. L'épouse assoiffée d'amour voudrait que son mari l'embrasse furieusement. Mais elle seule crève de se désaltérer d'un baiser passionné. Alors, elle glisse ses lèvres sur la joue d'Éric, caresse sa cuisse tiède dépassant de son short pour lui voler quelques secondes de rapprochement physique. La sensation de cette chair désirée, nue sous ses doigts, la fait frissonner. Éric coupe court à ce contact et se lève brusquement.

Le militaire part sans se retourner. Elle suit des yeux sa silhouette, jusqu'à ne plus la distinguer.

***

Cette semaine finit aussi bien qu'elle a commencé, car Éric rend visite à Marie accompagné de Lilas et de Manon. Marie serre les fillettes si fort qu'elles manquent d'être étouffées ! Éric s'éclipse, les laissant au plaisir de leurs retrouvailles. Il revient les chercher en fin d'après-midi. Après ce moment rempli de rires, de tendresse, Lilas et Manon ne veulent pas partir sans leur mère. Marie promet de rentrer prochainement à la maison. La séparation est éprouvante pour toutes les trois.

Restée seule, la jeune femme sent une peine profonde l'envahir peu à peu. Ces quelques heures en compagnie de ses enfants lui ont fait ressentir à nouveau le bonheur d'être mère. Elle s'est imprégnée de leur odeur, de leur douceur, de leur malice. Plus d'un mois qu'elle est privée d'elles. Elle veut que cela cesse, elle veut retrouver les siens au quotidien. Elle va mieux, les médecins le lui ont dit, aussi elle exige de sortir. Un sentiment d'impuissance s'empare d'elle. Petit à petit, la peine se mue en colère. Elle a l'impression de n'être qu'un jouet que tout le monde manipule à sa guise. Bien qu'adulte, elle ne détient aucun pouvoir sur sa vie. Elle serre les poings et les dents. Elle a envie de fuir. Là, maintenant. Oui, elle pourrait s'échapper, après tout, que risque-t-elle ? Qui peut la contraindre à séjourner ici ? Elle n'est pas malade. Et en présence de son époux et de ses enfants, elle respire la santé et la joie. Avec eux, elle pétille. La meilleure thérapie se trouve dans la chaleur de leurs étreintes qu'elle injecte dans ses veines jusqu'à son cœur. Le remède le plus puissant à lui prescrire, c'est eux, et sûrement pas l'enfermement et la privation de ceux qui la comblent d'affection.

Elle jette un regard furtif à droite, puis à gauche. Elle s'approche du grand portail, l'air innocent. Certains résidents profitent du soleil dans le parc, mais aucun ne donnera l'alerte, elle en est persuadée. Ici, chacun se centre sur lui-même, sans se mêler de ce que font les autres. Ils ont tissé des liens cordiaux, mais pas chaleureux. Une politesse de façade. Les murs encadrant la sortie se dressent à quelques mètres d'elle. Quelques pas encore et elle regagnera la liberté. Elle en a le droit. Elle doit arrêter de se soumettre aux décisions des autres. Elle peut et veut maîtriser sa vie. Elle focalise son esprit sur ses filles. Les presser contre elle. Tous les jours. Maintenant.

— Madame Villenave !

Marie se fige sur place.

— Madame Villenave ! Vous m'entendez ?

L'infirmière en chef la hèle de loin. Marie a reconnu sa voix et se retourne. Son cœur bat la chamade, elle transpire. Elle tente de prendre un masque impassible en s'approchant de madame Rivabot.

— Oui ? Qu'y a-t-il ?

— Je souhaiterais vous parler si vous êtes disponible.

— Bien sûr, bafouille Marie en déglutissant.

— Suivez-moi dans mon bureau, je vous prie.

Marie tremble. Elle s'apprêtait à fuir et on l'a attrapée avant même qu'elle ait franchi le portail. Que va donc faire madame Rivabot contre elle ? Elle fulmine intérieurement. Contre elle-même, contre l'infirmière. Pourquoi rien ne se passe-t-il jamais à son avantage ?

Dans le bureau, l'infirmière lui tend un sac.

— C'est pour vous.

— Qu'est-ce que c'est ?

— Des affaires apportées par votre époux. Nous devions les vérifier avant de vous les remettre.

— Ah ! opine Marie confuse et surprise. D'accord. Merci.

Elle saisit le paquet et sort sans se retourner. Dans le couloir, elle s'appuie contre un mur, chancelante, dégoulinante de transpiration. Elle se demande si l'infirmière a perçu son malaise. Quand sa respiration ralentit, elle se dirige vers sa chambre. Elle s'assied sur son lit et souffle bruyamment pour évacuer son stress. Elle a appris à apprécier ce petit refuge où elle se sent en sécurité lorsque l'extérieur la tourmente. Elle ouvre le sac et à sa grande surprise y déniche des dessins de ses filles, des gâteaux, le doudou de Manon sur lequel est agrafé « Maman, je te prête mon doudou. Je t'aime des millions et des milliards de fois », une enveloppe dans laquelle Lilas a collecté des fiches de recettes qu'elle a découpées dans les magazines de sa grand-mère, quelques vêtements propres. À la découverte des trésors contenus dans ce sac rempli d'humanité et d'amour, elle sent ses yeux humides déborder. Elle serre très fort le doudou contre elle, pour se rassurer et briser la solitude. À présent, le manque des siens croît jusqu'à l'insoutenable. Éric reste mon mari quoiqu'il arrive, sa présence lui fait défaut. Elle ne supporte plus ce gouffre abyssal creusé par son absence. Elle a besoin de le sentir près d'elle, tout comme elle a besoin de cajoler ses enfants, de se réchauffer à leur rayonnement. Elle a conscience qu'elle avance sur le chemin et qu'elle n'a pas encore atteint le bout, mais elle se pense prête. Elle en est convaincue, elle a reconquis les forces suffisantes pour réussir son projet de réunification familiale. Elle se juge apte à reprendre sa routine. Mais quand ?

Les jours suivants, Marie s'investit au maximum dans les thérapies dont elle bénéfice. Elle l'a compris, elle doit mériter le sésame délivré par le médecin pour s'affranchir de ces lieux. Ce séjour ne prétend pas guérir les gens, la place manque pour les accompagner jusqu'au bout. L'objectif est de les aider à tracer de nouvelles perspectives, d'initier des prises en charge qui se prolongeront à l'extérieur. Les idées suicidaires se sont évaporées, elle a appris à se faire confiance, a gagné en estime de soi. Bien sûr, un fond de fragilité subsiste en elle, mais elle continuera d'évoluer en retrouvant les siens et en poursuivant une psychothérapie hebdomadaire. Elle veut prouver aux décideurs qu'elle mérite son autonomie, elle s'accomplira sans eux. Elle n'est pas un jouet, elle est maîtresse de son existence.

Ce jour espéré arrive enfin. En début de sixième semaine, sa sortie a été validée pour le vendredi. Elle exulte et les préparatifs de son départ l'excitent. Elle appelle Éric. Non, il ne viendra pas la chercher, il travaille. Non, il ne demandera pas un repos exceptionnel, entre les collègues en permission et ceux en maladie, ce sera refusé. Mais, oui, il s'organisera pour que les filles reviennent à la maison dès le samedi. Marie raccroche, à demi déçue. Elle téléphone aussitôt à Paola qui partage sa joie et qui, oui, oui bien sûr, se débrouillera pour sa sortie. Son amie peut toujours compter sur elle.

CHAPITRE 19

Voilà. Elle sort vendredi. J'ai appelé mes parents pour les prévenir que je viendrai chercher les filles. Ils étaient déçus ! Ils s'étaient habitués à leur présence. J'ai bien vu qu'ils avaient créé du lien tous les quatre. Le colonel est devenu un peu moins rigide avec moi. Il m'a complimenté sur l'éducation de Lilas et Manon, il a même fini par admettre que Marie était un bon choix d'épouse ! Certes trop fragile, mais il reconnaît ses qualités maternelles. Des félicitations et des compliments. Il me donne quelques miettes de ce que j'ai toujours espéré. Quelle ironie !

Ma perm est finie. J'ai profité un peu de ces vacances en célibataire et sans gosses. À présent, faut reprendre la routine de la vie de famille. Je mange devant la télé pour le dernier soir, les pieds sur la table basse. De la bonne vie de célibataire. Je regarde autour de moi. La maison est un peu en bordel et les placards sont vides. Marie s'en occupera, ça lui fera passer le temps.

En fin de semaine je reprendrai ma vie là où elle s'est arrêtée, avant le pseudo suicide de Marie. Y a quand même un truc qui a changé. La plaie qu'a ouverte la Dupois et les mensonges de Julien avec Mélissa. Deux claques coup sur coup qui frappent de temps en temps en moi, à l'improviste. Ça recadre. Ça n'apporte pas de solution viable, mais ça recadre. J'attrape la télécommande et zappe. Comment ils font pour concentrer autant de débilités en une soirée ? Je laisse tout en plan au salon et rejoins le garage pour frapper un peu. Les jours prochains ne m'enthousiasment pas, le garage deviendra mon coin préféré.

Un coup, deux coups, trois coups, quarante-huit coups. J'arrête de compter. Je dégouline. Rien n'a bougé. Tout ça n'a servi à rien. Un raté reste un raté. La volonté d'avancer, de changer, de choisir consciemment, c'est qu'un ramassis de conneries tout ça. Quand on est piégé, c'est jusqu'à la fin. Quand on n'a pas les couilles de faire face, on crève sans couilles. Ou alors on s'en fait greffer. Mais j'ai pas trouvé de chirurgien, juste une psychiatre qui prétendait vouloir m'aider. Elle m'a surtout aidé à me sentir bien dégueulasse, la Dupois. Mes gestes deviennent plus lents, je frappe moins fort. Le sans couilles arrête de frapper ! Une douche et au lit. Ruminer est sans intérêt. Un militaire doit apprendre à capituler quand ça s'impose, abandonner le combat et se replier aux abris pour sauver sa peau. J'ai choisi de sauver ma peau.

Enfin, celle de Julien surtout.

***

Le vendredi matin, Marie honore ses derniers rendez-vous médicaux, puis elle s'acquitte des démarches administratives. On lui remet une ordonnance avec une panoplie complète de médicaments, ainsi qu'une de suivi avec un médecin psychiatre. Marie s'engage à respecter les consignes. Elle regagne sa chambre et finit de ranger les quelques affaires qu'elle n'a pas encore empaquetées. Après le déjeuner, elle remercie tout le monde, embrasse les résidents avec qui elle a le plus sympathisé, sans échanger d'adresse ni de numéro de téléphone. Ces gens-là n'ont fait que passer dans sa vie, suspendue six semaines durant. Ils incarnent des relations accidentelles qu'elle ne désire pas entretenir dans son futur. Elle récupère ses bagages et attend Paola dans le jardin. L'air embaume de senteurs estivales, une odeur de fleurs et de gazon coupé, exacerbée par la chaleur. Elle respire la liberté.

206

Elle regarde d'un autre œil le paysage qui l'entoure. Cette pause médico-champêtre l'a ragaillardie. Elle peut reprendre son rôle de bonne mère et de bonne épouse.

Paola ne tarde pas à arriver. Quand elle aperçoit son amie dans le jardin, elle presse le pas.

— Marie ! l'interpelle-t-elle.

La jeune femme se lève et, arrivées à la même hauteur, elles se jettent dans les bras l'une de l'autre.

— Ça fait un bien fou de savoir que c'est fini !

— J'imagine, oui. Tu as une mine superbe !

— Merci !

— Tu te sens comment ?

— Ça va aller. J'ai le trac. Retrouver Éric, les petites, la maison, les mauvais souvenirs. Mais je suis arrivée au bout de ma cure et j'ai besoin de revenir dans mon univers.

— Il faudra bien affronter tout ça tôt ou tard, alors si tu t'estimes prête...

— Encore un peu faible, mais, oui, prête.

— Viens, on parlera en route.

Paola attrape une valise et Marie prend l'autre. Elles cheminent en silence, Marie jette des coups d'œil furtifs autour d'elle.

— Ça va ma belle ? questionne Paola en frottant le dos de son amie.

Marie expire d'un coup sec et marque une pause avant de commenter.

— Je ne suis pas restée longtemps ici et pourtant je sens que ces semaines comptent. Si tu n'étais pas passée à la maison ce soir-là...

Marie ne termine pas sa phrase et Paola préfère la laisser en suspens. Parvenue au portail, Marie se retourne et embrasse les lieux du regard une dernière fois. Puis elles se dirigent vers la voiture et déposent les bagages dans le coffre. Chacune prend place et Paola démarre.

— Tu dis au revoir et tu tournes la page. La nostalgie n'existe que pour ceux qui s'enterrent dans le passé. Et toi, tu dois apprendre à regarder le présent et l'avenir. Je ne te dis pas que tu dois oublier, juste avancer.

— Je sais, murmure Marie.

Paola enclenche une vitesse et la voiture progresse lentement. Le parc s'estompe du paysage. Le cadre magnifique n'embellit pas les raisons qui y conduisent.

Elles approchent du panneau barré indiquant qu'on quitte la bourgade. Le cœur de Marie ralentit son rythme peu à peu, temporairement. Encore quatre panneaux barrés et elle retrouvera sa maison.

— Voilà, c'est fini. J'espère ne plus revenir ici, ni pour moi ni pour quelqu'un d'autre. Je trouvais les résidents étranges. On était tous là parce qu'on allait mal, ce qui aurait pu nous rapprocher. Et pourtant, c'était superficiel. Les conversations, les sourires, comme si chacun s'enfermait dans son carcan de mal-être et ne souhaitait pas l'ouvrir. Tu vois ce que je veux dire ?

— Hum, pas vraiment.

— Eh bien, comme si le malheur de chacun était plus grand que celui de son voisin et lui donnait une raison supérieure de s'éloigner des autres ou, disons un degré de chagrin supérieur.

— Ah oui, c'est nettement plus clair !

— Moqueuse ! Je t'explique que rassembler des gens en souffrance ne les aide pas à se sentir mieux. Le malheur met de la distance entre eux au lieu d'apporter du soutien, même si chacun est là parce qu'il a des problèmes. En gros, je suis contente de les quitter et de te retrouver.

— Voilà, fallait commencer par-là !

— Merci d'être venue me chercher. Éric n'a pas pris la peine de se déplacer.

— Tu le lui avais demandé ?

— Oui. Soi-disant qu'il ne peut pas poser un jour de repos. À croire que rien n'a évolué pendant ces semaines.

— Attention Marie, terrain miné. Tu sais où tu mets les pieds, tu devras te montrer courageuse, audacieuse même.

— Pas de problème, j'ai une pleine valise d'ordonnances pour voir la vie en rose et j'ai rendez-vous chez un spécialiste des errances de l'inconscient.

— Ne plaisante pas avec ça, c'est important. Tu t'es toujours laissé mener, mais ça doit changer. Ta priorité c'est toi, uniquement toi et encore toi. Rappelle-toi, « Consuetudinis vis magna est », la force de l'habitude est grande. Ne te perds pas en chemin.

— Je sais, mais on ne se sèvre pas de quinze années en quelques semaines, même internée dans une maison de repos. Bien que ça te dépasse, j'aime Éric, malgré tout le mal qu'il m'a fait. Et je ne peux m'empêcher d'espérer. Je veux le reconquérir. Car il y a aussi eu de bons moments, malgré ce début d'année horrible. Je ne m'arrête pas à ça.

— Si tout ça ne représentait rien, tu n'aurais pas cherché à te foutre en l'air. Arrête de nier. Ce séjour ne t'a servi à rien ?

— Si, il m'a servi. Mes idées noires ont disparu, je préfère la vie, même imparfaite, à la mort, et j'ai acquis de la confiance en moi. Mais j'ai besoin qu'on me soutienne. Mon objectif c'est de reconquérir mon mari et je ne veux pas que tu me juges dans mes choix. Puisque je suis condamnée à rester sur terre, alors autant envisager mon avenir comme je l'entends. J'y crois et je t'interdis de m'en empêcher.

— Wouah, en effet, t'as pris du caractère !

— On a beaucoup travaillé là-dessus. Je ne me regarde plus comme avant.

— C'est bien. Ce qui serait parfait, ce serait que tu ne regardes plus ton mari comme avant.

— Paola ? Arrête s'il te plaît. Ma sœur ne me parle plus, mon homme se comporte comme un quasi étranger avec moi. Il ne me reste que toi, alors s'il te plaît, ne me critique pas et surtout ne m'abandonne pas.

— D'accord, ma belle. Mais je t'aime et j'avoue que contempler ton autodestruction sans broncher, ça ne passe pas. Te retrouver à demi morte, je veux plus. Tu ne sais pas ce que j'ai ressenti ce jour-là. Quand je t'ai vue allongée par terre, c'était comme une partie de moi-même qui gisait inconsciente. Je n'ai jamais eu aussi mal de toute ma vie. Ne refais jamais ça. Jamais.

— Pardon Paola. J'ai été égoïste, je n'ai pensé qu'à ma douleur. Heureusement que tu étais là au bon moment, comme souvent. Je crois que je ne t'ai pas remerciée. Alors merci Paola, du fond du cœur, merci. Si je te dis ces mots aujourd'hui, c'est grâce à toi. Il y a eu trop de trahisons ces derniers temps, reste toi-même et ne change pas. J'ai besoin de toi.

Paola a pris la main de son amie, puis dans un clin d'œil souriant elle lui lance :

— Nulla tenaci invia est via.

— Ah celle-ci je la connais, tu me l'as suffisamment répétée : nulle route n'est infranchissable !

— Exact. Et tu y arriveras, même si la route est semée d'embûches. Bien que je n'approuve pas toujours, je te soutiens, mais permets-moi quelques remontrances quand tu t'emballes.

— Accordé. Sinon tu ne serais pas une véritable amie.

— Et comme une amie a le droit de tout savoir, peux-tu me dire quel est le programme ?

— Éric récupère les filles demain, nous serons à nouveau une famille réunie, comme avant.

— Et après-demain ?

— Quoi après-demain ?

— Réunie ne signifie pas unie. Vous serez une famille comme avant Julien, sans Julien ou avec Julien ?

— Et voilà, tu recommences !

— Mais tu m'y as autorisée ! Je n'approuve pas, je ne vais pas simuler, je n'ai pas les talents d'Éric !

Marie jette un regard en biais à son amie et préfère ignorer cette dernière remarque avant de reprendre :

— Je n'aurais jamais dû t'accorder cette faveur, te connaissant, tu vas en abuser et j'aurai droit à des remarques en permanence.

— Trop tard, tu m'as dit oui. Alors, réponds à ma question.

— Je n'en sais rien. On a besoin de temps pour surmonter tout ça. Je n'ai pas partagé le quotidien avec mes filles depuis presque deux mois.

— Ne t'inquiète pas pour elles. Elles vont bien, tu le sais, même si, bien sûr, tu leur as beaucoup manqué. Lilas était peut-être un peu plus soucieuse que sa sœur. Mais globalement, elles ont traversé cet épisode sans trop de casse, tes beaux-parents ont rempli leur rôle à merveille. L'avenir en revanche…

— Développe.

— Apprendre que son père couche avec son cousin, ça doit faire un choc, même à neuf ans, on est apte à comprendre qu'il y a quelque chose de pas très sain.

— Il n'y aura pas de choc puisqu'on ne leur dira rien.

— Pour ça, il faudrait que ça appartienne au passé.

— Mais ça appartient au passé !

— En es-tu sûre ? Est-ce qu'Éric t'a juré de ne plus le revoir ? Est-ce qu'il t'a donné des garanties prouvant que tout ça, c'était terminé ?

— Non.

— Donc…

Paola laisse sa phrase en suspens, Marie ne relève pas, aussi elle décide de continuer.

— Donc ça n'appartient pas au passé. Tu devrais le quitter. Il ne te rend pas heureuse. On connaît tous des moments difficiles. Mais si cela dure et que le mal-être prend le dessus, alors il convient d'admettre qu'un problème persiste au lieu de s'agripper à ce qui nous rend malheureux.

— Tu es intransigeante Paola. Il n'y a pas que l'amour et l'après-amour. Il y a des périodes fluctuantes qui ne connaissent pas toutes une issue fatale. Il y a le pardon, comme celui que je souhaite accorder à Éric pourvu qu'il me revienne, car lui aussi souffre de cette situation. Il y a la redécouverte. Je me redécouvre, dans mon physique et mon caractère et Éric découvrira la nouvelle Marie. Et tu verras, ça prendra le temps nécessaire, mais on vivra une seconde histoire d'amour, parce que j'aurai changé. Tout le monde évolue, tu n'es plus au bout de quinze ans de vie commune ce que tu étais au jour de la rencontre. Il faut savoir s'adapter à cette progression.

— Soit. Je suis intransigeante. Mais toi, tu es très optimiste, ou très naïve. Les pilules du bonheur, de vraies magiciennes ! Je pense même pouvoir te couronner reine des utopistes. Reconquérir Éric et trouver une harmonie de couple, c'est tout le mal que je te souhaite. Mais je suis désolée ma belle, je n'y crois pas une seule seconde. Je continuerai de te soutenir, mais je ne sais pas mentir, alors je n'applaudirai pas des deux mains et des deux pieds un projet qui me paraît perdu d'avance, et qui plus est, autodestructeur. Et c'est ce dernier point qui me gêne profondément. Peut-être que tu as changé, même si je pense que tu as encore des progrès à faire pour apprendre à t'aimer, mais pas lui. Il triche depuis le début de votre histoire. Et toi, tu vas sombrer encore une fois, Marie. Ça me fait mal de l'envisager.

Paola tourne à droite. Absorbée par leur conversation et ses pensées, Marie n'avait pas remarqué qu'elles approchaient de son domicile. Elle avait regardé les paysages défiler sans prêter attention aux lieux qu'elle voyait. Son cœur s'embrase, ses mains deviennent moites. Éric travaille et les petites séjournent chez leurs grands-parents. Elle pourra refaire connaissance seule avec ses murs. La dernière fois qu'elle les a vus, elle les a quittés précipitamment, inconsciente, à mi-chemin entre la vie et la mort. Aujourd'hui, ré-apprivoiser cette maison en solo s'avère nécessaire.

Paola se gare dans l'allée et coupe le moteur. Elle se tourne vers Marie.

— Voilà, on y est. Tu veux que je rentre avec toi ?

— Je veux bien.

— Allons-y.

Elles sortent de la voiture, déchargent les bagages. Marie fouille dans son sac à main à la recherche du trousseau qu'elle n'a pas utilisé depuis plusieurs semaines. Elle frissonne au contact du métal. Des flashes passent devant ses yeux. Le sang. Les pieds tailladés. La vaisselle cassée. Éric qui fuit à moto… Ne pas penser à tout ça. Regarder devant. Regarder maintenant. Les clés sont les siennes. La maison est la sienne. Oui, elle est chez elle. Elle ne devrait pas être envahie d'appréhension. Et pourtant, une boule gêne le passage de l'air dans sa gorge. Doucement elle tourne la clé dans la serrure. Elle peut entrer, toutefois elle reste, hésitante, sur le perron. Détectant son angoisse, Paola entrouvre la porte et l'encourage en plaçant une main sur son épaule. Elles se fixent en silence quelques secondes, puis Marie oriente son regard vers l'intérieur et avance d'un pas. Arrivée dans le couloir, elle examine discrètement le salon. Aucun signe des évènements passés ne subsiste.

Marie pénètre dans la chambre où elle dépose ses valises, puis elle regagne la cuisine où Paola a lancé la préparation d'un thé.

— Un petit thé et je m'en vais. Ça te convient ? À moins que tu préfères un café ?

— Non, c'est parfait.

— Pas trop dur ?

— C'est étrange de se retrouver dans ces lieux. Mais ma vie est ici. Comme tu l'as dit, pas de nostalgie. Donc oui, un peu dur, mais j'y arriverai, parce que je vais déployer toute mon énergie pour avancer.

Paola sourit en guise d'encouragement. Elle s'apprête à attraper des tasses et la boîte à thé. Puis elle se ravise. Elle aussi doit cesser de choyer Marie comme une petite chose fragile. Même si Éric ne la ménage pas et ne la considère pas comme un vase rarissime en porcelaine, Marie a toujours eu à ses côtés une personne pour la dorloter. D'abord Cathy, ensuite Paola. Elle décide de changer de regard sur son amie et de lui laisser l'espace nécessaire pour s'affirmer. Aussi, elle se rassied.

— Je boirai bien un thé aux fruits rouges si tu en as. Sans sucre.

— Oui, bien sûr.

Marie est perdue dans cette cuisine qui ne lui paraît plus si familière. Pendant presque deux mois, elle a peu géré le quotidien. Reprendre du service en ces lieux la perturbe. Elle ouvre un placard. Non, ce n'est pas le bon. Celui de gauche peut-être ? Exact.

— Thé quoi ?

— Fruits rouges.

— Ah oui ! Fruits rouges, fruits rouges, marmonne Marie tout en inspectant la boîte. Voilà, il en reste.

Elle tend victorieusement un sachet à Paola.

— Tu veux du sucre ?

— Sans sucre, comme d'habitude, lui rappelle Paola, mi-amusée, mi-perplexe devant la distraction de son amie.

— Désolée ! J'avais oublié. Je suis heureuse d'être là et en même temps c'est éprouvant de retrouver ses marques.

— Laisse-toi quelques jours pour te réadapter. Ne te demande pas l'impossible dès les premières heures, sinon tu te mettras une pression inutile et tu risques de fléchir. Tu as besoin de médicaments et d'une psychothérapie pour soigner ta dépression ce qui signifie que tu n'es pas stabilisée. Donc une rechute peut se produire. Reste vigilante. Fais de ton mieux, mais n'exige pas trop de toi.

— Merci du conseil, madame l'infirmière.

— Je suis sérieuse.

— Je sais, mais cesse de te tracasser. Je te l'ai dit, je suis consciente que je suis encore fragile et que je dois faire attention à moi.

— D'accord. On n'en parle plus.

— Approuvé !

Paola change de sujet et rapporte les derniers potins de la maison de retraite où elles se sont rencontrées. Elles devisent pendant une quinzaine de minutes, puis Paola prend congé.

— Je vais rentrer. Le thé était impec, merci. Tu as besoin de quelque chose ?

— Non. J'ai tout ce qu'il me faut.

— Parfait. Alors je pars ?

— Oui, tu peux.

— Sûre ? insiste-t-elle dubitative.

— Sûre. À cent pour cent.

Paola hésite à laisser son amie seule et attend que Marie la retienne, mais cette dernière sourit en silence. Aussi elle se lève, repousse la chaise sous la table et embrasse la jeune femme sur la joue. Toutes les deux se dirigent vers la porte d'entrée.

— Tu m'appelles quand tu as un moment ?

— Promis. Mais peut-être pas avant lundi ou mardi.

— Prends soin de toi. Et n'oublie pas, s'il y a quoi que ce soit, je suis là.

— Merci encore Paola. T'es la meilleure.

— Je sais, pas facile à porter tous les jours tant de perfection, mais avec l'âge je m'y habitue, ironise cette dernière. Bisous ma belle. À plus tard.

— À plus tard.

Elles s'étreignent quelques instants, puis Paola s'éclipse. Marie s'adosse à la porte après l'avoir refermée et entend la voiture s'éloigner. Le calme domine dans cette demeure où elle se perçoit étrangère. Elle passe les mains sur son visage et respire profondément. L'heure tant espérée de reprendre ses habitudes est arrivée.

Elle décide de faire le ménage afin d'accueillir ses filles dans une maison propre et aussi pour retrouver chaque pièce l'une après l'autre, caressant les objets, les meubles. Le silence l'oppresse, elle entre dans le salon pour mettre de la musique, la pièce qu'elle appréhende le plus. L'ordinateur d'Éric trône à la même place, sur la grande table. Il est ouvert. Marie s'en approche et constate qu'il est éteint. Elle pourrait l'allumer, mais elle sait qu'elle se heurterait au fatidique mot de passe qu'elle ignore. À quoi bon ? À part de la souffrance, cette fouille inquisitrice ne lui apporterait rien. Elle espère beaucoup de ce retour à la vie de famille, mais n'est pas complètement crédule. Peut-être que Julien est venu en son absence. Peut-être qu'il a dormi ici. Qu'ils se sont embrassés partout dans cette maison ! Qu'ils ont fait l'amour dans le lit conjugal !

STOP ! Stop. Elle veut arrêter ce ressac de pensées. Mais elle a appris à Beauregard que vouloir dompter ses pensées relève de l'impossible. On lui a conseillé de les laisser venir, sans focaliser dessus. Alors elle ne lutte pas contre elles, mais elle ne s'y attache pas non plus. Du moins, elle essaie…

Marie lance un CD puis se rend à la chambre pour se changer et enfiler une tenue plus adaptée aux tâches ménagères. D'ailleurs elle commence par cette pièce. D'abord défaire les bagages, ranger les divers papiers de la maison de repos, effacer toute trace matérielle de ce séjour. Elle effectue tous ces gestes avec minutie. Puis elle s'assied un instant sur le lit qu'elle effleure. Lit conjugal. Conjugal comme conjoint. Conjugal comme conjuguer, ce qui signifie unir. Unir des corps qui se désirent. Des concepts saugrenus vu leur dernière nuit « d'amour ». Il ne matérialise plus un lieu d'union, juste un lieu de repos, et encore, de repos tourmenté. À moins que Julien et Éric… durant son absence… La seule vision de son neveu allongé à sa place, auprès de son mari, lui déchire le cœur. Elle saigne de l'intérieur. Ses blessures à vif se ravivent par saccades selon les fluctuations de ses préoccupations. Elle tente de chasser au plus vite cette image. Ah non, il ne faut pas lutter ! Il faut accepter l'image, la laisser venir, intégrer que ce n'est qu'une interprétation, rien de réel. Il faut ressentir dans son corps. Oui, elle la sent la douleur, là, à gauche dans sa poitrine, qui se diffuse dans ses veines, dans ses muscles, dans son épiderme. La colère liée à son constat d'impuissance aussi. Rageusement elle défait le lit, enlève les draps qu'elle roule en boule par terre. Elle veut des draps propres, des draps neufs auraient même été l'idéal. Elle ouvre la fenêtre pour s'étourdir d'air pur. Elle chancèle. Se retrouver ici s'avère plus difficile qu'elle ne l'avait envisagé. Elle regarde sa montre, l'heure de son médicament approche. Tremblante, elle saisit la boîte de pilules qu'elle a posée sur son chevet et file chercher un verre d'eau. Dans la cuisine, elle s'assied quelques instants pour reprendre ses esprits en se connectant à sa respiration.

Se laisser du temps. Paola a raison. Elle ne doit pas trop exiger d'elle-même à peine rentrée. Ni trop attendre d'Éric.

Elle se dirige ensuite vers les chambres de ses enfants. Elles sont rangées, toutefois l'odeur commence à y être désagréable. Elle les aère, et aussitôt le soleil et la senteur des pins inondent les chambres. Puis elle s'attarde dans chacune d'elle pour regarder les photos, les dessins, caresser quelques peluches disposées çà et là. Elle a hâte que les rires de ses filles rompent ce pesant silence. Et les circonstances dans lesquelles elle revient chez elle rendent la situation d'autant plus délicate.

CHAPITRE 20

L'une après l'autre, Marie a nettoyé chaque pièce avec soin, elle a terminé sa traque de la poussière. Dix-sept heures approchent. Éric rentrera bientôt et la jeune femme redoute ce moment. Le réfrigérateur affiche une triste mine, le contenu du congélateur et des placards n'est guère plus engageant. Elle décide de procéder à quelques emplettes. Elle attrape son sac à main et son panier en osier et part à pied. Légère, elle savoure cette sensation de liberté retrouvée. C'en est grisant. Elle marche à pas lents, en prenant le temps de sentir le goudron ferme sous ses claquettes, d'observer les échoppes typiques de la région. Que c'est bon !

À l'épicerie, elle ne se soucie pas de l'étiquette des prix. Seul objectif : réunir sa famille autour d'une table réjouissante pour les papilles. Au diable la comptabilité, une fois n'est pas coutume. Quand le panier commence à peser, elle en reste là pour les courses du week-end.

Elle regagne son domicile en accélérant le pas. Elle souhaite tout préparer avant l'arrivée d'Éric. Elle ouvre le foie gras sur une petite assiette et l'entrepose au réfrigérateur avec la salade et les tartelettes aux framboises. Puis elle se rend dans la chambre à la recherche d'une tenue susceptible de plaire à son mari et adaptée à ses nouvelles mensurations. Elle a perdu plus de dix kilos en deux mois, ses habits sont devenus amples. De plus, les vêtements féminins brillent par leur absence dans cette armoire. Elle envisage de remédier à ce manque dans les prochains jours. Elle se douche à la hâte, revêt son unique robe, l'ajuste avec une ceinture. Ensuite, elle tente de discipliner ses cheveux à l'aide de pinces empruntées à ses filles.

***

Je me gare dans l'allée. Je pose mon front sur le volant et respire un grand coup. Je suppose qu'elle est là. C'est reparti pour un tour. J'ai fait mes choix, même si Julien me manque terriblement. Mais je devais le protéger, nous n'avions pas d'avenir ensemble. Sans moi, il sera certainement plus heureux. Il est encore temps pour lui d'assumer ce qu'il est. Alors que moi, à quarante ans, ma vie est fichue. C'est trop tard.

Je replonge dans les souvenirs de ces quelques moments volés au cours des derniers mois. J'ai touché le bonheur du doigt au moins une fois dans ma vie. Je suppose que ce n'est pas si mal. Certains n'y ont jamais droit. Aujourd'hui il me reste le sport, la moto, quelques virées de temps en temps. Des échappatoires quand la soupape de sécurité s'apprêtera à exploser. Y a pire non ? Je crois que je peux m'en satisfaire longtemps encore.

Allez, faut y aller ! J'attrape ma veste de treillis jetée sur le siège passager et je sors de la voiture. J'entre dans la maison, elle est là. Je ne la cherche pas parce que je ne sais pas quoi lui dire. J'ai envie de chausser mes baskets, d'être seul, mais repousser le moment ne sert à rien. Alors, ouvrons le feu, que la comédie reprenne !

***

Marie entend la porte d'entrée claquer depuis la salle de bains. Son cœur bondit dans sa poitrine. Elle écoute ses pas résonner au rythme des rangers pendant quelques minutes. Puis elle l'entend s'approcher. Il s'appuie dans l'embrasure de la porte. Elle fixe le miroir, une pince à cheveux coincée entre ses lèvres.

220

— Salut.

— Bonsoir Éric.

— Bien rentrée ?

— Oui.

— En forme ?

— Ça va, je te remercie.

— OK, à toute.

Et il repart en direction du salon. Pas un baiser. Pas un geste de tendresse. Pas un mot doux. Rien. Marie avait envisagé la difficulté de ces retrouvailles. Toutefois, se trouver devant les faits ramène sans concession à la cruelle réalité. Entre imaginer une situation et la vivre, il y a parfois un gouffre difficile à franchir, même en toute lucidité… alors d'autant plus lorsqu'on s'accroche à des chimères.

Elle achève de se préparer et décide de vaquer à ses occupations, trop mal à l'aise pour affronter son époux. Celui-ci ressent sans nul doute le même embarras. Au cours de sa prise en charge, un thérapeute l'a alertée sur la probable souffrance d'Éric afin qu'elle envisage qu'il n'agit pas contre elle, mais pour se protéger lui. Marie s'est emparée de cette douleur potentielle pour plaindre Éric ! Au risque d'oublier de se préserver elle-même une fois de plus…

Marie se dirige vers la cuisine pour trier la roquette. Depuis le couloir, elle jette un œil au salon. Comme elle s'en doutait, Éric pianote sur son ordinateur. Elle préfère n'émettre aucune hypothèse quant à l'activité qu'il mène. Il ignore la présence de sa femme, ne lève même pas la tête de l'écran.

Quand elle a terminé ses préparatifs, elle dresse la table dans le jardin. Manger dehors. Elle n'a pas joui de ce banal plaisir depuis des semaines bien que la saison s'y prête à merveille. Marie apprécie le mois d'août océanique où la nuit s'éveille sur des températures tièdes, parfumée au pin, embellie d'un ciel rougeoyant.

Le couvert est mis et la pendule affiche un horaire raisonnable pour dîner. Elle interpelle Éric d'une voix aussi claire et chaleureuse que possible.

— À table chéri !

Comme il ne répond pas, elle s'avance vers le salon.

— Tu viens ?

— Hum, hum. J'arrive.

Il manipule la souris quelques secondes puis referme son ordinateur et s'attable sans un mot. Elle décide de jouer la Suisse, neutralité absolue, pas de propos qui fâchent, pas de paroles agressives. Toutefois, le souvenir de leur dernier tête-à-tête est prégnant. Cette fois-ci, l'alcool est absent. Il y a seulement de l'eau gazeuse pour donner un côté festif au retour de Marie. Ils dégustent le repas sans un mot pendant quelques minutes jusqu'à ce qu'Éric rompe le silence.

— Tu as acheté un dîner de fête. On célèbre quelque chose ?

— Mon retour. Nos retrouvailles.

— Ah !

— Je suis heureuse d'être chez nous.

« Et toi ? Es-tu heureux qu'on soit réunis ? » s'abstient-elle de questionner. Intérieurement, elle bouillonne, ces incertitudes et ces indécisions l'oppressent. Elle se demande jusqu'à quand elle arrivera à se maîtriser face à l'anxiété qui l'envahit. Elle qui avait hâte de retrouver son nid réalise l'ampleur de ce qu'elle affronte. L'indifférence d'Éric, le côté équivoque de la situation, la précarité de leur couple, la fragilité de son propre psychisme. Cependant, elle sait que le temps représente un allié de taille. Si elle l'assaille de questions, leur relation redeviendra conflictuelle. Dans ces moments douloureux de doutes, elle s'emploie à mettre en application ce qu'elle a appris au cours de son séjour en maison de repos. Elle lutte pour ne pas céder à l'intensité de ses émotions et réagir en conséquence. Elle revient à l'écoute de son corps et de sa respiration plutôt qu'à l'écoute de ses pensées. Elle marque des pauses dans leur conversation lorsqu'elle se surprend prête à verbaliser sa colère ou ses reproches.

Elle reprend le fil de leur discussion, veillant à maintenir des propos neutres.

— Et puis je vais revoir mes princesses. Qu'est-ce que vous avez fait pendant ces vacances ?

— Rien de spécial. On est restés chez mes parents. On est allé à la mer un week-end.

— Elles ont dû être ravies.

— Elles l'étaient.

— Tu leur as dit que je revenais ?

— Pas encore. Je préférais ne pas leur donner de faux espoir, au cas où...

— Tu as eu raison. Tu vas les chercher à quelle heure ?

— Vers dix heures. Ce sont les vacances, elles font la grasse matinée.

— Il me tarde, se réjouit Marie. Éric ?

— Oui.

— Merci.

— De quoi ?

— Pour tout. Merci d'avoir pris soin des filles pendant mon absence.

— Ce sont aussi les miennes.

— Tu remercieras tes parents de ma part.

— Je pense qu'ils étaient heureux de les avoir même s'ils auraient préféré que ce soit en d'autres circonstances.

— Ça ne se reproduira plus. Je vais mieux. Et je vais continuer mes soins. Et, Éric..., laisse en suspens Marie.

— Oui ?

— J'ai compris que pour toi aussi c'était dur. Je suis là, ne l'oublie pas. À deux, on est plus forts et on peut y arriver.

Il la regarde fixement, ne sachant comment interpréter les propos de son épouse. Se confier à cette dernière n'est pas inclus dans ses plans. Il détourne le regard et plonge la fourchette dans son assiette. Marie comprend qu'aborder certains sujets reste prématuré. Elle n'insiste pas.

Ils terminent ce repas en entrecoupant les silences de quelques banalités sur la douceur du climat ou l'entretien du jardin. Marie se couche de bonne heure, sans embrasser son conjoint qu'elle ne veut pas brusquer. Cette soirée l'a épuisée et lui confirme que les médicaments prescrits par la psychiatre lui sont indispensables. Jouer la désinvolture alors que tout en elle désire son mari et souhaite avoir la certitude que son avenir s'écrira avec lui, l'affecte moralement. Le militaire la rejoint à une heure indue, lui tournant le dos à peine couché.

***

Le lendemain, Marie enlace enfin ses filles à loisir. Beaucoup de joie et de rires fusent. Éric se tient à distance de cette allégresse familiale dans laquelle il ne se reconnaît pas.

La jeune femme découvre avec satisfaction que ses beaux-parents ont rempli leur mission de grands-parents prévenants à merveille. Lilas et Manon espèrent y retourner en vacances. Par ailleurs, elles lui racontent qu'elles ont passé du temps avec leur tante. Un voile grisâtre s'affiche sur le visage de Marie à l'évocation de Cathy. Décidée à ne pas gâcher cette journée, elle revient à la réalité du moment présent, empêchant son esprit d'errer vers l'image de ses filles chez sa sœur, certainement en présence de Julien. Elle est rassurée de savoir que ses enfants ont supporté cette séparation forcée, entourées de l'affection des leurs.

Au moment du coucher pourtant, Lilas ne peut réfréner son inquiétude.

— Tu nous quitteras plus, dis ?

— Promis, ma perle, assure Marie dans un flot de baisers.

— Tu m'as tellement manqué maman. Et puis j'avais peur.

— Je te demande pardon pour ce que je vous ai fait vivre.

— Je t'aime maman.

— Moi aussi ma perle, je t'aime plus que ma vie.

— Chez papi et mamie, c'était bien, mais pas comme avec toi.

— Il y avait ton papa.

— Non, on l'a pas beaucoup vu. Il travaillait.

Marie encaisse la nouvelle. Elle avait imaginé qu'Éric avait passé ses semaines de congés avec elles. Or, il a délégué la charge des petites à ses parents au lieu de profiter d'elles, leur faisant croire qu'il travaillait ! Ainsi il disposait du champ libre pour se consacrer à son amourette. La tension monte en elle. Cette si belle journée s'achève sur une note désagréable. Elle réalise la puissance de « l'amour » qu'Éric porte à Julien, même si elle répugne à utiliser ce mot pour qualifier leur relation. Elle estime qu'il était cruel de laisser ses enfants à la garde d'aïeux qu'elles ne connaissaient que peu, alors que leur mère était hospitalisée.

Dire que la veille elle était disposée à s'apitoyer sur son sort ! À le plaindre de subir son homosexualité ou sa bisexualité réprimée — car elle ignore toujours les préférences d'Éric —, sa femme suicidaire, la gestion de ses enfants durant les vacances scolaires ! Quelle idiote ! Il ne mérite pas sa bienveillance. Il a passé ses congés avec Julien plutôt qu'avec Lilas et Manon. Qu'ont-ils fait durant tout ce temps ? Elle est confrontée à une autre réalité. La préférence qu'il a affichée en choisissant son amant au lieu de ses enfants. L'objectif fixé par Marie, réunir sa famille comme avant, s'annonce plus ardu qu'elle ne l'avait envisagé. Ces semaines partagées par les deux hommes ont sans doute permis d'accroître l'intensité de leurs liens.

L'angoisse l'assaille une nouvelle fois. Elle connaît cette sensation. Elle refuse de la laisser dominer au risque de se perdre à nouveau. Elle doit rester confiante en ses projets. Même s'il serait plus simple d'accepter la situation et de renoncer… Mais Marie ne peut abdiquer. Quand elle doute, elle se raccroche à cette probabilité : lui aussi souffre. Revenir à sa vie de famille paraît plus raisonnable que tout perdre. Elle se dit que la douleur de rester avec sa femme et ses enfants est moindre que d'afficher sa véritable nature. Il ne l'a jamais pu, pourquoi le pourrait-il à présent ? Il continuera de se nier.

Renoncer ne représente pas un choix envisageable de son point de vue.

Aussi, ce soir elle taira ses reproches une fois de plus. Elle préfère ne pas gâcher ce moment par les cris d'une dispute et les pleurs de ses peurs.

***

Quelques jours plus tard, elle entreprend de faire un grand tri dans la maison. Après avoir mis de côté dans les chambres les jouets et les vêtements dont les filles ne se servent plus, elle continue au salon. Elle commence par le buffet et le livre offert par Paola quatre mois plus tôt est le premier qu'elle remarque. Elle le prend dans ses mains, l'observe fixement. Elle n'a pas besoin de l'ouvrir pour se souvenir de ces témoignages choc. Une image se matérialise sous ses yeux. Une femme couchée sur un paillasson. Mais cette fois ce n'est pas une inconnue. C'est elle. Trait pour trait. Elle a sa silhouette, son visage, son regard désespéré.

Marie sursaute devant cette vision. Elle ne s'est peut-être pas couchée à terre sur un paillasson, toutefois elle est tombée bien bas elle aussi.

Le début d'une prise de conscience ?

Elle retourne le livre, le caresse, le remet en place. Oui, elle le lira. Et très vite même.

CHAPITRE 21

Bègles, printemps 2008

Dans les mois qui ont suivi son retour à la maison, Marie a poursuivi le traitement médicamenteux ainsi qu'une psychothérapie, comme convenu avec le docteur Dupois. Peu à peu elle a émergé de l'état léthargique induit par la dépression. Parler, réfléchir sur qui elle est, ce qu'elle veut, panser ses blessures passées, clarifier sa situation actuelle, expliquer ses peurs et ses espoirs sans se sentir jugée, pleurer à loisir pour libérer sa douleur, tout cela l'a aidée à réaliser ce qu'elle vivait avec moins de faux-semblants et à admettre sa dépendance affective.

Même si la constance ne caractérisait pas ses décisions.

Un jour, elle validait le fait que leur vie commune se résumait à une imposture qui la consumait à feu doux. Le lendemain, un regard, un mot de son époux qu'elle interprétait en sa faveur, l'invitaient à envisager un retour de flammèche amoureuse. Les semaines s'écoulaient entre douleur, discernement et croyances. Elle était obsédée par cette situation qui envahissait ses pensées. Elle était entièrement occupée à sa relation de couple et à l'incertitude de son avenir. Parler avec Éric relevait de l'impossible, il se refermait comme une huître à chaque tentative. Il refusait tout rapprochement des corps et les gestes de tendresse, rarissimes, surgissaient sans raison. Un sourire, un regard plus chaleureux. Des maladresses égarées et éphémères que Marie guettait en mendiante et analysait sous tous les angles pour essayer d'en déterminer les circonstances afin de les reproduire. Entre ces deux moments exceptionnels où elle se convainquait que quelque chose existait encore, ne subsistaient que la distance et la froideur. Alors elle finissait par céder, par se dire qu'ils n'y arriveraient pas, qu'ils se détruisaient, qu'elle avait tort de persister dans cette voie, elle en discutait avec son psychologue, mais au moment d'avouer sa décision à son mari, elle flanchait. Agir la pétrifiait. Elle peinait à dessiner un « après Éric », elle ne percevait que le néant dans ses projections.

Elle relisait les témoignages encourageants de tous ces gens qui avaient réussi à se reconstruire après avoir atteint le fond, qui avaient appris à vivre seuls, même si cela avait été long et douloureux. Paola s'acharnait à énumérer ses incohérences à chaque fois qu'elle abdiquait. Elle entretenait sciemment cette supercherie qu'elle déplorait et qui la positionnait en principale victime. Elle se cramponnait à des désirs insensés, elle jouait le jeu du militaire qu'elle protégeait. Elle ne se respectait pas elle-même.

Alors, la souffrance ressentie depuis la découverte de la trahison laissait une place grandissante à l'irritation et à la rancune. Elle avait cheminé et elle comprenait qu'une colère refoulée sommeillait en elle. Il est préférable d'être triste quand on naît dotée d'un XX. Une femme pleure. Elle ne rage pas. Sous peine de passer pour une hystérique. Par conséquent, elle s'était conformée à ces attentes implicites de convenance. Pourtant, sous l'enrobage de chagrin qui s'était effeuillé au fil des séances de psychothérapie, de la réflexion qu'elle avait menée, elle avait fini par contacter sa colère. Sa fureur même… avec une relecture des évènements qui avaient jalonné sa vie.

Sa fureur contre son père qui couchait à droite et à gauche, sans se soucier des conséquences et qui ignore son existence.

Sa fureur contre sa mère qui l'avait abandonnée, sans chercher à la connaître. Qui l'avait condamnée comme indigne d'être son enfant sans prendre le temps de la voir grandir.

Sa fureur contre elle-même qui acceptait sans sourciller ce que lui infligeait son époux. Elle s'en voulait de sa naïveté et de ses faiblesses.

Sa fureur contre Éric qui se servait d'elle au lieu d'assumer sa personnalité. Éric qu'elle commençait à détester.

Sa fureur contre Julien l'ingénu, certainement conscient des dégâts causés. Julien qu'elle haïssait déjà depuis plus d'un an.

Sa fureur contre Cathy qui la rejetait et l'accusait, enfermée dans sa rancune.

Elle avait voulu renouer avec Cathy. Elle lui avait téléphoné et sa sœur l'avait traitée de folle, de mythomane, lui assurant que Julien leur avait présenté des petites amies, qu'il n'était en rien homosexuel. Ni lui ni Éric. D'après elle, les deux hommes entretenaient une relation saine d'oncle à neveu, qu'heureusement, les mensonges de Marie n'avaient pas détruite. La jeune femme était soufflée par ces propos. Ses tentatives suivantes pour discuter avec sa sœur et la convaincre qu'elle n'avait pas affabulé, s'étaient soldées par un échec. Elle s'était alors présentée à la boucherie pour échanger avec Stéphane. Il s'était montré glacial. Elle espérait qu'il l'aiderait, elle s'était leurrée. Aussi elle avait décidé de se rendre chez Cathy, de la prendre par surprise. Mais elle n'en avait jamais trouvé le courage. Dialoguer face à face, se sachant malvenue, la faisait trembler de peur. Elle aimait trop Cathy pour supporter son mépris en direct une deuxième fois, pour endurer ses injures et ses menaces. Son aînée avait ordonné son séjour en maison de repos. Elle lui avait montré de quoi elle était capable. Si elle persistait à la mettre devant les faits, quelle serait la prochaine sanction ? Alors que Marie souhaitait avant tout reprendre contact, retrouver cette complicité dont elles se privaient. Par dépit, elle avait envoyé un long mail pour lui expliquer combien elle lui manquait, combien elle souffrait de la situation. Mais Cathy négligeait la peine qu'elle infligeait à sa cadette et campait sur ses positions. Elle ne tarda pas à retourner une réponse lapidaire, mais claire. « *Tu as sali l'image de notre fils, de notre famille et celle de ton époux. Tu as failli briser notre famille. On ne mérite pas ça après tout ce qu'on t'a donné en presque quarante ans. Ce que tu as fait est ignoble. Je n'ai pas réussi à te pardonner. Ne me recontacte plus.* »

Apprendre que son neveu avait une ou des petites amies avait semé le doute dans l'esprit de la jeune femme. Elle n'avait pas rêvé le baiser entre son conjoint et son neveu, ce baiser qui avait remis sa vie en question. Mais qu'est-ce que ça signifiait ? Une erreur de parcours ? Une passade ? Quels sentiments qualifiaient la nature profonde de leur relation ? Et aujourd'hui, où en étaient-ils ? Marie avait remarqué l'humeur invariablement maussade qu'affichait le militaire, bien qu'il ait toujours été taciturne. Elle ne pouvait rien relever d'anormal en cela. En revanche son téléphone ne vibrait plus sous les SMS constants comme avant son hospitalisation. Il avait peut-être rompu avec Julien qui s'était découvert hétérosexuel ? En ce cas, pourquoi ne revenait-il pas à sa vie de couple et de famille ? Pourquoi maintenait-il une attitude distante, absente même ? Avait-il rencontré quelqu'un d'autre ? Un homme ? Une femme ?

Les disputes entre les époux devenaient le lot quotidien. Elle voulait des explications. Elle voulait des décisions. Elle voulait qu'il la réhabilite auprès des siens en avouant sa relation avec Julien à Cathy et Stéphane, qu'elle soit terminée ou non. Elle voulait comprendre ce qu'il attendait d'elle, de leur union, puisqu'il refusait tout rapprochement. Elle voulait qu'il se positionne comme mari et père de famille. Elle voulait qu'il lui promette qu'il n'avait entretenu aucune aventure avec un autre homme avant Julien ni après. Ni avec aucune femme. Elle le poussait dans ses derniers retranchements. Elle le harcelait. Mais Éric ignorait ses demandes et fuyait sur sa moto ou s'épuisait en activités sportives. Et Marie demeurait démunie, égarée dans les méandres de ses revendications stériles, ne sachant si elle devait partir ou rester.

***

Je suis vidé. M'abrutir de sport m'aide à tenir le coup. Je m'assieds à terre après avoir couru près de deux heures. Je retire le téléphone portable de ma poche. Je le fais tournoyer dans ma main, indécis.

Il me manque. Neuf mois sans lui, c'est une torture pire que se voir en cachette. Ça ne passe pas. Quand je vais chez Cathy et Stéphane avec les filles, il part. Ou bien il se pointe avec une nouvelle conquête. Il joue à être ce qu'il n'est pas. Comme moi. Notre séparation n'a servi à rien. Sauf à nous rendre davantage malheureux. J'ai tout fait pour l'oublier mais je ne peux pas. C'est con, mais je l'ai dans la peau. Et ce n'est pas que le goût de l'interdit. C'est lui. Il me manque vraiment. Neuf mois que je fais tout pour l'oublier, pour me résigner. Je n'ai rencontré personne d'autre et je n'en ai pas envie. C'est lui que je veux et seulement lui. Depuis plus d'un mois je pèse le pour et le contre, indécis. Recommencer ? Continuer sans lui ? Qu'est-ce qui est le plus difficile à vivre pour lui, pour moi ? J'ai voulu le protéger en m'effaçant, lui laisser une chance de rencontrer un garçon de son âge et de le présenter à sa famille. Je lui ai expliqué tout ça quand je l'ai quitté. Il m'a détesté. Et il n'a pas saisi la perche que je lui ai tendue. Et depuis on souffre comme deux cons, chacun dans

233

notre coin. Je le vois à son regard quand je le croise chez ses parents. Il n'est pas plus heureux que moi.

Je fais défiler le répertoire. Son numéro et mes souvenirs. C'est tout ce qu'il me reste de lui. Je clique sur son prénom pour écrire un SMS. J'y pense depuis un moment. Lui dire quoi ? J'hésite puis je trouve les couilles de le faire.

Ne pas réfléchir. Appuyer sur envoi. Je remets le téléphone dans ma poche et je m'étire, guettant une réponse.

Toute la soirée je m'accroche à mon portable. Pour rien. Peut-être demain… J'espère que je n'ai pas tout gâché, qu'il n'est pas trop tard.

***

Le sentiment d'injustice et la colère ont mué l'amour de Marie en haine. Oui, elle a fini par détester Éric. D'abord par bribes. Puis presque au quotidien. Elle en est venue à ne plus supporter sa présence ni ses silences, ses mensonges passés et futurs. Elle ne tolère plus de n'être que la moitié de quelqu'un. Elle doit cesser de se détruire ainsi pour un homme qui ne l'a jamais aimée et l'a épousée dans le but unique de ressembler à monsieur tout le monde. En optant pour l'immobilisme, elle a soutenu son mari qui agissait sans penser aux conséquences de ses actes sur les autres, à commencer par elle. Une aberration qu'elle a mis du temps à accepter comme telle. Cette fois, elle se sent prête à aller au bout, elle évoque systématiquement son envie de quitter Éric lors de ses séances avec le psychologue. Elle a fini par admettre qu'elle ne l'aimait plus et qu'elle était capable de vivre par elle-même.

Qu'elle n'avait pas besoin de lui ni d'un autre pour avancer. Par amour et par respect pour elle et pour ses filles, elle ne doit plus cautionner cela. Elle a essayé pendant un an de miser sur la patience, la tolérance, elle a essayé de rallier sa sœur à sa cause, elle a essayé de comprendre la difficulté d'Éric à admettre son aventure avec Julien et peut-être son homosexualité refoulée, elle a essayé de le reconquérir maintes fois, jusqu'à frôler la mort.

Ça n'a pas fonctionné.

Elle en a pris conscience. Ça n'a pas fonctionné.

Envahie par son besoin de se sentir aimée, par sa peur de l'abandon, Marie a donné son maximum pour s'extirper de ce cauchemar en préservant les uns et les autres, sauf elle. Sans succès. Elle a épuisé toutes ses ressources, admis ses erreurs, accepté son échec. Par conséquent, elle est décidée à renoncer définitivement à son couple, à cet amour imaginaire. Mais avant cela, elle exige des réponses et puisque son mari refuse de la renseigner, elle recueillera elle-même les informations. Elle est habitée par le besoin impérieux de savoir. Savoir ce qui se trame à son insu. Savoir jusqu'à quel point son époux l'a trahie. Savoir tout ce qu'on lui cache depuis des mois. Savoir à quel point les siens ont piétiné son amour et son dévouement.

Pendant quelques jours, elle espionne son neveu pour s'assurer qu'il entretient bien une aventure avec une jeune fille. Toutefois, elle ne le voit qu'accompagné de camarades de classe masculins. Aussi, un samedi où Lilas et Manon sont invitées à un anniversaire, elle décide de suivre son mari durant sa balade pour s'assurer qu'il ne part pas retrouver Julien. Se remémorant son échec lors de sa précédente filature, des mois plus tôt, elle garde ses distances. À sa surprise, son époux prend le chemin qui conduit à la villa de Stéphane et Cathy. Lorsqu'il a passé le portail, Marie, intriguée, compose le numéro de la demeure, en appel masqué. Cathy répond.

Marie raccroche. Pourquoi Éric se rend-il chez eux seul ? Habituellement, d'après ses dires, il n'y va qu'en présence de Lilas et Manon afin d'entretenir le lien des filles avec leur tante et leur oncle. Mais rien ne le lui prouve. Excepté aujourd'hui, puisqu'elles ne sont pas là. Mais Cathy, si. Et Julien aussi sans doute. Sinon pourquoi venir en l'absence de Julien ? À moins que Cathy… et Éric… Le samedi, Stéphane travaille, ils sont peut-être seuls tous les deux. Marie tente l'impossible pour chasser cette odieuse pensée. Puis y revient. Cela expliquerait le rejet farouche de sa sœur, même après qu'elle ait acquis la certitude que son fils n'était pas homosexuel. Marie mâche frénétiquement son chewing-gum. Que faire ? Presque vingt minutes qu'elle patiente en se torturant l'esprit. Soudain, le portail s'ouvre sur la moto. Quelqu'un assis derrière enserre la taille du pilote. La distance l'empêche de reconnaître la silhouette. Cathy ? Julien ? Elle démarre et reprend sa filature. Mais Éric accélère et elle finit par le perdre de vue. Elle n'a pas d'autre choix que de capituler et regagne sa maison ivre de colère. Elle est assaillie par davantage de questions que le matin.

Les jours suivants, elle ressemble à un lion en cage. Elle cherche des solutions pour assouvir sa curiosité. La chance lui sourit en fin de semaine. Parti se doucher, Éric a branché son téléphone dans le salon où Marie repasse du linge. Dès qu'elle l'entend vibrer, elle se précipite pour lire le fragment de message qui s'affiche avant de disparaître. Le peu qu'elle voit ne laisse pas de place à l'équivoque. Julien et Éric se sont moqués d'elle et de tous les autres ! Ils n'ont jamais rien cessé. Les petites amies étaient de la poudre aux yeux. Et son conjoint continue de se servir d'elle pour la parade sociale, même après l'avoir envoyée en maison de repos. Des monstres égoïstes et inconscients. Des pervers menteurs et tricheurs. Marie débranche rageusement le fer à repasser et sort s'asseoir sur la terrasse. Elle préfère ne pas être là quand il viendra récupérer son téléphone, sous peine de ne pouvoir garder son calme.

***

C'est la colère, qu'elle a chevillée au corps, qui guide Marie. Elle ne veut plus de douceur, de compréhension, de tolérance, de patience, d'espoir. Elle veut de la douleur. Elle veut enrayer ces turbulences avec fracas. Elle veut retrouver sa dignité et blesser tous ceux qui l'ont blessée. Elle estime que c'est le prix à payer. Elle a mérité cette revanche après tout ce qu'elle a subi. Elle veut que sa prétendue famille endure une douleur identique à la sienne.

Maintenant, le besoin de justice et de vengeance a éclipsé son souhait de reconquête conjugale. L'adolescent atteindra sa majorité à la rentrée, les amants pourront s'exiler au bout du monde pour y vivre en cachette. Cette idée lui est intolérable, elle veut que les autres apprennent toute la vérité avant qu'ils ne songent à fuir.

L'été approche, elle désire profiter de cette période de vacances avec ses enfants, sans heurts, pour se ressourcer. Son mariage touche à sa fin, elle a le pouvoir d'appuyer sur le bouton stop. Mais elle n'envisage pas de laisser Éric filer tranquillement. Elle veut le confronter à ses peurs et le blesser à la même hauteur que ce qu'elle a connu. Cet été l'aidera à remplir le réservoir d'énergie positive auprès de ses enfants, ensuite, elle entrera en action. Contre celui à qui elle a tout donné. Et qui la refoule depuis tant d'années. Elle a juste besoin de mûrir sa décision, aussi elle rétablit un climat de paix dans son foyer, à défaut de cordialité. Elle ne partage plus avec Éric que le minimum utile à la gestion du quotidien, loin de toute discorde.

L'amour qu'elle lui portait n'a pas suffi à le lui rendre. Les disputes ne fonctionnent pas davantage. Il ne lui reste qu'à opérer pour écrire les pages de sa future vie, seule, sans lui. Et pour cela, elle ne doit pas éveiller les soupçons de son pseudo conjoint. Elle va se comporter en colocataire exemplaire. Elle ne doit pas non plus s'apitoyer comme à l'accoutumée. Elle garde en mémoire le SMS de Julien, aperçu quelques jours auparavant, le mail de Cathy, les mensonges d'Éric, tout ce qui l'encourage à maintenir le réservoir de sa rancœur à un niveau constant pour finaliser ses projets.

CHAPITRE 22

On retire nos casques et on s'avance dans la forêt de Lège et Garonne. On se cale contre un bouleau, à l'abri des regards indiscrets. Julien ouvre un SMS qu'il vient de recevoir.

— Je l'ai eu ! crie-t-il d'un air victorieux en brandissant son portable.

— Putain c'est génial, je suis fier de toi !
Il me saute dessus et me fait rouler à terre avant de m'embrasser.

— Tu sais ce que ça veut dire ?

— Ouais ! À toi la fac, l'appart, l'indépendance.

— C'est trop cool, on passera des soirées ensemble, des nuits entières chez moi.

— Je crois que je vais être souvent de garde, dis-je avec un clin d'œil.

— Et après ? Tu t'es décidé pour le divorce ?

— Marie me fout la paix en ce moment, autant en profiter. Et puis avec ton appart, on se verra davantage.

— OK, mais je veux plus. Pas toi ?

— Si. Bien sûr. Mais c'est compliqué.

— Je suis prêt à assumer, on en a déjà parlé. Et je suis sûr que mes parents accepteront. Je suis bientôt majeur. Je serai libre de mes choix.

Face à mon silence, il insiste.

— On va pas vivre cachés jusqu'à la fin.

— Non, je te promets. Mais pas maintenant.

Je l'embrasse pour faire taire ses questions. J'envie son optimisme. Mais il ne mesure pas l'ampleur des dégâts qu'occasionnerait un aveu. Il retire ses lèvres et me regarde avec insistance. Je réponds :

— Je vais y réfléchir. Et en attendant, tu sais ce que je propose ?

— Non.

— Partir tous les deux en week-end prolongé pour fêter ton bac.

— Yes ! Trop mortel ton idée.

Il sourit. Ses yeux pétillent. Il est heureux. Moi aussi. Trois jours juste lui et moi. Et de nombreuses soirées à venir quand il vivra dans son appart à Bordeaux. Ma grosse qui s'est calmée. L'avenir s'annonce radieux.

***

L'été avait été éprouvant. Marie avait décidé de ne plus acculer Éric pour préserver l'ambiance familiale durant ces vacances et le cueillir par surprise avec son stratagème. Toutefois, intérieurement elle bouillait. Elle maîtrisait davantage ses émotions, ce qui l'avait aidée en diverses situations. Chaque fois qu'elle sentait la colère poindre, elle réfléchissait aux conséquences que cela engendrerait. Elle ne voulait plus subir, elle voulait orchestrer. Elle ruminait sa vengeance, ce qui suffisait à la ramener au calme et à cette relation lisse en surface. Elle supportait ses silences, son indifférence et ses absences sans réclamer de justification.

La rentrée a sonné, elle a décidé de lâcher une bombe qui exterminera les résidus de liens familiaux. Elle ne décèle pas l'once d'une incertitude dans son projet mûri tout l'été. Elle n'y distingue que des avantages.

Un, essentiellement : la vengeance.

À la hauteur de sa colère et de sa rancune. Leur douleur l'allègera de la sienne. Et lui rendra justice. Aucune volte-face ne s'envisagera ensuite. Elle ne supporte plus de passer pour la malfaisante délirante, la faible suicidaire. Les gens doivent savoir. Du moins la famille. Parmi les amis, seule Paola compte, et elle la croit. Quant au travail, Éric sera peut-être renvoyé sur le champ si son institution est informée. Un père chômeur et déchu n'incarne pas l'idéal pour ses enfants. Marie souhaite retrouver sa dignité auprès des siens, même si cela doit lui attirer les foudres de sa belle-famille et achever sa sœur. Mais qu'importe, l'unique vérité leur sera dévoilée. Et à leur tour, ils seront dévastés. Elle ne sera plus seule à subir. Mieux, elle cessera de subir à partir du moment où elle se libérera de ce fardeau et mettra Cathy face à son déni.

Elle téléphone à Julien, qu'elle n'a pas revu depuis l'été dernier, et l'invite à boire un café. Il accepte de rencontrer sa tante. Le rendez-vous est fixé dans l'après-midi, elle agit vite pour que les amants n'aient pas le temps d'en discuter. Éric pourrait soupçonner une manœuvre vengeresse et dissuaderait Julien de venir. En l'attendant, la jeune femme arpente le salon, vérifie maintes fois le fonctionnement de son smartphone acquis dans ce but. Elle frotte ses mains moites l'une contre l'autre. Elle s'est muée en un toréro prêt à entrer dans l'arène. Elle donnera le change pour atteindre son objectif. Pas question de laisser exploser sa colère devant lui. Seule son intention de révéler la vérité canalisera ses agissements au long de cette discussion où elle s'efforcera de paraître la plus naturelle possible.

Elle entend une moto se garer devant le portillon. Il se présente en avance. Elle l'observe à travers la fenêtre. Il s'est transformé en un séduisant jeune homme en une année. Grand, musclé, viril, il retire son casque et ébouriffe ses cheveux noirs. Les traits délicats de l'enfance se sont estompés au profit d'un visage anguleux, encadré d'une barbe de quelques jours. Elle a affaire à un homme. Elle se sent faiblir. « Ne lâche rien. C'est ton neveu. Un gamin dont tu as changé les couches-culottes. Reste déterminée. » s'invective-t-elle mentalement. Il sonne à la porte, elle essuie ses mains moites contre son pantalon et inspire un grand coup. Elle lui ouvre, affichant un sourire qui se prétend amical.

— Entre Julien, l'invite-t-elle d'un signe de la main.

— Coucou tatie. Je suis content que tu m'aies appelé, se réjouit-il en lui tendant la joue.

Elle n'a d'autre choix que de l'embrasser. Elle simule l'hypocrisie pour atteindre son but. Ils s'installent au salon, Marie apporte des boissons et des biscuits, engage la conversation par des généralités, s'intéressant aux résultats scolaires du jeune homme, à ses projets professionnels. Quand elle perçoit que Julien est suffisamment détendu, elle manipule son téléphone prétextant un message à envoyer et passe à l'offensive.

— Je n'ai rien dit à Éric, mais j'ai pris ma décision. Je vais demander le divorce.

— Ah ! tu deviens raisonnable !

— Julien, on ne peut pas tirer un trait sans sourciller sur seize années de vie de couple, de famille, surtout quand on aime toujours.

— Sauf qu'Éric ne t'aime pas.

— Parce qu'il est amoureux de toi ?

— C'est ça. Et je l'aime aussi.

— Oui, comme un père.

— Non, comme l'homme de ma vie.

— Mais il a l'âge d'être ton père !

— Et alors ? Ça n'empêche pas les sentiments.

— Tu es si jeune, tu n'as pas eu d'autres expériences avant, comment peux-tu être sûr de toi ?

— Quand tu l'as rencontré, tu as su ?

— Oui.

— Eh bien moi c'est pareil.

— Faux, c'est différent, tu es son neveu par alliance et il t'a connu bébé.

— Vous avez déménagé. Et quand vous êtes revenus, je n'étais plus un gosse.

— Et ça dure depuis combien de temps ?

— Éric ne t'a pas expliqué ?

— Si, il m'a dit quelques semaines après notre arrivée ici.

— C'est ça.

— Tu avais seize ans et demi à l'époque. C'est de la pédophilie.

— Non tatie, j'étais consentant. C'est moi qui suis allé vers lui. J'ai senti qu'il était comme moi. Et il a compris aussitôt que nous étions faits l'un pour l'autre, malgré notre écart d'âge.

— Félicitations, tu as l'air de mieux maîtriser le sujet « Éric » que moi !

— Je pense que oui. Il s'est confié à moi.

— Et que t'a-t-il révélé ?

— Tatie, tu comptes pour moi, mais Éric, c'est l'amour de ma vie. Je ne le trahirai jamais.

— Est-ce que tu peux au moins me dire s'il avait déjà entretenu des rapports homosexuels ?

— Non, je lui ai promis de garder le secret. Ce que je peux te dire en revanche, c'est qu'on a essayé de se quitter. Mais on n'a pas pu. On tient trop l'un à l'autre. Notre histoire c'est du solide, pas comme toi et lui. Tu manques de caractère pour lui.

Quelle arrogance ! Marie se retient pour ne pas le gifler. L'insolence de la jeunesse qui se pense mieux renseignée que tout autre… Elle fustige intérieurement son neveu. Elle demeure impassible, mais rétorque avec ironie.

— Oui enfin, ce qui m'a surtout manqué, c'est un pénis. S'il préfère les hommes, je ne vois pas comment j'aurais pu lutter.

— C'est évident. Et c'est bien que tu l'acceptes.

— Tu es conscient qu'en le choisissant, tu deviens le beau-père de deux petites filles, tes cousines, là ?

— Je ne vis pas avec lui et puis c'est toi qui garderas les enfants. On ne les verra pas souvent.

— Toi peut-être, mais quoiqu'il arrive, Éric reste leur père.

— Ça concerne Éric, pas moi.

Prometteur… songe Marie.

— Et tes parents ?

— Quoi mes parents ?

— Sont-ils au courant ? Qu'est-ce qu'ils en pensent ?

— Ils n'en savent rien. Et tu leur as raconté une sale histoire. Mais nous, on leur montrera notre amour. Ils seront obligés d'admettre qu'il n'y a rien d'impur dans ce que nous vivons. Et ils approuveront parce que l'amour est une valeur qu'ils respectent.

— Si tu le dis…

— Bien sûr, je les connais. Ils comprendront mon choix. C'est le rôle des parents, non ? Je ne suis pas un criminel. Juste homosexuel. Et ils apprécient Éric.

Son audace sidère Marie, lui aussi elle l'appréhende sous un jour nouveau. Les siens n'en finissent pas de la surprendre, même si elle aurait dû se douter qu'en un an il aurait évolué et gagné en assurance.

— Julien, les filles vont rentrer de l'école, tu devrais partir.

— Tu as raison. Et merci tatie, pour cette invitation. Je suis content qu'on ait discuté de tout ça. Après tout, je reste ton neveu.

— N'exagérons rien. Compte tenu des circonstances, j'ai un peu de mal à te considérer comme tel. Là, t'es plutôt l'amant de mon mari.

— Bientôt ex-mari.

— Tu parais pressé.

— Bien sûr, le divorce résout tout. On se verra autant qu'on voudra et il se prendra plus la tête avec tes états d'âme. C'est pas facile pour lui de vivre avec toi, de se demander si tu vas recommencer à péter un plomb.

Aaaaaaaaaah, Marie a envie de se jeter sur lui et de l'étrangler ! Elle serre les poings et ferme les yeux furtivement avant de se tourner vers lui en affichant un sourire de convenance. L'effronterie de Julien semble sans limites, jamais elle ne l'aurait pensé capable d'une telle audace. Elle craint de perdre patience, aussi elle s'empresse de le raccompagner sans se perdre en effusions d'au revoir.

Une fois seule, elle lâche une série de jurons contenus.

— Quel petit con prétentieux ! Parce que tu t'imagines que je vais vous laisser en paix ? Je vous connais mal ? Idem. Vous ne soupçonnez pas de quoi je suis capable. Fini la gentille Marie qui encaisse en courbant l'échine et qui en redemande. Je vais vous pourrir la vie. Ordures !

Marie a crié ce dernier mot, ce qui la surprend elle-même. Puis elle éclate de rire. Elle se sent légère, la tension est retombée. Elle a relevé le défi. Elle regagne le salon et attrape son téléphone. Le son est parfait. La technologie l'ébahit et elle saisit à présent l'adoration que les gens vouent à cet objet. Elle a troqué son vieux portable à clapet contre un smartphone. Cher. Très cher. Ça en valait la peine. Un sourire de satisfaction se dessine sur ses lèvres. La conversation audible et compréhensible permet d'identifier les deux protagonistes. Les propos de Julien glissent, limpides, sans aucun doute possible quant à la nature des liens qui l'unissent à son oncle. Elle dispose de suffisamment de temps pour terminer son plan. Elle allume l'ordinateur familial et saisit deux CD sur lesquels elle grave l'échange précédent.

Ses beaux-parents et sa sœur apprécieront…

Elle se réjouit de ses connaissances informatiques acquises durant ces longues années à rester à la maison. Elle a eu raison de se pencher sur cet outil. Elle a élaboré tout ce stratagème et l'a mené à bien en solo. Un bon début pour un redémarrage. Elle n'a pas partagé son projet avec Paola ni avec son psychothérapeute. Ils auraient tenté de l'en dissuader au prétexte que cela n'effacerait pas sa douleur et ne lui rendrait pas son mari. Pourtant Marie en est convaincue, cela amoindrira sa peine de constater que d'autres subissent les dommages collatéraux de *cet amour*. Même après sa discussion avec Julien elle ne comprend pas les racines de cette histoire ni l'intensité de leurs sentiments. Comment un garçon d'à peine dix-huit ans peut-il prétendre comprendre quoi que ce soit à l'amour ? Et comment un homme de quarante ans peut-il manquer à ce point de discernement ? En quoi cette aventure mérite-t-elle de tout anéantir ? Ils ne se marieront jamais. Ils n'enfanteront jamais. Ce n'est pas ça aimer. Aimer c'est construire. Aimer c'est réaliser des projets. Aimer c'est s'exposer au grand jour. Leur liaison n'est qu'une illusion. Une illusion désastreuse et destructrice. Et elle s'apprête à ajouter sciemment du chaos à cette ruine, car elle présage que son geste provoquera des conséquences irréversibles. Éric enragera et affrontera les foudres de son père. Quant à Cathy… elle la blâme déjà. Toutefois, elle cessera de la traiter de mythomane. Des aveux de son propre fils, quoi de mieux pour la convaincre ?

Marie remercie mentalement son neveu qui s'est confié à cœur ouvert. Jamais elle n'aurait réussi à faire parler son taciturne mari. Julien a toujours affiché un fond vaniteux, elle était persuadée qu'il s'ouvrirait aisément. Elle met les CD dans deux enveloppes distinctes sans les accompagner du moindre mot, puis écrit les adresses. Elle hésite un moment. En connaissance des conséquences probables, n'éprouvera-t-elle jamais de regret ?

Marie pose les enveloppes et le stylo sur la table et se dirige vers un miroir. Elle se fixe intensément. Elle se découvre. Elle repère un nouvel éclat conquérant dans ses yeux. Depuis peu, elle prend du plaisir à s'admirer. Elle ne ressent ni honte ni peur. Elle éprouve du soulagement et un goût de victoire. Oui, elle paraît plus déterminée que jamais. Elle ne partira pas sur la pointe des pieds, en laissant la part belle à son mari même si quelques atomes d'amour pour lui subsistent en elle.

Car elle a découvert quelque chose de plus au cours de ces derniers mois : elle s'aime elle-même davantage.

À ce titre, elle doit refuser cette union avec un homme qui ne la respecte pas. Elle aurait tout effacé s'il avait choisi de lui revenir. Mais il ne l'a pas fait. Elle a fini par admettre que son couple n'existe plus, mais le pardon, non, elle ne l'accorde pas. Elle ne souscrit pas aux arguments de son psychothérapeute qui affirme que pardonner lui offrira la paix intérieure. Elle ne considère que la plaie béante que cette histoire a ouverte en elle. Cette plaie cicatrisera partiellement quand la même déchirure lacèrera Éric, ses parents, Julien, Cathy, Stéphane. Elle n'a plus rien à perdre, tout le monde lui a déjà tourné le dos. La vengeance sera plus puissante que la compassion pour atténuer ses tourments.

« Tu ne peux plus reculer. C'est ta meilleure résolution ». Elle se sourit, confiante, puis récupère les enveloppes. Elle décide de poster les lettres quand elle aura trouvé un logement et peut-être un travail. Elle cache les CD prêts à être expédiés dans le tiroir de ses sous-vêtements, là où Éric ne s'aventure jamais.

CHAPITRE 23

La journée se termine par une incroyable nouvelle. J'écoute mes messages en sortant de la caserne : « J'étais avec Marie. Elle veut divorcer. Je suis fou de joie. Je t'aime. On va être libres ». J'écoute une deuxième fois, puis une troisième fois. Mon pouls accélère. Je monte dans ma bagnole pour rappeler Julien. Il me rapporte leur discussion. Je n'étais pas au courant de ce rendez-vous. Je ne sais pas ce qui s'est passé dans la tête de la grosse. Je n'ai rien vu venir. Je ne m'attendais pas à ce qu'elle dépose les armes comme ça, sans vendre la mèche. J'envisageais plutôt un coup tordu. En même temps, c'est étrange d'en informer Julien en premier, non ?

Je démarre, sonné. Elle demande le divorce ! Je n'ai pas compris tout de suite, mais je commence à réaliser. J'en chialerais presque. Tout n'est pas réglé. Il y a Cathy et Stéphane. Une chose après l'autre. La chape de plomb s'effrite peu à peu puis de plus en plus vite. J'allume la radio, je monte les watts, je bats la mesure. Putain que c'est bon ! Cette rentrée s'annonçait bien, mais là, on frise le miracle ! Jamais je n'aurais imaginé qu'elle se déciderait comme ça. Sans remous. Sans cris ni pleurs. Sans menace de suicide. Je l'embrasserais presque de reconnaissance. Enfin elle a compris ! « Yihaaaa ! ». Putain c'est moi qui ai poussé ce cri ? J'explose de rire. C'est trop bon !

J'arrive à la maison. Je crois qu'un sourire est figé sur mes lèvres. Mais je ne dirai rien. J'attendrai qu'elle parle.

Je suis heureux. Abasourdi aussi par la soudaineté.

Je vais être libre.

Bientôt.

***

Le soir même, Marie retrouve Éric au salon. Elle suppose que Julien lui a envoyé une douzaine de messages pour lui communiquer la merveilleuse nouvelle. Quand elle l'invite à la rejoindre sur le canapé, il s'installe à ses côtés sans contester. Ceci confirme son intuition, il jubile.

— Je pense qu'on devrait divorcer.

— Je suis d'accord.

— J'ai pris rendez-vous avec une assistante sociale pour chiffrer les aides dont je peux bénéficier. Je vais reprendre le travail et je chercherai un logement en fonction de mes revenus. Dès que j'ai trouvé un appartement, je pars.

— Quand ?

— Le plus tôt possible, rassure-toi. Moi non plus je ne désire pas que la situation s'éternise.

— OK.

— Et puis tu me verseras une pension alimentaire.

— Je gagne pas des fortunes, j'ai pas grand-chose à donner.

— Arrête Éric, c'est la loi. Ou bien on inverse, tu assumes la garde des filles et je te verse une pension.

— Elles seront mieux avec toi.

— Je n'en doute pas. Comme ça tu vivras tranquillement avec ton amant.

Le militaire pousse un soupir d'exaspération.

— Ne me dis pas que tu te priveras de ce plaisir. Et tu envisages d'informer les filles à quel moment que leur papa couche avec leur cousin ?

— On ne couche pas ensemble, on s'aime. C'est différent, et tu devras t'y habituer.

— D'accord. Mais ça ne répond pas à ma question.

— Je ne leur dirai rien, car elles sont trop petites.

— Et tes parents, tes frères, tes amis, tes collègues ?

— Ça ne les regarde pas. Je ne me mêle pas de leurs oignons, ils ne se mêlent pas des miens. Écoute Marie, je n'ai pas envie de me battre. On s'est fait assez de mal. Ce divorce est raisonnable et je te remercie d'avoir pris cette décision. Ne nous déchirons pas davantage et faisons cela dignement.

— Si tu le dis… On opte pour un avocat commun et on entame une procédure à l'amiable ? Ça nous coûtera moins cher et comme nous ne possédons rien, ce sera vite expédié.

— Ce sera plus simple en effet.

— Et pour la garde, je te propose un week-end sur deux et la moitié des vacances. Ce rythme te convient ?

— Oui.

— Je crois qu'on a tout réglé. À partir d'aujourd'hui, considère que nous sommes colocataires. Je déménagerai au plus vite et je prendrai rendez-vous chez un avocat. À moins que tu souhaites t'en charger.

— Non, c'est parfait comme ça. Avec le boulot, j'ai pas le temps.

— OK. Bonne nuit.

— Bonne nuit.

Marie se lève et part se coucher, le cœur lourd, une saveur amère dans la gorge. Leur conversation a duré moins de cinq minutes. Quelques minutes pour jeter toutes ces années à la poubelle. Comme un discours écrit depuis longtemps. Pas de désaccord et quasi aucune anicroche. Simple. Efficace. Pragmatique.

Dans son lit, des larmes de ressentiment et de tristesse roulent sur ses joues. Seize ans de son existence pour atteindre ce résultat. Et Éric qui parle de dignité après toutes ses supercheries, un comble ! Les prochaines semaines s'annoncent pénibles, mais elle a déjà beaucoup encaissé, elle peut endurer encore. D'autant plus que c'est elle qui tient les rênes maintenant, même si son époux n'en soupçonne rien. Son projet de revanche l'aide à rester debout, car sous la colère, oui, elle doit l'admettre, sous la colère, une strate de peine, de douleur résiste. Un chagrin long à guérir, trente-neuf ans d'une vie parsemée de blessures. Finalement, affliction et fureur arrivent à coexister…

***

Dès le lendemain elle contacte un avocat. Elle se met en quête d'un travail et décroche un entretien grâce à Paola, à la maison de retraite où elles se sont connues. On lui propose un remplacement de quatre mois à pourvoir rapidement en raison d'un arrêt maladie. Elle rencontre l'assistante sociale pour l'informer de ses droits. Elle visite deux appartements dans un quartier différent de son domicile actuel. Elle ne désire croiser ni son époux ni Julien dans son quotidien. Elle a œuvré de façon très concrète pour son futur où elle se projette en pensée et en action et en fin de semaine suivante, Marie a tout bouclé. Elle a signé son contrat à la maison de retraite et elle a trouvé un logement, avec deux chambres, mais elle ne peut s'offrir mieux. Elles y emménageront dans deux semaines. La procédure de divorce vient d'être lancée à la suite de leur premier rendez-vous chez l'avocat. En dix jours la jeune femme a dessiné les contours d'une nouvelle vie qu'elle a mis des mois à accepter. Elle avertit Éric qu'elle quittera le domicile sous peu. Ils décident d'en informer leurs filles au cours du week-end.

Mais avant cela, Marie a besoin de reprendre des forces, elle se réfugie chez sa confidente le samedi après-midi, laissant Éric seul avec Lilas et Manon. Elle appréhende l'annonce de la séparation aux enfants. Comment aborderont-elles la situation lorsqu'elles comprendront les causes qui ont poussé à l'explosion du couple ?

— Chaque chose en son temps. Gère le divorce et l'installation dans votre nouvelle vie. Vous ne pourrez pas faire l'impasse sur la vérité, mais plus tard.

— Comme toujours, tu vises juste ! Ah ! que deviendrais-je sans toi ?

— Et bien tu serais la même. Mais encore plus perdue, se moque Paola.

— D'ailleurs… il faut que je t'avoue quelque chose, continue Marie mal à l'aise.

— C'est-à-dire ? demande Paola intriguée.

Marie explique à son amie le projet d'envoyer les CD aux parents d'Éric et à sa sœur.

— Ne fais pas ça, tu le regretteras.

— Ne me juge pas Paola. OK, tu as vécu par procuration ce que j'ai traversé. Mais tu n'as pas encaissé comme moi. Je suis descendue très bas. Ça ne me rendra pas Éric ni ma sœur. Mais je ne veux plus qu'ils me traitent de la sorte. Je veux qu'ils réalisent tous que je ne me laisserai plus malmener. J'ai besoin de sentir qu'ils souffrent aussi de la situation. Et qu'ils assument leurs responsabilités. Je ne cherche pas à les apitoyer sur mon sort, mais qu'ils goûtent un minimum à ce que j'ai supporté à cause d'eux.

— D'accord, je comprends, même si je n'approuve pas. La vengeance ne résoudra rien, de mon point de vue. J'espère simplement que tu as évalué le retour de bâton qui suivra, car tu t'apprêtes à envenimer une situation déjà bien complexe.

— Oui, je m'attends à du mémorable ! On touche au commencement de la fin et je suis soulagée. Tu te rends compte qu'on s'est rencontrés dans les toilettes d'une pizzéria ?

— Tu vois, c'était écrit dès le départ que vous vivriez une histoire à chier.

— Très fin, bravo, merci.

— Pardon ma belle, je ne voulais pas être vulgaire, c'est sorti tout seul, s'excuse Paola devant la mine déconfite de la jeune femme. Tu sais Marie, tu ne peux pas lutter contre l'amour. Quand une personne est disposée à perdre sa famille, ses amis, son travail et jusqu'à sa réputation par amour pour quelqu'un d'autre, alors se battre pour la reconquérir s'annonce ardu, voire inutile. Personne ne peut lutter, même si l'objet d'amour nous paraît totalement démentiel.

— Tu as raison. Quand on est prêt à renoncer à tout par amour, c'est comme une folie, et j'ai moi-même été folle de m'accrocher ainsi à un homme qui ne m'a jamais aimée. Mais je n'admettais pas de capituler sans tenter quoi que ce soit. Il était ma drogue et le manque de lui était trop fort pour que je le tolère. Je sais que ça paraît aberrant, mais il restait ma raison de vivre malgré tout. Aujourd'hui j'ai trouvé une autre raison de vivre et c'est moi. Mes filles et moi. Sans lui. Je te remercie d'avoir été à mes côtés tout ce temps et bien avant. Je sais que tu as essayé de m'ouvrir les yeux plein de fois et que je n'ai pas toujours été réceptive, mais sache que tu y es pour beaucoup dans mon processus de guérison. Et je m'appuierai encore sur toi à l'avenir. Quand mes princesses pleureront de tristesse, quand je me confronterai à la colère de Cathy, d'Éric et de mes beaux-parents, quand je prendrai mes marques dans cette nouvelle vie, est-ce que tu seras là ?

— Idiote ! bien sûr. Je serai toujours présente, n'en doute pas, affirme Paola en serrant fortement la main de son amie dans la sienne.

— Merci, murmure Marie. Merci pour tout.

***

Le moment que Marie redoutait est arrivé : ils doivent prévenir les enfants des changements à venir. Lilas pleure, Manon s'emmure dans le silence. Leur mère tente de les réconforter, leur père réagit platement. Il s'engage à les recevoir aussi souvent que possible sans se prononcer sur le rythme de leurs visites.

Le dimanche se déroule dans une atmosphère pesante. Par moment, l'étau qui a serré le cœur de Marie dans sa poitrine durant des mois se rappelle à elle. La préparation du déménagement s'effectue avec peine. Elle rassemble quelques affaires dans des cartons, car dès le lendemain elle reprend le travail et elle espère emménager aussitôt qu'elle détiendra les clés de l'appartement. Elle emportera la moitié des biens communs, Éric ne s'attarde pas sur le partage, pressé d'en finir. Paola lui donnera quelques meubles qu'elle stocke dans son garage. Son nouveau chez elle sera paré de bric et de broc, mais elle ne devra plus rien à personne. Elle s'accroche à ce petit bout de bonheur, scotchant un quatrième carton, mécaniquement. Un film se déroule dans sa tête, un film qui a duré seize ans et qu'elle visionne en quelques minutes, par bribes. Un film où le scénario inclut peu de moments sincèrement heureux. Peu de tendresse, peu de rires, peu de « nous deux ». Un film sur lequel elle colle le mot fin avec regret et amertume de tout ce qu'elle n'a pas reçu, pas vécu. Mais ça ne ressemble pas un abandon. Non. Il s'agit d'un départ volontaire, préparé et en toute conscience. Un départ qu'elle a initié, qu'elle considère comme une victoire.

Pour la première fois, c'est elle qui choisit de délaisser.

Leurs filles recherchent autant la présence de ce papa qu'elles quitteront prochainement, que celle de leur maman qu'elles perçoivent très affectée. Quand Marie voit ses enfants dans cet état de tristesse, elle se met à regretter sa décision. À nouveau elle fluctue entre certitudes et doutes. Elle renoue avec cette sensation de béance dans le cœur qu'elle n'avait plus éprouvée depuis le début de l'été. Cette vie bancale incarnait peut-être la solution « la moins pire ». N'aurait-elle pas dû attendre que Lilas et Manon grandissent ? Elle leur inflige une douleur inutile. « Non, ne flanche pas. Quelle image des sentiments, de la famille et de la place de la femme dans un couple renvoies-tu à tes princesses ? Partir reste le meilleur remède », pense-t-elle en étreignant son aînée larmoyante. Elle affronte une simple vague. Une vague tumultueuse, qui s'éloignera au fur et à mesure, sous l'émergence d'une sérénité rarement connue et vitale. Oui, vitale. Car elle ne consent plus à vivre ainsi. Elle ne s'autorise plus à nier. La douleur s'estompera, elle passe toujours. Elle s'effacera peu à peu pour disparaître définitivement. Avec du temps. Et de l'amour. De l'amour qu'elle ne reçoit plus sous ce toit. Qu'elle n'a jamais reçu plus exactement. Se retirer. Recommencer. Aimer. Être aimée. Oui, c'est devenu vital. Elle ne veut plus suffoquer et se sentir asphyxiée, par manque d'oxygène. Elle aspire à respirer à pleins poumons. Elle veut suffoquer de trop d'oxygène. Maintenant, elle en a la force. Elle est déterminée, « Ne flanche pas. Concentre-toi sur l'avenir. Demain sera heureux. Le bonheur est ailleurs. Et sans lui. », répète-t-elle comme un mantra.

Dès le lendemain Marie reprend le service à la maison de retraite. Sortir de sa routine maternelle, rencontrer des têtes nouvelles, gagner son propre argent, tout cela l'enthousiasme. Elle est entourée de collègues et a une mission à accomplir. Cela lui donne le courage nécessaire pour affronter les soirées maussades où elle trie dans chaque pièce ce qu'elle emportera. Les cartons s'accumulent dans le garage, laissant des vides çà et là dans la maison. Les filles ont aussi emballé quelques affaires de leur chambre. Elles ne dissimulent pas leur peine et au dîner, les silences occupent tout l'espace. Parfois Lilas quitte le repas en pleurant, sans avoir mangé, parfois elle implore ses parents de trouver une solution pour s'aimer encore. Éric se tait, mais Marie lit de la tristesse sur son visage. Enfin il prend conscience qu'il anéantit ses enfants. Du moins, elle l'espère. Et voir ses filles si malheureuses l'incite davantage encore à mettre à exécution son projet. Il n'a pas souffert en comparaison de ce qu'il inflige à sa famille. Il payera un prix juste et normal. Sa rancune à l'égard de son mari s'amplifie. L'échéance de la séparation physique, bientôt officielle et effective, accroît cette rancœur et l'envie de l'écorcher, lui, et les autres. Elle le sait, elle ne reculera plus, quelle qu'en soit l'issue.

Il ne lui reste plus qu'une semaine à partager le même toit qu'Éric, à présent, elle peut poster les CD.

CHAPITRE 24

Quand je rentre du boulot et que je vois des cartons éparpillés, des objets qui ont disparu, ça fait bizarre. Ouais, j'ai un pincement au cœur. Attention, je ne regrette pas ! Il me tarde que Marie s'en aille. Mais ça symbolise mon putain d'échec. Quelle vie j'aurais eue si j'avais tout avoué il y a vingt ans ?

J'ai de la peine pour Lilas et Manon. Je ne me suis jamais vraiment senti père. Mais je m'en veux de les avoir entraînées dans ce bourbier. Ce ne sont que des gosses. Je ne sais pas si elles me manqueront. Mais là, ouais, ça me fait quelque chose.

Et Marie, elle a changé. Elle est différente, presque hargneuse depuis qu'on a parlé divorce. Ça devient pesant cette séparation, peut-être pire que la vie commune.

Mais tout ça, c'est bientôt fini. Julien est excité à cette perspective. Il vivait difficilement mon indécision. La grosse nous a simplifié la tâche. Elle a été longue. Mais elle a compris.

Je remarque quelques cartons supplémentaires empilés dans l'entrée. Elle a dû les préparer ce matin avant de partir travailler. Elle est encore au boulot, les filles à la garderie. Je pourrais aller les chercher, passer un peu de temps avec elles. Mais je préfère pas. Je ne sais pas quoi faire de leurs larmes, de leurs questions. Alors je me mets en tenue de sport. Ce soir, je rejoins Julien dans son appart où il est installé depuis ce week-end. Je dormirai là-bas, je peux découcher sans me justifier. Et je n'ai pas envie de rester dans cette baraque au milieu de ce bordel.

Le téléphone fixe sonne quand je m'apprête à sortir. Je me rends au salon, le numéro de mes parents s'affiche. Je réponds.

***

Marie regagne son domicile sans Lilas ni Manon. Sa sœur et ses beaux-parents découvriront les lettres aujourd'hui. Aussi elle a demandé à Paola de récupérer les enfants à l'école, présumant des réactions immédiates de sa famille.

À peine a-t-elle franchi le seuil de sa maison qu'elle devine son époux en pleine conversation téléphonique. Le sujet débattu ne laisse pas de place au doute.

— Pardon, papa, pardon, implore-t-il alors même qu'il n'a jamais présenté ses regrets à sa femme.

Elle n'entend pas la réponse de Gabriel, mais elle perçoit une voix acrimonieuse qui couvre celle de son fils.

— Laisse-moi t'expliquer. S'il te plaît, écoute-moi.

Il s'excuse auprès de ses parents, il tente de justifier son amour pour Julien. Marie en aurait presque été bouleversée si elle ne repensait pas aux raisons de ces lamentations. Il ne faut pas qu'elle s'apitoie. Il ne le mérite pas et rien n'est à regretter.

Quand Éric raccroche, son épouse attend, dans l'encadrement de la porte. Il reste immobile quelques instants, ne l'ayant pas entendue rentrer. Puis il se retourne et lorsqu'il aperçoit sa femme, il s'approche d'elle à grandes enjambées. Il la gifle avec une telle force que Marie recule d'un pas dans le couloir, portant une main sur sa joue.

— Espèce de salope ! Pourquoi t'as fait ça ? Pourquoi ? hurle-t-il.

Marie garde la main posée sur son visage en feu pour tenter d'adoucir la douleur, se décalant, effrayée par la réaction de son mari. Elle n'en revient pas.

260

— De quel droit, hein ? De quel droit, putain ? continue-t-il en envoyant un coup de poing rageur dans le mur, juste au-dessus de l'épaule de son épouse.

Abasourdie et apeurée, elle garde le silence, les yeux écarquillés.

— Qui t'a autorisée à nous balancer ? Mais tu te prends pour qui ? Tu détruis tout.

Marie s'éloigne avant de rétorquer.

— Oui, je me rends parfaitement compte. Mais toi Éric, poursuit-elle en le désignant de son index, toi qui n'as jamais jugé opportun de me demander pardon à moi, ta femme, pour tous tes mensonges, tes trahisons, ton imposture, est-ce que tu réalises, toi, la douleur que tu m'as infligée toutes ces années ? Assume tes responsabilités et ton comportement immonde !

— Va te faire foutre, rugit-il.

Éric la bouscule pour l'écarter du passage, prend la veste qu'il avait déposée sur un carton et part en claquant la porte. Les murs deviennent fébriles sous l'onde explosive.

Marie reste silencieuse et immobile, au milieu du corridor. Elle avait présumé les cris, la colère de son mari, mais elle n'avait pas imaginé la violence physique. L'évidence s'impose : tout est bel et bien fini entre eux, la brutalité est inacceptable.

Elle téléphone à Paola qui lui ramène les filles. Elles dînent toutes les trois. Son époux ne rentre pas.

Durant tout le repas, toute la soirée, toute la nuit, Marie a une fois de plus en tête cette question qui la taraude depuis plusieurs jours. Quels autres secrets Éric lui cache-t-il ? Elle en est persuadée, elle ne connaît que la moitié de son intimité, peut-être même que le quart. Elle n'en apprendra jamais davantage et devra, à présent qu'elle sait qu'elle ne sait rien ou presque, soit vivre avec ses interrogations, soit les reléguer aux oubliettes jusqu'à la fin. Que sait-on des personnes qui partagent nos vies ? On se connaît si mal soi-même. Alors, connaître les autres… une vaste ambition à laquelle elle renonce. Admettre qu'elle a fréquenté tout ce temps un inconnu lui permet d'avancer en démarrant une nouvelle page de son existence. L'objectif y consistera justement à apprendre à se connaître elle-même, à se respecter, à se donner la priorité.

Le lendemain matin la jeune femme découvre un mail haineux de sa sœur qui la fustige. Elle ne compte plus les déceptions, aussi elle espère qu'avec le temps Cathy et Stéphane verront au-delà du procédé, certes cavalier, pour réaliser qu'elle a simplement restitué les évènements et les responsabilités à qui de droit.

Le soir Éric rentre à la maison pour préparer un sac à la hâte. Puis il s'arrête auprès de Lilas et Manon, et les serre fortement contre lui leur murmurant un « Je vous aime » quasi inaudible. Marie assiste à la scène sans rien comprendre. Que lui arrive-t-il soudain ? Il se relève sans un mot ni un regard pour sa femme et part, sans se retourner. Les filles, perturbées par ce comportement, se précipitent dans les bras de leur mère pour être rassurées, l'assommant de questions sur les intentions de leur père.

Le dimanche, alors que Marie s'apprête à emménager dans son nouvel appartement, elle entend tambouriner violemment à la porte. Ses enfants dorment chez leur meilleure amie et elle attend Paola et Pierre pour l'aider à déménager. Mais elle se doute que ce ne sont pas eux qui frappent si fort.

Elle ouvre et Julien entre comme une furie sans y être invité, la repoussant au passage.

— Il est où ?

— Qui est où ?

— Te fous pas de moi. Je parle d'Éric. Il est où ?

— Je n'en sais rien. Je ne l'ai pas vu depuis mercredi où il est passé rapidement. Tu n'as pas de ses nouvelles ?

— Non, plus depuis mardi. Et tout ça, c'est ta faute. Pourquoi tu as fait ça ?

— Oh, mais ça suffit là ! Vous n'en avez pas marre de vous en prendre à moi alors que c'est vous qui vous comportez de façon innommable ! réplique-t-elle haussant elle aussi le ton.

— On s'aime. C'est tout. On fait rien de mal. Et toi, t'es venu foutre ta merde. Mes parents me font la gueule. Éric a disparu. Tu réalises les dégâts que tu causes ?

Marie pensait que son mari se cachait chez son amant depuis quatre jours. Elle sent une boule d'angoisse monter en elle. C'est anormal que même Julien ignore où il se trouve. Elle envisage le pire, mais n'ose pas le formuler devant son neveu.

— Appelle-le, il décrochera en voyant ton numéro.

— Tu me prends pour un imbécile ? Tu crois que j'ai pas déjà essayé des dizaines de fois. Il est sur messagerie et ne répond pas aux SMS.

— Et ses parents, tu as essayé ?

— Tu es idiote ou quoi ? Après ton coup de maître, tu penses que je peux leur demander quelque chose ? Appelle-les, toi !

— Tu as raison.

Elle compose le numéro de ses beaux-parents, mais à peine Rose reconnaît-elle son interlocutrice qu'elle raccroche. Marie tente un second appel et se heurte au même traitement. En désespoir de cause, elle laisse un message expliquant la situation et les implore de rappeler aussitôt. Mais ils ne rappellent pas. L'annonce de leur belle-fille ne semble ni les émouvoir ni les inquiéter. Ils ont déchu leur fils au moment où ils ont découvert l'enregistrement audio.

— Et la caserne ?

— Je m'y suis rendu vendredi en rentrant de la fac. J'ai attendu jusqu'à la nuit. Je l'ai pas vu.

— On est dimanche, il n'y a que le personnel de garde. Inutile de téléphoner.

À bout de nerfs, Julien s'effondre en pleurs dans les bras de sa tante. Elle ne le repousse pas. Elle culpabilise et elle est aussi troublée que lui par cette disparition. La jeune femme ose la question qui lui brûle les lèvres.

— Julien, est-ce que tu crois que… ? dit-elle sans finir sa phrase.

Son neveu s'écarte d'elle brusquement.

— Si c'est le cas, je te le pardonnerai jamais, réplique-t-il froidement. Tu es inconsciente. Une grande malade. Comment tu as pu faire ça ? Retourne à l'hôpital psy, c'est ta place.

Marie ne sait que dire. Julien la fixe sans sourciller quelques instants puis s'en va, sans rien ajouter.

Des larmes d'abattement perlent à ses paupières. Qu'est-ce qu'elle a fait ? Jamais elle n'aurait imaginé que ça se déroulerait ainsi. Est-ce que son conjoint, accablé et rejeté par ses parents, aurait commis l'irréparable ? Si oui, elle aurait tué le père de ses enfants. Julien ne le lui pardonnerait pas, mais elle ne se le pardonnerait pas non plus. Si le militaire a décidé de mettre fin à ses jours, incapable d'assumer son homosexualité et son infidélité, il ne l'imitera pas. Il ne se satisfera pas d'une tentative. À cette heure, il peut se trouver n'importe où, mort.

Transie d'angoisse, elle téléphone à la caserne, mais le planton de garde ne l'aide pas à résoudre cette énigme et lui conseille de rappeler le lendemain.

Quand Paola et Pierre arrivent, la porte est ouverte. Ils entrent et découvrent Marie prostrée, assise dans le couloir, téléphone en main. Paola comprend immédiatement que quelque chose d'anormal s'est produit. La jeune femme lui raconte la visite de Julien, la disparition d'Éric. Paola demande si elle ne connaît pas un collègue qu'il côtoierait et qu'elle pourrait questionner. Mais elle ignore tellement d'informations sur son conjoint, qu'elle est incapable de contacter un de ses collègues. Aucun prénom ne lui vient en tête. Le couple déploie des trésors d'imagination pour apaiser l'inquiétude de l'épouse. Chacun leur tour, ils composent le numéro d'Éric, en vain. Marie tente de rappeler ses beaux-parents, mais se confronte à nouveau à leur mutisme. Elle savait qu'ils nieraient la situation, mais elle n'avait pas imaginé leur hargne si grande au point de négliger ses appels de détresse. Face au désarroi de son amie, Paola téléphone à Gabriel et Rose avec son propre portable. Gabriel répond.

— Allo ?

— Monsieur Villenave, bonjour. Je me présente, Paola, une amie de Marie et Éric. Ne raccrochez pas s'il vous plaît, ne raccrochez pas, s'empresse-t-elle de le supplier.

Gabriel garde le silence.

— Nous n'avons plus de nouvelles d'Éric depuis mercredi, en auriez-vous s'il vous plaît ?

— Je ne connais pas d'Éric.

— Votre fils, monsieur Villenave. Éric, votre fils.

— Je n'ai plus que deux fils. Et aucun d'eux ne s'appelle Éric. Au revoir.

Puis le « bip » résonne à l'autre bout du combiné. Paola, qui avait enclenché le haut-parleur, regarde Pierre et Marie, interloquée. Elle n'en revient pas. Éric n'existe plus pour ses parents. Marie s'effondre dans ses bras.

— Qu'est-ce que j'ai fait ? J'aurais dû t'écouter. C'était une erreur monumentale d'envoyer les CD.

— Calme-toi. Inutile de te flageller. Ce qui est fait est fait et rien ne prouve qu'il soit mort.

— Mais il est où alors ? Admets que c'est inquiétant que même Julien ignore où il se trouve, non ?

— Tu es sûre que Julien n'a pas menti ? Qu'ils ne simulent pas une mauvaise blague pour te rendre la monnaie de ta pièce ?

— Non, je le crois sincère. Et mercredi soir, quand Éric est passé en coup de vent pour récupérer ses affaires il a dit « je t'aime » aux filles. Première fois qu'il leur dit ça ! Étrange.

— Attends, intervient Pierre, pourquoi aurait-il décidé de prendre des vêtements pour se suicider ensuite, ça n'a pas de sens !

— Oui, en effet. Mais il n'a peut-être rien prémédité. Il avait prévu de se rendre je ne sais où et il a changé d'avis. Et il se serait donné la mort sur un coup de tête, incapable d'accepter les révélations de Julien. Je me rends compte à quel point je ne le connais pas, aussi tout me paraît envisageable. Surtout le pire.

— Je vais contacter quelques collègues dans les hôpitaux et cliniques de Bordeaux. Il est peut-être blessé.

— Merci, bonne idée Pierre, sourit Marie avec un regain d'espoir.

Après plusieurs appels et un long moment à discuter avec les uns et les autres, ils ne sont pas avancés. Aucun homme correspondant à l'identité d'Éric n'a été hospitalisé.

Ce déménagement qui s'annonçait éprouvant se révèle encore plus angoissant et énigmatique. Marie quitte une maison où elle ne reviendra plus et elle n'a personne à qui remettre le double des clés, son époux ayant disparu. Elle emménage dans son appartement, dénuée de toute joie. Les filles ne se doutent pas de la disparition de leur père. Toutefois, à l'heure du dîner dans leur nouveau chez elles, la morosité domine autour de la table. Marie se blâme mentalement et Lilas et Manon s'enquièrent de leur prochaine visite chez leur papa.

Depuis que ce cataclysme a englouti sa vie de famille, elle s'est sabordée davantage à chacune des décisions qu'elle a prises. Aucune de ses projections ne s'est avérée. Les réactions des uns et des autres ont évolué à l'opposé de ce qu'elle avait envisagé, compliquant un scénario déjà fort nébuleux. La seule constante se résume au soutien indéfectible de Paola et de Pierre. Leur présence la réchauffe, même si Marie s'est peu embarrassée des conseils prodigués par son amie au cours des mois passés.

Elle s'en veut terriblement. Son envie de vengeance l'a aveuglée et elle a mal évalué les conséquences possibles. L'option suicide n'a jamais appartenu aux dénouements potentiels qu'elle avait échafaudés. Elle désirait le détruire, elle a réussi. Il ne méritait pas ça, malgré toutes ses trahisons. Elle pense à leurs filles, orphelines de père par sa faute, à cause de sa soif de revanche.

Marie ne trouve pas le sommeil pour cette première nuit dans son nouvel univers. Les heures s'égrènent avec une lenteur qu'elle ne leur connaissait pas. Elle n'a qu'une hâte, entrevoir les lueurs de l'aube pour pouvoir téléphoner à la caserne et savoir si le militaire s'y est présenté. Si on la renseigne par la négative, elle ne sait pas ce qu'elle devra entreprendre. Où chercher quelqu'un qui a disparu volontairement ? Comment découvrir si cette personne est morte ou vivante ? Toute la nuit ces questions martèlent sa tête. Elle envisage une dizaine d'hypothèses, navigue entre l'espoir et la peur, la colère, le désespoir, les remords. Elle en conclut que ses tourments ne cesseront jamais. Jamais elle n'atteindra la quiétude. Jamais elle ne se détachera de cette histoire qu'elle traînera comme un boulet jusqu'à la fin de ses jours. Elle aspire à remonter le temps pour étouffer ses humeurs vengeresses. Mais elle ne joue pas dans un film de science-fiction, elle évolue dans la réalité. Elle ne peut que se résigner à assumer l'irréparable le cas échéant.

Dans la pénombre, elle murmure « Pardon Éric. Je t'aime. Je n'ai pas su te pardonner, mais toi, pardonne-moi ».

CHAPITRE 25

J'entends une explosion. Puis des coups de feu. L'agitation. Un mouvement de foule. Les gens qui fuient pour s'enfermer dans un abri quelconque. Un enfant qui tombe à terre, sa mère qui le tire par le bras avant qu'il ne se fasse piétiner. Ça hurle dans tous les sens. Ça se bouscule. Les collègues qui mitraillent et qui crient « Embuscade ! Embuscade ! ». Plus d'un mois que je quadrille un terrain aride en quête de renseignements, par quarante degrés, sans ombre, sans arbre. Je descends du véhicule et me planque derrière. Et si je crevais au milieu de cette rue afghane ? Mais non. Mon heure n'a pas encore sonné. Après trois heures à essuyer des rafales de tir, des lancers de roquettes, le silence se fait soudain. Quatre collègues amochés, dont deux grièvement. Il faut se dépêcher de les ramener au camp de base. Sur ces routes, ça va prendre plus de deux heures.

J'ai tout planté à Bègles du jour au lendemain, sans prévenir. Ils cherchaient un volontaire pour remplacer au pied levé un camarade blessé la veille du départ. J'étais sur la liste des suppléants. J'ai foncé sur cette opportunité pour fuir. Ouais, lâchement comme d'hab, je sais. Mais j'avais un putain de besoin de me vider la tête après le coup foireux de la grosse. De couper les ponts avec tout le monde, y compris Julien. Je voulais me couper aussi de mes émotions. M'anesthésier était la solution. Agir évite de ressentir. Et quand ça ira mieux, réfléchir. Et décider.

Un choix binaire : vivre enfin ou subir encore.

Pendant ce premier mois en Afghanistan, je me suis concentré sur ma mission actuelle. Sans regretter ce que j'avais laissé derrière moi. Effacer ces dernières semaines de ma mémoire. Ne pas penser à l'avenir. Je ne voulais plus des mots de mes parents qui résonnaient dans ma tête. Ils m'ont répudié pour ce que je suis. Je peux comprendre leur sidération. Pas leur rejet. Je reste un humain merde ! Leurs fils. Je ne voulais plus du regard de Lilas et de Manon, rempli d'incompréhension. Je ne voulais pas voir non plus la souffrance de Julien. Il m'a envoyé des messages de détresse face à la réaction de ses parents. Je n'ai pas répondu. Je me suis comporté comme une fiote. Il m'a laissé d'autres messages que je n'ai pas écoutés. J'imagine son désarroi, mais je ne pouvais pas l'entendre. Ni le voir. J'en avais assez avec ma souffrance. Quant à Marie, je ne la supportais plus. Seize ans aux côtés d'une personne que vous n'aimez pas, ça s'appelle le bagne. Alors après sa trahison, sous le coup de la colère, je crois que j'aurais pu lui faire bien plus de mal qu'une gifle. Fallait que ça s'arrête.

Être au contact de la souffrance des Afghans m'a éloigné de la mienne. Et m'a surtout permis de prendre conscience que certaines personnes endurent largement pire. Ils subissent une vie qu'ils n'ont pas choisie. Ils ne peuvent pas fuir cette guerre ni les atrocités du quotidien qui l'accompagnent. Pour ma part, si j'en suis là, c'est parce que je me suis toujours laissé guider par mes peurs. Marie a tout fait exploser. Mon ressentiment envers elle est sans bornes. D'un autre côté, elle m'a confronté à ce que je suis. J'ai les cartes en mains puisque tout le monde sait. À moi de choisir. Je me sens apaisé, différent depuis quelques jours. Le chemin s'éclaircit. L'oppression diminue. Quelque chose a changé brusquement en moi. J'attendais un électrochoc pour me secouer depuis des années. Il s'est pointé.

Le dégoût de ma lâcheté et la hargne contre les autres se sont dissipés et j'ai réfléchi à tout ça, à mon passé, à comment j'ai atterri dans ce merdier. Quand j'ai pris conscience de mes préférences, j'ai pas assumé, du haut de mes quinze ans. C'étaient les années 80, les socialistes avaient permis la dépénalisation de l'homosexualité, les publicités affichaient des nanas aux seins nus y compris pour vendre du matériel du bricolage, les groupes comme Cure, Indochine, Culture Club laissaient planer le doute sur leurs penchants sexuels, j'entendais parler de toutes ces discothèques mythiques où la fête était reine et le sexe débridé. Même si j'avais l'impression qu'une révolution s'effectuait, j'étais pas pour autant prêt à vivre ma propre révolution. Les années 80 c'était aussi le SIDA et les homosexuels étaient pointés du doigt comme premiers responsables, avec les drogués, de la propagation de ce virus. Je me sentais sale quand j'entendais ça, indigne d'exister. Et même dépénalisée, l'homosexualité est restée une maladie jusque dans les années 90. Je prenais conscience de ma différence et du regard écœuré que les gens portaient sur cette différence. Alors non, je n'avais pas les couilles de m'assumer. Surtout face à ce père autoritaire et à cette famille traditionaliste. Je ne me cherche pas d'excuse, je cherche juste à faire le point, comprendre comment j'ai pu en arriver là. Est-ce que j'ai envie de continuer à vivre ainsi ? Et sans l'amour de Julien ? Car, si je n'assume pas au grand jour, notre histoire s'arrêtera. Il ne supportera pas ma lâcheté alors que tout le monde est informé de la situation. S'il n'est pas déjà trop tard…

Depuis plus d'une semaine, je me suis mentalement reconnecté aux évènements familiaux qui se sont passés en France. Je mouline ce choix binaire en permanence, car je ne vais pas me planquer ici indéfiniment. À présent il y a ces camarades blessés. Dont deux qui risquent gros. Et si ça avait été moi ? Je serais passé à côté de toute ma vie. Est-ce que c'est ça que je veux ? Mon téléphone vibre dans ma poche. Je ne conduis pas alors je regarde. Mon cœur fait un bond dans ma poitrine quand je vois « Julien » s'afficher. Voilà trois semaines que j'avais plus aucun message.

Il ne m'en veut pas de mon silence. Il a dû comprendre le sens de ma fuite. Il me connaît comme personne. C'est pas joli d'avoir déserté en l'abandonnant dans ce bourbier. Je sais qu'il a été terriblement inquiet les premiers jours de ma disparition jusqu'à ce que Marie appelle à la caserne où un collègue lui a expliqué que j'étais parti au pied levé en mission. Ils ont dû me prendre pour un timbré. Partir sans prévenir sa femme. Mais c'est le cadet de mes soucis. À présent je dois décider. Encore trois mois ici. À mon retour, je mettrai en œuvre ce que j'aurai choisi. Un choix qui me paraît maintenant évident. Un amour qui est capable de résister à tout ce qu'on a vécu résistera à tout à l'avenir.

Vivre ou subir ? Quarante ans que je subis. Il est temps que je m'accepte. Et que je commence à vivre. Pas sans lui.

ÉPILOGUE

Sitges, Espagne, 2020

Le soleil a décliné, les touristes ont regagné leurs locations. Je m'étire sur la plage après avoir couru quinze kilomètres puis m'allonge à même le sable, les yeux mi-clos, alangui par la chaleur crépusculaire, les muscles et l'esprit détendus, focalisant mon attention sur le clapotis diffus des vagues. Mon quotidien est à des années-lumière de ce que j'ai vécu pendant quarante ans. C'est bon d'être soi, vous n'imaginez pas à quel point c'est divin quand on a été un homme égaré sur les chemins de la normalité pendant des années.

« Normalité ». J'ai essayé de toutes mes forces de coller à ce concept régi par des règles qui conviennent à un pourcentage infime d'entre nous. Ces limites ne me correspondaient pas. Chacun peut baliser ses propres frontières, je l'ai appris à mes dépens. Les singulières normalités sont aussi variées que les touristes sur cette côte balnéaire. Les faux-semblants se terrent partout, il suffit de regarder au-delà de ce qu'on nous dévoile. J'ai perdu tant d'années en illusion à rechercher ailleurs ce qui vibrait en moi. Mes errances ont bien failli me perdre en chemin. Aujourd'hui j'ai fait la paix avec moi-même, c'est un trésor inestimable.

Marie a découvert la supercherie il y a un peu plus de treize ans. Un tsunami dans nos vies respectives. L'année suivante, à mon retour d'Afghanistan, j'ai quitté l'armée, cette grande famille où je n'étais plus le bienvenu. Julien était majeur. Nous nous sommes installés à Sitges, là où il y a plein « d'hommes comme nous » et où notre différence n'en est plus une, malgré notre écart d'âge. Et même si nous ne nous reconnaissons pas toujours dans cette communauté parfois caricaturale, nous ne subissons plus la médisance au quotidien. Mes filles refusent de me voir, aussi je n'ai plus aucun contact ni avec elles ni avec Marie. Je ne sais pas ce qu'elles deviennent. Julien a des rapports conflictuels avec les siens qui acceptent son homosexualité mais pas son choix de vivre avec moi. Sommes-nous heureux malgré cela ? Je crois que oui. Un bonheur que l'on a dû arracher et qui nous a coûté très cher affectivement et familialement.

L'amour n'a pas d'âge, pas de couleur, pas de sexe, pas de religion. Il ne se décide pas. Il ne se programme pas. Il se vit. Intensément. Et très certainement, oui, égoïstement. J'ai choisi l'amour en laissant derrière moi ce et ceux qui avaient représenté quarante ans de ma vie. J'ai mis le temps, mais j'ai pardonné à tous leur rejet. Quant à Julien, il ne rencontre sa famille qu'en mon absence, ce qui le fait souffrir. Il a dû tirer un trait sur leur complicité, leur soutien indéfectible en lequel il croyait. Ils ont du mal à digérer notre différence d'âge et notre lien de parenté, même par alliance, même après toutes ces années. Ils voient en nous des monstres, comme tous les membres de nos familles respectives. J'ai renoncé à obtenir leur compréhension, tandis que Julien continue d'espérer sans sortir de sa colère et de son amertume.

Quand j'ai lu ce qui était écrit, je ne me suis pas reconnu dans ces pages qui racontent notre histoire. Je me sens... tellement différent de ce que j'ai pu être ! Je suis devenu un autre homme. Ou plutôt, je suis enfin devenu moi, sincère et par conséquent, apaisé. C'est comme si, depuis toutes ces années, j'avais brûlé le carcan dans lequel j'étouffais pour me révéler. Je me rends compte de tout le mal que j'ai fait, en ne cherchant qu'à défendre mon amour pour Julien. De manière extrêmement maladroite, j'en prends conscience. Je n'assumais tellement pas qui j'étais. Si j'avais su m'affirmer dans ma jeunesse, j'aurais épargné bien des souffrances à de nombreuses personnes. À commencer par vous, Marie, Lilas, Manon. Je ne m'aimais pas moi-même. Comment aurais-je été en mesure d'aimer et de prendre soin des autres en dehors de Julien avec qui j'acceptais de ne pas tricher ?

Aussi, Marie, si tu me lis, pardonne-moi. Je t'ai menti, je me suis servi de toi. J'ai été lâche. Je n'ai jamais cherché à te faire du mal sciemment. Je n'avais juste pas le courage de me montrer tel que j'étais. J'ai essayé de rentrer dans le rang pour obtenir l'absolution et l'amour de mes parents. J'ai essayé. Je te promets que j'ai essayé. J'ai essayé de t'aimer aussi et d'aimer nos enfants. Je n'ai pas pu. Je vous en voulais au fond, car vous m'empêchiez d'être le véritable moi. Même si le responsable de tout ça, c'était moi et moi seul. Mais c'est tellement plus facile de reporter le tort sur les autres au lieu de regarder en soi. Je t'ai détestée de m'avoir dénoncé à toute ma famille. Je t'ai haïe. Aujourd'hui, je t'en remercie. Ça a été violent, mais tu m'as contraint à affronter mes contradictions. Ainsi, j'ai cessé d'endosser un rôle de victime et j'ai réussi à m'accepter. Mon amour pour Julien m'y obligeait. Je ne voulais pas le perdre. Bien sûr que j'aurais pu nous éviter tout ça. Ne pas me marier. Ne pas avoir d'enfants. À l'époque je ne savais pas tout ce que je sais aujourd'hui.

J'ignore s'il existe des mots pour effacer la douleur que je t'ai infligée. Je ne suis pas un odieux personnage. Non. Juste un homme. Un homme amoureux. Un homme qui aime différemment. Un homme qui aime les hommes. Et qui n'a pas osé être lui-même suffisamment tôt, enfermé dans son éducation et ses croyances.

Je n'aurais pas dû t'épouser.

Je n'aurais pas dû accepter d'avoir des enfants.

Je n'aurais pas dû céder à la pression des attentes parentales et sociétales.

Je n'aurais pas dû me servir de toi pour tenter d'entrer dans un moule qui n'était pas taillé pour moi.

Ce sont là mes erreurs. Je n'avais pas de secrets, comme tu le pensais, Marie. Juste des mensonges. Je me reniais moi-même. Comment expliquer aux autres ce que l'on est quand, soi-même, on ne s'accepte pas tel que l'on est ?

S'il est trop tard pour les regrets, il est encore temps pour le pardon. Pardonne-moi Marie, sincèrement et du fond du cœur, je n'aspire pas à autre chose. Pas pour me laver moi-même de mon comportement. Mais pour te laver, toi, des blessures que je t'ai infligées.

Pardon Marie.

Merci Marie.

À vous mes filles, Lilas, Manon, je n'ai pas su vous aimer comme un père doit aimer ses enfants. La partie de moi qui vous rejetait n'existe plus. Il subsiste à la place une partie qui adorerait vous connaître. Aller à la rencontre des jeunes femmes que vous êtes devenues. Vous avez grandi. Vous avez vécu. Et peut-être êtes-vous en mesure de pardonner le mal que je vous ai fait. De me pardonner. De m'accepter tel que je suis. Et de voir en Julien non pas le cousin qui a tout détruit, mais l'homme qui rend heureux votre père. Parce que oui, après toutes ces années de vie commune, il me rend toujours heureux. Et si vous décidez de ne jamais revenir vers moi, sachez que je vous aime. Peut-être mal. Peut-être pas comme vous l'auriez voulu. Aujourd'hui je suis prêt à vous offrir la juste place que vous méritez. Je ne cherche pas à m'acheter une bonne conduite. Ne vous méprenez pas. Simplement j'ai cheminé et je chemine encore. Et c'est un nouveau regard que je porte à présent sur tout cela. Je vous aime et vous aimerai, quels que soient vos choix. Ils ne sont pas toujours faciles à affirmer et à assumer. Je peux en témoigner. Mais battez-vous pour tout ce qui vous rendra heureuses. Et si votre chemin doit continuer sans moi, alors je l'accepte.

À vous mes parents, je suis désolé que nous n'ayez jamais toléré qui je suis. Mais je n'ai pas à en rougir. J'ai fait ce qui m'était possible pour me conformer à votre idéal, au point de me renier et de briser quelques vies au passage. Je ne regrette pas ce que je suis. Je regrette de ne pas l'avoir dit plus tôt. Ça et seulement ça. J'ai appris à avancer sans votre absolution. C'est dommage, je préfèrerais vivre avec votre soutien, mais je peux m'en passer. J'ai mis quarante et quelques années à le réaliser. Pour vous je n'existe plus, je suis mort. Pour moi, vous restez mes parents. Je vous accepte tels que vous êtes. Et j'accepte aussi la colère et la grande peine qui vous rongent depuis le jour où vous avez découvert que je n'étais pas le fils parfait que vous espériez. Mais je n'en suis pas responsable. Une autre voie est possible, à vous de l'emprunter si vous le désirez. La porte de mon cœur n'est pas fermée à clé et si vous l'ouvrez, vous remarquerez que vous y êtes toujours à votre place. Vous pouvez en faire autant.

À vous tous lecteurs, je souhaite que chacun d'entre vous puisse trouver un amour comme le nôtre. Que chacun d'entre vous ait le courage de s'accepter tel qu'il est. Et de l'affirmer au grand jour. Même si votre choix de vie est différent de la norme. Ça ne se construira pas sans casse. À vous de savoir ce qui vous permettra d'être pleinement vous et de choisir en connaissance de cause. S'employer à être heureux en poursuivant l'existence qui nous convient exige sacrifices et renoncements.

Il se fait tard, je me lève et je frotte le sable collé à mes mollets. Je regarde une dernière fois l'horizon, profitant au maximum de ces instants de quiétude orchestrée par le ressac des vagues. Julien est certainement rentré du travail, je vais le rejoindre. Nous discuterons, nous mangerons, puis nous nous endormirons en laissant ces souvenirs à leur place : derrière nous.
Éric.

PS : la clé de la vie pour avancer avec une sereine liberté tient en un mot : accepter !

***

J'ai trébuché de nombreuses fois. J'y ai cru, j'ai tout donné. Et j'ai perdu. J'y ai cru encore, je ne voulais rien voir, rien entendre, rien comprendre, aveuglée par mon amour, apeurée à l'idée de le perdre, agrippée à ma croyance de n'être rien sans « lui » (désolée, mais je ne peux plus prononcer son prénom). Je me suis fait mal, encore et encore, puis j'ai enfin fini par apprendre de ce que je vivais.

J'ai appris qu'on ne peut pas lutter contre l'amour que deux personnes se portent. J'ai appris qu'il faut savoir accepter ce qui est. Qu'il faut savoir tourner le dos à ce qui nous fait mal. Et qu'il faut du temps pour tout cela. J'ai appris que l'amour peut être toxique et peut détruire. Qu'il ne faut dépendre de personne. J'ai appris que la seule personne en qui je peux avoir confiance, qui ne me trahira jamais, c'est moi-même. Et j'ai appris à me faire confiance, à écouter mon cœur et mon corps, à respecter ce qu'ils me dictent. J'ai appris de mes luttes intérieures. J'ai appris que réagir instantanément aux émotions est rarement la bonne réponse. J'ai appris que ce qui semble nous détruire peut nous apprendre à grandir. Que la peur n'est pas une raison suffisante pour abandonner. J'ai appris que la douleur s'arrête toujours un jour. Et qu'elle peut aussi revenir. Puis repartir. J'ai appris que l'on peut survivre à tout si l'on s'aime. Absolument à tout. Rien ne vaut l'amour que l'on se porte à soi-même. Rien ne mérite que l'on abandonne cet amour de soi. Absolument rien. J'ai beaucoup appris de cette mésaventure, sur moi essentiellement et aussi sur les autres.

En revanche, je n'ai pas encore appris à pardonner.

Marie.

<u>PS</u> : la clé de la vie pour trouver la paix intérieure tient en un mot : s'aimer !

POUR FINIR …
Quelques remerciements !

Comme 1,5 million d'entre nous j'avais un manuscrit achevé qui dormait dans un tiroir, avec l'idée que peut-être… un jour… sans toutefois concrétiser quoi que ce soit, essentiellement par manque de temps.

Et puis durant l'été 2018, je fis une rencontre virtuelle qui changea tout. Alors un énormissime, un immense, un éternel merci à Gabrielle Desabers, auteure autoéditée de plusieurs romans à succès, qui m'a répété sans fléchir que je devais oser, oser, oser, oser, et que le manque de temps n'était qu'une fausse excuse ! Gabrielle, du fond du cœur merci, je voudrais inventer un terme qui exprime toute ma gratitude et ma reconnaissance. Vous avez cru en moi et grâce à vous j'ai osé, j'ai franchi le pas. Des années après les premiers mots couchés de l'histoire que vous venez de lire, j'ai enfin eu le courage de mettre un point final à ce roman que j'ai retravaillé et quasi totalement remanié par rapport à la version initiale, écrite il y a dix ans de ça !

Cette dernière version ne serait pas ce qu'elle est sans le soutien des bêta-lecteurs, aussi je vous le dis une fois de plus, merci, merci, merci, Églantine, Émilie, Florence, Guillaume et Séverine. Vos critiques constructives m'ont permis d'améliorer ce qui devait l'être, grâce à votre amour des mots et de la lecture. Je vous suis infiniment reconnaissante pour votre implication. Prêts pour une nouvelle aventure ?

Merci aussi à Sophie Ruaud, correctrice, une perle hors pair qui a traqué toutes les perles. Si toutefois une erreur subsistait malgré nos relectures, n'hésitez pas à nous en faire part. Merci à Lydie Wallon pour la réalisation de la couverture et à Laure Pascal pour la création des bulles SMS.

Merci à tous ceux qui m'ont encouragée et accompagnée d'une façon ou d'une autre dans cette réalisation au cours de ces années : Sofi, qui m'apporte un soutien indéfectible en toute situation et m'a encouragée depuis le début de l'écriture de ce livre, Isabelle, Jean-Louis, JP, Manu, Martine, Sophie et ceux que j'ai peut-être oubliés. Si c'est le cas, pardonnez-moi. Un merci particulier à Audrey à double titre. Vous avez porté votre œil bienveillant de psychothérapeute sur la personnalité des protagonistes. Vous m'avez aussi aidée à trouver le courage d'aller au bout de ce projet, de prendre en compte les « Osez ! » de Gabrielle.

Merci à Isaïs et Romane. Vous êtes mes trésors les plus précieux, m'obligeant depuis dix-sept ans déjà à me remettre en question, pour donner la meilleure version de moi-même. Vous m'avez poussée par exemple à vivre mes rêves au lieu de rêver ma vie, et l'écriture était l'un de mes rêves. Vous êtes mes moteurs, je vous aime à l'infini et bien davantage encore.

Et pour finir, un merci illimité à vous, lecteurs, qui avez choisi ce livre parmi les milliers de titres disponibles. J'ai décidé de me jeter dans la fosse aux lions et d'exposer à vos yeux le fruit de mon travail, avec crainte de vos critiques mais aussi avec plaisir, le plaisir de matérialiser ce projet. Si vous avez aimé ce livre, n'hésitez pas à le faire connaître.

Jeanne.

<u>PS</u> : la clé de la vie pour ouvrir la porte de tous nos rêves tient en un mot : oser ! 😊

Envie d'en lire plus ? Découvrez mes romans déjà publiés aux formats broché et numérique. Certains d'entre eux existent aussi en version audiobook ou poche :

COLLECTION HISTOIRES VRAIES
Romans librement inspirés d'histoires vraies :

Dis-lui au revoir
Pas sans lui
La dernière berceuse

COLLECTION GRISE
Romans du genre suspense psychologique, thriller psychologique, thriller domestique :

Le mensonge des mères
Les cocottes bleues
L'ombre du doute

COLLECTION BLANCHE
Romans du genre littérature blanche, tranches de vie :

Et je suis devenue le vent
Au creux de nos bras
Le silence du violoncelle

Retrouvez tous mes romans en scannant le QR code ci-dessous

**Retrouvez-moi sur mon site internet www.jeanneyliss.fr
Suivez mon actualité sur Instagram et Facebook @jeanneyliss**